디지털 트랜스포메이션과 법

디지털 트랜스포메이션과 법

데이터, 플랫폼, AI 시대 ICT 혁신국가의 비전

이성엽

KU PRESS
고려대학교
출판문화원

책머리에

안녕하세요? 독자 여러분.

저자 이성엽입니다. 2020년 발생한 코로나19가 1년을 훨씬 넘어서고 있는 지금 아직도 이 긴 터널을 벗어나지 못하고 있어 안타깝지만 우리 모두의 노력이 곧 성과로 이어질 것으로 기대합니다.

다만, 코로나로 인해 오히려 산업적으로 보면 비대면 산업으로서 정보 통신 기술(ICT, Information and Communications Technology), 데이터 산업 분야가 어느 시기보다 활성화되고 있고 코로나 치료와 예방을 위한 보건·의료·바이오(BT, Biotechnology) 산업도 기지개를 활짝 켤 것으로 전망됩니다. 따라서 향후 당분간 ICT와 BT 2가지 분야가 핵심 성장산업이 될 것으로 보입니다. 특히, ICT와 데이터 분야는 각각 전 산업의 인프라와 생산요소로서 역할을 하면서 타 산업과의 융합을 가속화하고 있습니다.

이제 자동차 등 제조업, 금융, 유통, 의료를 비롯한 모든 분야에서 ICT와 데이터가 성장 동력이 되고 있습니다. GAFA(구글, 아마존, 페이스북, 애플)는 물론 네이버, 카카오 등 플랫폼은 데이터와 AI라는 무기를 장착하고 전 산업에 진출하고 있고 기존 산업의 플랫폼화 경향도 뚜렷해지고 있습니다. 이에 플랫폼 기업 간 경쟁도 격심해지고 있음은 물론 플랫폼과 플랫폼 이용사업자, 플랫폼과 소비자 간 갈등도 심화되고 있습니다.

한편 ICT, 데이터 시장은 글로벌 기업이 선도하면서 국내 토종 기업과의 갈등도 계속되고 있고 자국 산업 보호와 애국심을 근거로 한 한국 정부의 글로벌 기업 규제 정책도 지속되면서 국가 간 통상 마찰을 비롯한 갈등 양상이 전개되고 있습니다.

국내 정치, 경제 상황은 더욱 녹록하지 않습니다. 집권 마지막 해를 맞고 있는 문재인 정부는 코로나 위기에다 조국 사태, 추윤 갈등, 아파트 가격 상승 등 이중 삼중의 어려움을 겪고 있습니다. 이런 사태를 겪으면서 무엇보다 아시타비(我是他非)에서 보는 것처럼 상대방을 인정하지 않는 극단적인 갈등과 편가르기가 팽배하면서 합의와 균형을 중시하는 민주주의, 법치주의의 위기 상황도 나타나고 있습니다.

이런 상황을 타개하기 위해서 우리에게 필요한 것은 첫째, 데이터 경제 시대를 선도하기 위해 기술적, 경제적 대안을 개발하고 실행하는 것이고 둘째는 정치, 사회적으로 대화와 타협을 통한 합리적인 균형국가로의 전환이라고 할 수 있습니다.

이 책은 이런 문제의식과 방향성하에서 제가 지난 5년간 각종 언론 매체, 학술지 등에 게재한 칼럼, 소논문을 집대성한 것입니다. 데이터 경제 시대에 필요한 데이터, 플랫폼, AI에 대한 고찰을 중심으로 하되 그 외 방송·통신 산업, 4차 산업혁명의 신산업, 금융 혁신, 거버넌스 등에 관한 내용과 합리적 균형국가로의 전환을 위해 필요한 법적, 정치·사회적 이슈 등 여덟 개의 주제로 분류하여 총 99개의 글을 모았습니다. 그리고 각 편 시작에 앞서 총론 성격의 글을 추가하고 있습니다.

이 책은 칼럼 형식을 취하고 있는데, 그 까닭은 해당 분야의 전문가가 아닌 일반 독자들의 경우에라도 쉽게 이해할 수 있도록 하기 위함입니다. 물론 깊이 있는 이해가 요구되는 부분에는 주를 두어 추가적인 설명을 하고 있습니다.

개인적으로는 석사·박사학위 논문 이후 단독으로 출간하는 첫 저서라서 기대와 초조함이 교차합니다. ICT, 데이터를 기반으로 하는 혁신국가 그리고 대화와 타협을 통한 합리적인 균형사회, 균형국가라는 소망이 독자에게 일부라도 전달되었으면 하는 마음입니다.

전문서가 아님에도 출간을 흔쾌히 수락해 주신 고려대학교출판문화원 원장님과 교정과 편집에 노고를 아끼지 않으신 관계자 여러분께 진심으로 감사드립니다. 끝으로 지천명을 훌쩍 넘긴 오늘까지 한결같이 응원해 주는 아내와 아들에게 애정과 감사를 표합니다.

감사합니다.

2021년 11월

고려대 연구실에서 이성엽

차례

1

데이터 경제를 위한 규제혁신

2

플랫폼의 경쟁과 발전

3

인공지능의 발전과 규제

4

방송통신 산업의 혁신

5

4차 산업혁명에 따른 신산업의 발전

6

ICT와 만난 금융의 혁신

7

디지털 경제 시대 거버넌스 혁신

8

합리적 균형 국가를 위한 제언

1

데이터 경제를 위한 규제혁신

데이터란 의미 있는 자료의 집합이라고 할 수 있다. 종래부터 데이터, 정보의 중요성이 강조되어 왔으나, 소위 4차 산업혁명이 전개되면서 생산의 요소로서 석유에 비견될 만큼 중요성이 더욱 강조되고 있다. 전통적인 생산요소인 자본, 노동, 토지에 버금가는 혹은 이를 능가하는 생산요소로서 데이터의 중요성이 인정되고 있다.

4차 산업혁명 시대에 데이터가 생산요소로서 가지는 중요성은 그것이 혁신을 주도하는 원천이 된다는 데 있다. 기업의 제품, 서비스의 생산, 유통, 소비 등 전 경제과정에서 수많은 데이터가 창출, 집적되는데 이러한 데이터의 분석과 이용의 활성화를 통해 경제활동을 효율화하고 소비자의 만족도를 높여 부가가치를 창출하고 있다. 이런 활동이 기존의 자본, 노동 중심의 경제가 아닌 데이터 주도 경제로의 전환을 촉진하고 있다. 또한 공공부문에서도 공공 데이터의 개방과 이용 활성화를 통하여 정책 결정의 투명성과 대국민 서비스를 제고하는 것은 물론 데이터 활용 산업의 성장을 이끌고 있다.

특히, 한국은 세계 최고 수준의 인터넷 네트워크를 기반으로 실시간으로 광범위한 데이터가 축적되어 있어 이를 이용한 기존 산업의 혁신과 신산업 창출을 위한 각계의 노력이 한창이다. 자율자동차, 스마트 홈, 스마트 시티, 원격 의료, 핀테크 등 분야에서 기술과 서비스 개발은 물론 이를 지원하기 위한 정부의 정책 대응도 활발하다.

다만, 한국은 보호 위주의 엄격한 개인정보 규제, 양질의 데이터 부재, 데이터 활용을 위한 기술적, 산업적 기반의 부족 등의 이유로 인해 미국을 비롯한 선진국보다는 데이터 주도 혁신에 뒤처지고 있다.

이러한 문제 인식하에 한국에서도 데이터 활용 제고를 위한 법제도의 개선, 데이터 산업 활성화를 위한 정책 대안 수립 등 노력을 기울이고 있다. 이와 관련 EU가 2018년 〈일반개인정보보호법〉을 제정하여 시행하고 있고 일본도 2015년 〈개인정보보호법〉을 제정, 시행하고 있다.

비록 늦었지만 한국도 2020년 8월 5일 마침내 〈개인정보보호법〉, 〈정보통신망법〉, 〈신용정보법〉 개정안 등 데이터 3법 개정안이 시행되면서 새로운 전기를 맞이하고 있다. 개인정보보호법은 가명 처리의 도입, 합리적 관련성에 따른 동의 없는 정보 사용, 데이터 결합 제도의 도입 등 데이터 활용을 위한 획기적 제도를 도입하였다. 〈신용정보법〉은 가명 처리, 데이터 결합은 물론 여기에 더해 개인신용정보전송요구권, 본인신용정보관리업(My data), 자동화평가대응권 등을 도입하여 개인정보자기결정권에 기반한 데이터 활용을 강화하는 내용을 담고 있다.

또한 데이터를 산업적 관점에서 보고 본격적인 산업진흥을 위한 법제로서 〈데이터기본법〉이 2021년 9월 국회를 통과하였는데, 여기에는 새로운 데이터 거버넌스로서 국가데이터정책위원도 포함되어 있다.

"데이터 경제를 위한 규제혁신" 편에서는 데이터법 제정과 관련한 주요 이슈들을 정리했다. 데이터의 활용과 보호라는 상충하는 가치를 조화롭게 달성하기 위한 제언을 담고 있다.

이젠 규제혁신 넘어 산업진흥이다

2018년 9월 정보통신융합 분야와 산업융합 분야에서 규제 샌드박스가 도입되고 12월에는 금융분야에도 규제 샌드박스가 도입되었다.* 이제 핀테크 등 혁신 벤처기업은 신기술을 사용한 제품이나 서비스가 관련 법령상 허가 등 법적 요건이 필요한 경우에도 일시적으로 규제를 면제받는다. 규제의 불확실성이 해소되어 보다 적은 비용으로 시장 접근이 가능해지고 혁신적인 제품의 출시도 가능하게 되었다.

또한 2018년 11월에는 개인정보의 활용과 보호의 균형을 도모하고 데이터 기반 산업 등을 활성화하기 위해 개인정보보호법 개정안 등 개인정보보호 관련 3법이 발의되었다. 개정안들은 개인정보 개념의 명확화, 통계 작성, 과학적 연구, 공익적 기록 보존 등을 위한 가명 정보의 활용, 나아가 행정안전부, 방송통신위원회가 담당하던 개인정보보호 기능을 개인정보보호위원회로 이관하는 내용을 담았다, 이제 개인정보를 활용한 빅 데이터 분석 등이 가능해지는 한편 중복적이던 법 적용을 단일기관으로 일원화함으로써 기업들의 부담도 크게 줄게 됐다.

---

* 샌드박스(Sandbox)는 나무나 플라스틱으로 만들어진 공간에 모래를 담아 아이들이 놀 수 있게 한 공간이다. 규제 샌드박스(Regulatory sandbox)는 신기술이나 서비스에 대해 기존의 법규의 적용을 받지 않고 실험적으로 일시 상용화를 가능하도록 한다는 의미이다.

이제 개인정보 관련 법안까지 제정되면 산업계의 숙원 사항이 상당 부분 해결되는 셈이다. 그러나 규제혁신이 바로 혁신성장으로 이어지진 않는다. 규제혁신은 혁신성장의 필요조건일 뿐 충분조건이 아니다. 오히려 더 중요한 것은 혁신적인 제품과 서비스를 출시해 국내외 시장에서 경쟁할 수 있도록 관련 산업과 기업의 진흥을 도모하는 것이다.

그러나 국내외 환경은 녹록지 않다. 미국과 중국의 무역갈등은 물론 글로벌 인터넷 기업의 공세가 극심하다. 2018년 1분기 기준 넷플릭스와 구글 유튜브의 전 세계 인터넷 트래픽 점유율은 26.4%를 차지했고 국내에서 구글 유튜브의 동영상 트래픽 점유율은 80%가 넘는다. 기업가치 1조 원 이상 스타트업을 의미하는 '유니콘 기업' 중 국내 기업은 4곳에 불과하다.* 조선, 자동차, 반도체, 휴대폰 등 우리의 주력 산업도 중국과의 경쟁에서 밀린다.

2019년에는 한국의 연구·개발투자 규모가 20조 원을 넘어서게 된다. 이처럼 연구·개발 투자 규모가 크게 증가하고 이에 따라 특허등록 건수도 세계 5위에 이르지만 특허 활용도와 질은 높지 않다. 앞으로 질 높은 원천특허, 표준특허** 확보를 고려한 연구·개발 투자가 이뤄져야 한다. 특히 공공자금을 통한 기초·원천기술에 대한 투자를

---

* 다만, 2020년 12월 기준으로 미국 시장정보업체 CB인사이트(CB Insights) 등에 따르면 국내 유니콘은 쿠팡, 크래프톤, 옐로모바일, 비바리퍼블리카(토스), 위메프, 무신사, 티몬, 지피클럽, 엘앤피(L&P)코스메틱, 에이프로젠, 쏘카, 야놀자 총 12개 사다.

** 표준특허란 국제표준화기구(ISO) 등 국제표준화기구에서 정한 표준기술을 포함한 특허를 말한다. 이를 회피설계가 불가능해 해당 기술을 이용하지 않고는 관련 제품을 생산하기 어렵다. 따라서 표준특허권자는 고액의 로열티를 받을 수 있다. 다만 이의 남용을 방지하기 위해 표준특허를 다른 기업에서 이용하려 할 때 특허권자는 공정하고 합리적이며 비차별적(fair, reasonable, and non-discriminatory)으로 협의해야 하는데 이를 프랜드(FRAND) 원칙이라 한다.

긴 안목에서 지속적으로 할 수 있어야 한다. 미국의 주요 IT·BT 기술이 국방부 등 정부의 지원으로 개발되고 이후 민간에 이전돼 제품화됐다는 점을 상기할 필요가 있다.

또한 정부의 기업에 대한 지원 방식도 획일적인 자금 지원 위주보다 선별적인 집중 지원으로의 변화가 필요하다. 세계시장을 선도할 수 있는 기업을 선별, 자금, 인력, 기술 등을 집중적으로 지원해 이들이 한국 경제의 혁신을 주도할 수 있도록 해야 한다. 어차피 소규모 경제인 한국으로서는 선택과 집중 전략이 불가피하다.

언제부터인가 산업정책이란 개방경제의 흐름에 반대되는 정부의 불필요한 시장개입이나 특정 산업, 기업에 대한 보호라는 부정적인 의미로 사용된다. 그러나 선진국 간 패권 다툼과 보호무역주의가 심화하는 상황에서 장기적인 시야에서 국익에 기초해 산업구조의 조정과 경제성장의 촉진을 위한 다양한 조치를 취할 필요성이 어느 때보다 높다고 할 수 있다. 필요하면 유럽연합(EU)처럼 글로벌 기업의 확장에 대응해 국내 산업의 보호와 진흥을 위해 규제를 이용할 수 있어야 한다.*

---

* EU의 GDPR(General Data Protection Regulation), 즉 〈일반 개인정보보호법〉은 역내 데이터의 자유로운 이동을 촉진하면서도 역외로의 데이터 이동에 대해서는 제한을 가하고 있는데, 이는 주로 구글 등 미국의 글로벌 플랫폼 기업을 견제하기 위한 목적이라고 할 수 있다.

의료정보의 활용과 개인정보이동권

병원을 이용해 본 사람이라면 다니던 병원에서 다른 병원으로 옮길 경우 다시 똑같은 검사를 받는 불편을 겪은 경험이 있을 것이다. 이 경우 종전 병원의 진료 기록, 검사기록을 다른 병원으로 이전할 수 있다면 비용적, 시간적 측면에서 매우 편리할 것이다.

그러나 아쉽게도 지금은 환자 본인이 직접 해당 병원에 진료 기록을 요청해 하드 카피를 받거나 USB에 다운받을 수 있을 뿐이다. 그나마 전자적 형태의 파일은 호환성에 문제가 있어 다른 병원에서 사용하지 못하는 경우가 많다.

이미 미국은 2010년부터 블루 버튼 이니셔티브(Blue Button Initiative)라는 국가적 프로그램을 통하여 환자가 자신의 건강정보를 열람하고 다운로드받을 수 있도록 하고 있다. 환자는 현재의 투약 상황, 의약 치료정보, 실험실 테스트 결과, 건강보험 정보 등을 의료기관, 실험실, 약국, 건강보험 회사 등으로부터 전자적인 형태로 받을 수 있게 되어 있다.

2018년 5월부터 시행되는 유럽연합의 〈일반 개인정보보호법(GDPR, General Data Protection Regulation)〉은 정보 주체가 정보 처리자에게 제공한 본인에 관련된 개인정보를 기계 판독이 가능한 형식으로 수령할 권리가 있으며, 기술적으로 가능한 경우 정보 주체는 해당 개인정보를 한 정보 처리자로부터 다른 정보 처리자로 직접 이전하게 할 권리를 갖는다고 규정하고 있다.

이를 소위 '개인정보이동권(Right to data portability)'이라고 하며, 이를 통해 개인은 개인정보자기결정권을 행사할 수 있는 것은 물론 기업 입장에서도 데이터의 활용을 촉진시킬 수 있게 될 전망이다.

그러나 현행 한국의 〈의료법〉 제21조에 따르면 환자 또는 그가 동의한 배우자·직계가족이 요청하여 병원에 보관 중인 진료 기록을 열람하고 그 사본을 발급받을 수 있게 되어 있을 뿐이다. 의료정보를 디지털 파일로 이전받거나 제3의 의료기관에 직접 전송을 요청할 수 있게 하는 것은 아직 허용되지 않고 있다.

한국도 이런 문제를 해결하고자 2016년부터 과학기술정보통신부 주도로 데이터의 자기결정권을 갖고 있는 개인이 주체가 돼, 기업들이 보유하고 있는 개인정보를 스스로 다운로드받거나 개인이 이관하고 싶은 다른 기업에 제공할 수 있도록 하는'K-MyData'라는 프로그램의 도입을 검토하고 있다. 이 정책이 시행되면 특정 기업이 보유한 개인정보를 해당 개인의 동의하에 다른 기업에게 제공하여 다양한 서비스 개발에 활용되도록 할 수 있다.

이처럼 개인정보이동권은 개인정보의 활용과 자기결정권 강화를 동시에 꾀할 수 있지만 이의 본격적 도입을 위해서는 개인정보보호법 등의 개정과 함께 개인정보 이동을 위한 비용의 부담 문제, 보안의 문제, 데이터의 표준화 등의 문제가 먼저 해결되어야 한다.

의료정보는 그것이 병원에 있다고 해서 병원이나 의사의 소유가 아니라는 점을 인식할 필요가 있다. 개인의 의료정보는 환자의 동의하에 병원에 제공된 것이며, 그것의 수집, 이용, 제공, 위탁 등 처리 권한은 환자 본인에게 있는 것이다.

그러나 한편으로는 의료정보는 사람의 생명을 연장시키고 건강을 증진시키기 위한 목적으로 광범위한 공익적, 산업적 활용이 필요하다는 점도 부인할 수 없다. 이를 위해 의료정보이동권의 보장 외에도 비식별화된 의료정보의 이용, 유전자 데이터, 진료 기록, 라이프로그(생활습관 데이터)의 3가지 개인건강 기록의 빅 데이터 분석이 적극적으로 검토될 필요가 있다.

정부 보유 개인정보에도 잊힐 권리가 인정될 수 있을까

스페인에 거주하는 마리오 코스테하 곤살레스(Mario Costeja González)는 1998년에 빚 문제로 재산을 경매했던 사실이 2010년에도 《라 뱅가디아(La Vanguardia)》란 신문에 공지되고 계속 검색된다는 것을 알게 되었다. 이러한 사실의 공개를 원치 않았던 곤살레스가 구글에 검색 데이터를 삭제해 달라고 요청한 것에서부터 '잊힐 권리(right to be forgotten)'에 대한 본격적인 논의가 시작되었다. 잊힐 권리는 본인이 원할 경우 온라인상의 모든 개인정보를 삭제할 수 있는 권리로서 개인정보처리자를 상대로 그와 관련된 개인정보의 삭제 및 개인정보 확산의 중지를 요청할 수 있는 권리이다.

구체적으로 보면 1) 수집되거나 처리되는 목적에 정보가 더 이상 부합하지 않는 경우, 2) 정보를 처리할 수 있는 법적 근거가 없는 경우로서, 처리에 대한 동의를 철회하거나 동의한 유효기간이 만료된 경우, 3) 정보 주체가 개인정보의 처리에 반대하는 경우, 4) 정보의 처리 방식이 다른 이유로 인해 본 규정의 조건을 충족하지 못하는 경우라는 4가지 요건 중 하나를 충족하는 경우 잊힐 권리가 인정된다.*

---

* 유럽연합 〈일반 개인정보보호법(GDPR)〉 제17조 초안에서의 요건이며 이후 최종안에서는 '삭제권(Right to erase)'으로 명명되고 정보가 불법으로 처리되었을 때, 연합 또는 회원국법 결정에 따라 개인정보가 삭제되어야 하는 경우가 추가되었다.

잊힐 권리는 클라우드 컴퓨팅, 실시간 빅 데이터 분석, IoT 서비스, 위치정보, 핀테크 활용 등을 위해 엄청난 양의 개인정보가 엄청나게 집적, 공유되는 초연결사회(hyper-connected society)에서 정보 주체 스스로 프라이버시 침해를 방어할 수 있는 권리이다.

우리나라의 현행 〈정보통신망 이용촉진 및 정보보호 등에 관한 법률〉(이하 〈정보통신망법〉)에서의 개인정보 동의철회권이나 〈개인정보 보호법〉에서의 개인정보의 정정·삭제 요구권과 처리정지 요구권이 잊힐 권리와 유사한 권리라고 할 수 있다. 하지만 이용자가 해당 사이트에서 회원 탈퇴한 경우에는 이 권리를 행사하기 어려운 문제가 있어 2016년 4월 방송통신위원회는 〈인터넷 자기게시물 접근배제요청권 가이드라인〉(이하 〈가이드라인〉)을 마련하였는데, 이것이 최초의 직접적인 한국판 '잊힐 권리'라고 할 수 있다.

〈가이드라인〉에 따르면 이용자는 본인이 직접 자기 게시물을 삭제할 수 있는지 시도하고, 회원 탈퇴 등으로 직접 삭제가 어려운 경우 게시판 관리자에게 접근 배제를 요청하고, 검색 서비스 사업자에게는 검색목록 배제를 요청할 수 있도록 하였다. 게시판 관리자 및 검색 서비스 사업자는 이용자가 제출한 다양한 입증 자료를 종합적으로 고려하여 해당 게시물이 이용자 본인의 자기 게시물이라고 판단되는 경우 접근배제 조치를 실시하여야 한다. 그러나 다른 법률 또는 법령에서 위임한 명령 등에 따라 보존 필요성이 있는 경우와 게시물이 공익과 상당한 관련성이 있는 경우에는 예외로서 접근배제 요청이 거부될 수 있다.

그렇다면 범죄 전과 기록, 수형 기록, 전염병 치료 기록같이 정부가 보유하고 있는 개인정보에 대해서도 잊힐 권리, 즉 정보 삭제 요구권을 인정할 수 있을까? 〈전자정부법〉에 따르면 전자정부의 원칙 중

하나는 '개인정보 및 사생활의 보호'이고 이 원칙에 따라 동법 제42조는 행정기관이 공동이용센터를 통하여 개인정보가 포함된 행정정보를 공동 이용할 때에는 정보 주체의 사전 동의를 받도록 하고 있고 동법 제43조는 정보 주체로 하여금 공동 이용한 행정정보 중 본인에 관한 행정정보에 대하여는 열람을 신청할 수 있도록 하고 있다.

결국 〈전자정부법〉에 따르면 정보 주체의 열람권은 인정되지만 잊힐 권리까지 인정되는 것이라고 보기 어렵다. 그렇다면 전자정부에서 잊힐 권리의 인정 여부는 공공기관을 포함하는 개인정보처리자 전체에게 적용되는 〈개인정보보호법〉 규정의 해석에 의존할 수밖에 없다. 왜냐하면 〈정보통신망법〉이나 〈가이드라인〉은 영리 목적의 정보통신서비스 제공자에게만 적용되기 때문이다.

앞에서 말한 것처럼, 〈개인정보보호법〉은 정보 주체의 권리로서 개인정보의 정정·삭제 요구권을 규정하고 있다. 동 조항에 따르면 자신의 개인정보를 열람한 정보 주체는 개인정보처리자에게 그 개인정보의 삭제를 요구할 수 있으나 다만, 다른 법령에서 그 개인정보가 수집 대상으로 명시되어 있는 경우에는 그 삭제를 요구할 수 없다. 또한 개인정보처리자는 정보 주체의 삭제 요구를 받았을 때에는 개인정보의 삭제에 관하여 다른 법령에 특별한 절차가 규정되어 있는 경우를 제외하고는 지체 없이 그 개인정보를 조사하여 정보 주체의 요구에 따라 삭제 등 필요한 조치를 한 후 그 결과를 정보 주체에게 알려야 한다.

결론적으로 전자정부에서 활용되는 정보의 경우에도 〈개인정보보호법〉에 따라 개인정보삭제요구권으로서 잊힐 권리가 인정된다고 볼 수 있다. 다만, 개인정보가 포함된 행정정보는 대부분 다른 법령에서 수집 대상으로 명시되어 있어 삭제 요구가 가능하지 않은 경우가 많을 것으로 보인다.

전자정부는 법률의 규정에 따른 공익실현 작용이라는 점에서 개인정보 보호라는 사권과 충돌할 가능성이 높다. 또한 정보 주체가 자신의 모든 개인정보를 자유롭게 삭제할 권한을 갖게 된다면 언론·표현의 자유와 갈등을 빚거나 개인의 알 권리까지도 제한을 받게 될 수 있다. 표현의 자유가 정보를 유통시키는 정보처리자와의 갈등이라면, 알 권리는 정보를 얻게 되는 정보의 수요자와의 갈등을 의미한다. 이러한 기본권의 충돌은 규범 간 조화로운 해석이나 이익형량을 통하여 해결되어야 한다.* 중요한 공익 목적이 있다고 하더라도 개인의 내밀한 사생활과 자유를 보호하여 인간으로서 존엄성을 유지하기 위한 프라이버시 보호라는 가치 역시 매우 중요하다는 점을 잊지 말아야 한다.

특히, 정부는 행정 목적 실현을 위해 법령에 따라 엄청난 양의 개인정보를 포함한 행정정보를 수집, 보유하고 있을 뿐 아니라 원스톱

---

* 헌법재판소는 기본권 충돌을 '둘 이상의 기본권 주체가 서로의 권익을 실현하기 위해 한 사건에서 국가에 대해 서로 대립하는 기본권의 적용을 주장하는 경우'라 설명한다. 서로 다른 주체들의 기본권 중 어느 기본권을 우선해야 하는가의 문제이므로 결국 일방의 기본권 행사가 다른 주체의 기본권 행사를 제한하거나 희생하는 결과가 발생하는 것이 특징이다. 헌법재판소는 기본권 충돌 문제를 ① 기본권 서열이론에 따른 상위 기본권 우선의 원칙 ② 법익 형량의 원칙 ③ 실제적 조화 원칙(규범 조화적 해석) 등을 적용해 해결하고 있다. 상위 기본권 우선의 원칙은 상·하의 위계질서가 있는 기본권끼리 충돌할 경우, 좀 더 우위에 있는 기본권을 우선하고 하위에 있는 기본권을 제한한다는 원칙이다. 법익 형량의 원칙은 당사자의 이익을 비교했을 때 보호 가치가 큰 기본권을 보장하는 것이다. 실제적 조화 원칙은 동등한 효력을 갖는 법익이 충돌할 때, 충돌하는 법익들이 최대한 실현될 수 있는 조화점을 찾아야 한다는 원칙이다. 기본권 충돌에서는 상충하는 기본권 모두 최대한으로 기능과 효력을 발휘할 수 있도록 조화로운 방법을 모색해야 한다는 의미로 사용한다. 둘 이상의 기본권 중에서 양자택일의 방식으로 하나의 기본권만 보호하는 것은 기본권의 보호 정신에 맞지 않기 때문이다(헌재 2005. 11. 24. 2002헌바95등 결정).

행정서비스를 위해 다수의 행정기관 간 개인정보를 공유하고 있다. 따라서 정부가 법령에 따른 엄격한 개인정보 사용 원칙, 정보보안 원칙을 준수하지 않는 경우 국민들의 개인정보 침해로 인한 피해는 막대할 수밖에 없다.

비록 전자정부 분야에서 잊힐 권리가 실제로 행사될 가능성이 높지 않은 것은 사실이나 이는 역설적으로 행정 관련 법률 제·개정에 있어 개인정보 침해요인을 제거할 필요성을 높인다. 이 점에서 행정기관이 개인정보 처리를 수반하는 법령을 제·개정하는 경우, 개인정보보호위원회에서 해당 법령안을 평가한 뒤 개인정보 침해요인이 존재하는 경우 이를 보완할 것을 권고하는 개인정보 침해요인 평가제도*가 내실 있게 운영되어야 할 것이다.

* 개인정보 침해요인 평가제도는 중앙행정기관의 장이 새로운 입법 또는 개정을 할 때 개인정보에 관한 내용이 포함되는 경우 반드시 개인정보보호위원회로부터 개인정보 침해요인이 있는지에 대한 평가를 받아야 하는 제도이다. 보호위원회는 침해요인 평가를 한 후 해당 법령의 개선이 필요한 경우 개선사항을 권고할 수 있다.

몰카, 디지털 장의사 그리고 잊힐 권리

'몰카'는 몰래 카메라의 줄임말로 몰래 설치한 카메라로 타인을 촬영하는 행동을 뜻한다. 몰카가 사회적 반향을 일으킨 데는 1990년대에 방영된 '몰래 카메라'라는 예능 프로그램의 공이 컸다. 자신을 촬영하는 카메라가 숨겨져 있다는 사실을 알지 못하는 연예인을 속여서 웃음을 유발하는 코너였다. 이 코너는 누군가의 사생활을 몰래 지켜본다는 것이 주는 특별한 쾌감을 대중에게 널리 알리는 계기가 됐다. 그러나 이후 스마트폰 등으로 누구나 카메라를 사용하게 되고 여기에 비뚤어진 성 의식이 더해져서 몰래 카메라는 불순한 의도를 가지고 누군가의 사생활을 엿보는 행위를 일컫는 부정적인 말로 사용되고 있다.

최근 다양한 생활용품으로 위장한 몰래 카메라를 이용한 디지털 성범죄가 빠르게 늘어나고 있고 그 수법 또한 다양해 여성은 물론 국민 누구나 피해자가 될 수 있게 됐다. 디지털 성범죄 발생 건수는 2012년 2,400건 대비 2016년 5,185건으로 2배 이상 증가했다. 또한 한번 영상물이 유포되면 인터넷과 소셜네트워크서비스(SNS)를 통해 빠른 속도로 전파돼 피해자의 인권을 짓밟을 정도로 막대한 피해를 낳고 있다.

이에 정부는 2017년 9월 '디지털 성범죄 제로', '국민 안심사회 구현'을 목표로 몰카 단속 및 피해 구제 대책을 마련해 시행하고 있다.

이러한 대책 중 피해자가 가장 관심을 가지는 것은 자신의 모습이 담긴 불법 영상물의 유통을 신속히 차단하는 것이다. 수사기관이나 피해자가 정부기관인 방송통신심의위원회에 삭제 요청을 할 수도 있지만 더 신속한 차단을 원하거나 신상 노출을 염려하는 피해자는 사설 전문가에게 영상물 삭제를 요청하는 경우가 많다. 이렇게 고객의 의뢰를 받아 온라인상에 있는 글이나 사진, 동영상 등을 지워 주는 사람이나 업체를 디지털 장의사라고 부른다.

미국은 물론 국내에도 30여 개의 디지털 장의사가 활동하고 있는데, 디지털 장의사의 등장은 잊힐 권리의 도입과 관련이 깊다. 잊힐 권리란 본인이 원할 경우 온라인상의 개인정보를 삭제할 수 있는 권리다. 이 권리는 2018년 5월 발효하는 EU 개인정보보호법인 GDPR(General Data Protection Regulation)에 삭제권(right to erase)으로 명문화됐다. 우리도 2016년 4월 방송통신위원회가 〈인터넷 자기 게시물 접근배제 요청권 가이드라인〉을 마련했다.

불법 촬영물로 피해를 당한 경우 디지털 장의사가 잊힐 권리를 대행해 디지털 흔적을 지우는 것은 당연하지만, 그 범위를 넘어 온라인상 개인에게 불리한 평판을 비롯한 모든 기록을 지우는 것에 대해서는 신중할 필요가 있다. 정보 주체가 자신의 모든 개인정보를 자유롭게 삭제할 권한을 갖게 된다면 표현의 자유와 갈등을 빚거나 개인의 알 권리까지도 제한받게 될 수 있기 때문이다. 이에 따라 위 가이드라인도 법률에 따라 보존 필요성이 있거나 공익과 상당한 관련이 있는 경우 삭제의 예외를 인정하고 있다.

몰카 범죄를 막고 피해를 구제하기 위해 변형 카메라에 대한 판매등록제를 도입하는 등 사전규제를 신설하는 것은 물론 신속한 영상

유포 차단, 범죄 처벌 강화 등 사후규제를 강화하는 것도 필요하다. 그러나 이 외에도 잊힐 권리와 알 권리의 조화를 위해 개인정보 삭제의 범위, 절차, 한계에 대한 구체적인 법령상 기준을 마련하는 것도 요구된다.

차제에 망자의 메일, 블로그 등 디지털 유산에 대한 유족의 권리 등과 관련해서도 입법화를 고려할 필요가 있다.* 또한 한국고용정보원이 향후 5년 내 유망 직종으로 선정할 정도로 온라인 공간에서 프라이버시 보호에 결정적 역할을 할 디지털 장의사의 자격에 대한 국가공인 제도를 도입해 업무 범위, 절차를 정비하는 것도 고려해 볼 만하다.

자유의 상징이었던 인터넷 공간에도 적절한 규제가 필요한 시기가 도래하고 있다. 가해자에게는 엄정한 처벌과 교육을, 피해자에게는 잊힐 권리를, 공인에게는 잊히지 않을 의무를, 디지털 장의사에게는 전문적이고 공익적인 서비스 제공에 관한 책임과 자격을 조화롭게 부여하는 지혜가 필요한 시점이다.

* 디지털 유산의 상속과 관련해서는 김상용, 〈디지털 유산의 상속성〉, 《법학논문집》(중앙대학교 법학연구원) 제39집 제1호(2015) 참고.

퇴근 후 업무 카톡 금지, 법제화엔 신중해야

2016년 4월 기준 국내 카카오톡 사용자가 4천만 명을 넘어섰다. 요즘 카카오톡이 회사 업무 처리에도 활용되면서 사회문제가 되고 있다. 퇴근 후에도 끊임없이 울리는 회사로부터의 '카톡 메시지' 때문에 스트레스를 호소하는 직장인이 많아지고 있다.

이 문제를 해결하기 위해 최근 국회에서 소위 〈퇴근 후 업무 카톡 금지법〉이 발의됐다. 이 법은 〈근로기준법〉 제6조 2항을 신설, "사용자는 이 법에서 정하는 근로시간 이외의 시간에 전화(휴대전화를 포함한다), 문자 메시지, 소셜네트워크서비스(SNS) 등 각종 통신수단을 이용하여 업무에 관한 지시를 내리는 등 근로자의 사생활의 자유를 침해하여서는 아니 된다"고 규정하고 있다.

2016년 2월 프랑스 노동부도 노동개혁 법안에 업무 시간 외에 이메일을 금지하는 '연결되지 않을 권리'를 포함시킨 바 있다. 오후 6시 퇴근 이후 다음 날 9시 출근 전까지는 잊힐 권리(right to be forgotten)라고 할 수 있다.*

---

* 프랑스의 동 법안은 2017년 1월부터 시행되고 있으며, 이에 따르면 50인 이상의 근로자가 일하는 모든 기업은 의무적으로 '연결되지 않을 권리'를 노사가 협의하여 정하도록 명시하고 있다. 한국은 2017년 서울특별시, 전라북도에서 퇴근 후 메신저 사용을 금지하는 취지의 조례를 정하는 등 지자체 차원의 노력이 시작되었으나 국회에서도 법제화는 더 진행되지 않고 있다.

연결되지 않을 권리는 근로자의 여가 생활을 보장할 수 있다는 점에서 도입 의견이 있지만 몇 가지 검토가 필요하다. 먼저 항상 연결되어 있음으로써 업무 시간이 늘어나는 단점이 있지만 반대로 시간·장소에 관계없이 업무 처리가 가능한 편의와 업무 처리 시간이 단축되는 등 효율성이 높아지는 장점이 있다. 이 장점을 극대화한 스마트워크(Smart work)는 근로자에게 탄력 근무를 가능하게 함으로써 업무 시간의 효율적 사용과 복지 증진에 도움이 된다.

외국과의 업무가 많은 기업이나 고객을 직접 응대하는 전문 서비스직의 업무 시간을 명확히 구분하기 어렵다는 점 등 다양한 근로 형태와 근무 시간을 고려하면 일률적인 업무 시간 외 연결 금지의 법제화는 실효성에 의문이 있다. 연결되지 않을 권리를 인정한다고 하더라도 이에 대응하는 고용인의 권리에 대해서도 균형적인 접근이 필요하다.

글로벌 초연결사회(Hyper-connected society)에서 우리는 온라인과 오프라인 활동으로 삶을 구분한다. 법제화는 강제력이 있는 규범에 의해서만 사회문제 해결이 가능할 때, 그리고 법의 실효성이 담보될 때 추진해야 한다. 통제되지 않은 기술로 인해 근로자가 받는 스트레스 문제는 해결돼야겠지만 입법화 여부는 권리의 충분한 검토 후에 신중히 결정해야 할 것이다.

데이터 오너십 도입 필요한가

진료 기록은 누구의 소유일까. 포털에 제공한 이용자의 성명, 주소 등의 정보, 포털이 만들어 낸 이용자의 검색 성향 분석 정보는 누구의 소유일까.

이런 논란의 중심에 있는 개념이 바로 '데이터 오너십(data ownership)'이다. 오너십은 소유권을 일컫는 말로 자동차·주택이 누군가의 소유라고 말할 때와 같이 물건을 전면적으로 지배하는 권리다. 소유자는 소유물을 법률 범위 내에서 자유로이 사용·처분할 수 있다. 소유권은 재산권의 기초이며 자본주의 경제의 기본 형태인 사유재산 제도의 기초를 이루고 있다.

데이터에 대한 소유권을 인정한다는 것은 데이터 주체의 데이터 지배권을 인정함으로써 제3자가 자신의 데이터를 무단으로 복제·이용하는 것을 차단함과 동시에 데이터의 이전·거래를 데이터 주체의 의사에 따라 가능하게 한다는 뜻이다.

데이터 시장과 경제가 성장하기 위해서는 데이터 가치에 대한 안정적인 법적 보호가 필요하며 이를 위해 데이터 오너십 개념의 도입이 필요하다는 논의가 진행되고 있다. 유럽연합(EU)은 2017년 1월 발간된《데이터 소유권 백서(White Paper: Data Ownership in the Context of the European Data Economy: Proposal for a New Right)》에서 유럽의 데이터 경제 구축을 위해 '데이터 소유권'이라는 새로운 권리를 도입해야 한다고 제안했다.

다만 데이터 오너십의 도입은 전통적인 민법상 소유권 개념과 충돌하면서 찬반 논란이 일고 있다. 반대론의 논거는 먼저 소유권의 객체가 되는 물건의 개념에 관한 것이다. 민법상 물건은 유체물 이외에 '전기 기타 관리할 수 있는 자연력'에 한정돼 있어 데이터는 여기에 해당하지 않는다. 또한 소유권은 객체에 대한 배타적 지배가 가능해야 하는데 데이터는 복제 가능성과 복제 용이성으로 배타적인 지배를 인정하기 어렵다. 이런 이유로 이론적인 관점에서 데이터 오너십을 인정하기 어려우며 이를 인정할 경우 데이터라는 자원을 널리 공유·활용해 그 효율을 극대화하고 그로 인한 이익도 고르게 배분하지 못하고 오히려 정부와 소수 기업이 데이터와 그로부터 발생하는 이익을 독점하는 상황을 가중시킬 수 있다.*

찬성론에 따르면 데이터도 비인격성, 경제적 가치성, 관리 가능성이 존재하므로 물건의 개념에 포함될 수 있으며 배타적으로 지배 가능한 물건인지에 대하여는 다툼이 있을 수 있지만 적어도 데이터에 대한 사용, 접근, 수익 권능이라는 관점에서 '데이터에 대한 지배권'이라는 의미로 데이터 오너십이라는 용어를 사용할 수 있다고 한다. 더 나아가 블록체인 기술을 활용하면 블록의 비가역적 체인 구조를 통해 위조를 방지하고 블록에 대한 변경 추적이 용이하기 때문에 배타적 지배도 가능하다고 한다.**

---

* 이동진, 〈데이터 소유권(Data Ownership), 개념과 그 실익〉, 《정보법학》(한국정보법학회) 제22권 제3호(2018) 참조.

** 최경진, 〈데이터와 사법상의 권리, 그리고 데이터 소유권(Data Owner-ship)〉, 《정보법학》(한국정보법학회) 제23권 제1호(2019) 참조.

데이터에 대한 소유권 인정이 데이터 경제에 긍정적으로만 작용하는 것은 아니다. 데이터 오너십은 자칫 데이터의 자유로운 이용과 유통을 제한할 수도 있고 나아가 표현의 자유와도 충돌할 수 있다. 한편 최근 데이터 오너십 도입의 필요성은 인터넷 기업으로 데이터 쏠림 현상이 발생하고 이로 인해 막대한 이익이 기업에만 편중된다는 문제의식에서 비롯되기도 했다.

데이터 거래 활성화는 물론 데이터를 기업에 제공하고 이로써 기업에 발생한 이익을 데이터 주체와 공유하기 위해 데이터에 대한 소유권 차원의 법적 보호가 우선적으로 필요한 것인지, 아니면 데이터 오너십 도입보다는 데이터에 대한 개인과 기업의 접근권을 확대해 데이터를 공유·개방하는 게 더 중요한 일인지 진지하고 치열한 논의가 필요한 시점이다. 다만 어떤 경우에도 데이터 경제라는 시대적 흐름을 방해하지 않는 선에서 지혜를 모아야 할 것이다.

데이터의 안전한 활용과 비식별 조치

4차 산업혁명 시대에는 5세대(5G) 통신 네트워크를 기반으로 사물인터넷(IoT)에 연결된 스마트폰, 스마트워치, 사물, 기기들이 서로 소통하며 데이터를 빠르게 주고받는다. 데이터가 IoT를 통해 전송되고 저장돼 차곡차곡 쌓이면 빅 데이터가 된다. 이런 빅 데이터를 잘 분석해 가치를 만들어 내면 한 사람 한 사람에게 맞춤형 가치를 제공할 수 있는 진정한 개인 맞춤형 가치 사회가 된다. 그런데 2019년 4월 5억 4천만 건의 페이스북 사용자 데이터가 아마존 클라우드 서버에 무방비로 노출되는 등 지난 10년간 유출된 개인정보가 무려 2억 3천만 건에 달하며, 침해신고도 100만 건에 이르고 있다.

이처럼 개인정보는 인간에게 유용하지만 한편으로는 피해를 줄 수도 있는 두 개의 얼굴을 갖고 있다. 그렇다면 개인정보를 정보 주체의 이익을 위해 잘 활용하면서도 프라이버시를 잘 보호하는 방법은 무엇이 있을까.

그것이 바로 개인정보를 비식별화해 처리하는 것이다. '비식별 처리'란 개인정보의 일부를 삭제하거나 일부 또는 전부를 대체하는 등의 방법으로, 추가 정보 없이는 특정 개인을 알아볼 수 없도록 가명 처리하거나, 시간·비용·기술 등을 합리적으로 고려할 때 다른 정보를 사용해도 더 이상 개인을 알아볼 수 없는 정보로 만들어 익명 처리하는 것을 말한다. 가명 처리가 잠재적인 식별성 제거라면 익명 처리는 사실상 비가역적인 식별성 제거라고 할 수 있다. 이렇게 비식별화가 되면 프라이버시 침해에 대한 걱정 없이 개인정보를 유용하게 활용할 수 있게 된다.

이 점에서 비식별 조치는 원유에 해당하는 개인정보라는 식별정보를 가명정보, 익명정보라는 석유로 만드는 정제 작업이다. 정제 작업을 통해 식별성이라는 불순물을 제거해 실제 사용 가능한 데이터를 만들어 내는 것이다. 이에 향후 어떤 기술적 방법을 사용하는 경우 비식별 조치가 된 것인지에 대한 논의가 데이터의 안전한 활용을 위해 실질적으로 가장 중요한 이슈가 될 것이다.

이미 2016년부터 정부는 〈개인정보 비식별 조치 가이드라인〉을 시행하고 있다. 이에 따르면 비식별 조치 방법으로 정보 주체의 이름을 다른 이름으로 변경 처리하는 가명 처리, 식별자 수치를 총합해 평균값으로 처리하는 총계 처리, 식별자 정보의 전부 혹은 일부를 삭제 처리하는 데이터 삭제, 식별자의 특정 값을 범위로 처리하는 데이터 범주화, 식별자의 일부 값을 변경 처리하는 데이터 마스킹 등 5가지 처리기법으로 구분된 17가지 기술을 제시하고 있다.

이러한 비식별 조치 이후에는 비식별 조치가 적정하게 이루어졌는지를 외부 평가단을 통해 평가하도록 하는 적정성 평가를 하도록 했으며, 그 기준으로서 'k-익명성'을 활용하도록 했다. 이는 동일한 값을 가진 레코드를 k개 이상으로 해 특정 개인을 추론하기 어렵도록 하는 것이다. 가령, k값을 5로 정해 비식별 조치했다면 데이터셋 내에 개인식별 요소가 없음은 물론 최소 5개 이상의 레코드가 동일해 개인식별이 어렵게 되는 것이다.

다만, 기존 가이드라인은 법적 구속력이 없어 이를 따른 사업자가 면책 근거로 활용하기 어려운 문제가 있을 뿐만 아니라 가명 처리와 익명 처리에 대한 구별이 없는 문제가 있다. 비식별 조치 기술의 경우에도 k-익명성만을 들고 있어 다양한 기술 발전을 수용하지 못하고 있다. 향후 이런 문제점을 해결할 수 있는 방안이 포함된 비식별 조치 논의가 이루어져야 할 것이다.*

한편 법 개정 후 기업이나 기관에서 데이터를 비식별화해 활용하고자 하는 수요는 급증할 것으로 보이는데, 과연 합리적으로 비식별 조치를 이해하고 기준을 만들어 실제 적용할 수 있는 데이터 사이언스 전문가가 얼마나 될지는 의문이다. 이로 인해 이런 전문가가 없는 경우 비식별 조치의 사회적 신뢰 확보가 요원해질 것이기 때문에 정부와 기업은 전문가 양성에 특단의 대책을 세워야 할 것이다.

---

* 2020년 8월 개정 〈개인정보보호법〉 시행에 따라 개인정보보호위원회가 〈가명정보 처리 가이드라인〉을 마련함에 따라 위 〈비식별 조치 가이드라인〉은 폐지되었다.

데이터 경제의 출발점, 마이데이터 도입

내가 병원에 가서 진료를 받거나 통신이나 금융 서비스에 가입하기 위해서는 이름, 전화번호, 주소 등 나의 개인정보를 해당 사업자에 제공해야 한다. 이후 그 사업자는 나의 질환, 진료 현황, 통신 및 금융 서비스 이용내역 등이라는 새로운 개인정보를 생성한다. 만약 사업자가 이런 개인정보를 통계 목적 등으로 활용하기 위해서는 다시 개인의 동의를 받아야 하는데 이는 사실상 불가능하다. 개인도 내 개인정보를 열람하거나 다른 사업자에게 제공하고 싶어도 사업자가 협조하지 않는 것은 물론 법률상 그런 권리가 있는지도 명확하지 않다.

이런 문제를 해결하기 위해 〈신용정보법〉에 새로 도입하려는 제도가 소위 '마이데이터(MyData)'이다. 내 데이터를 내가 사용한다는 의미로서 〈신용정보법〉에는 '개인신용정보이동권'으로 구체화돼 있다. 이 권리는 본래 2018년 5월부터 시행된 유럽의 〈일반 개인정보보호법〉(GDPR) 제20조에 규정된 개인정보이동권(Right to Data Portability) 개념에서 유래된 것이다. 정보 주체인 개인이 본인의 정보를 보유한 기관에 그 정보를 제3자 또는 자신에게 이동시키도록 요구할 수 있는 권리다.

예를 들어 개인신용평가와 관련해서 보면 개인이 해당 기관에 본인의 사회보험료, 통신료 납부 실적을 신용정보회사, 금융회사에 제공하도록 요구해 신용평가상 가점을 수취할 수 있다. 또한 내 거래정보를 본인 신용정보 관리업자로 이전하도록 해 내 금융정보를 통합적으로 한번에 조회하고 소비 행태나 위험 성향 등에 대한 분석을 바탕으로 맞춤형 금융상품 추천이나 자문 서비스를 받을 수 있다.

마이데이터는 기본적으로 동의 절차를 거쳐 정보처리자에 위임했던 개인정보의 처리 권한을 개인이 다시 회수한다는 개념으로, 그동안 정보처리자의 권한으로 오해돼 왔던 개인정보의 자기통제권, 자기결정권을 원상으로 회복한다는 의미를 가진다. 또한 소수의 거대기업이 독점해 온 개인정보를 고객의 요청에 따라 제3자에게 이전함으로써 새로운 데이터 기반의 다양한 비즈니스를 촉발하게 된다. 특히 다양한 데이터 간 결합이 용이해지면서 데이터 산업이 크게 성장할 가능성이 있다.

결국 마이데이터는 개인정보의 자기결정권을 강화하는 동시에 데이터 활용을 촉진하는 두 마리 토끼를 잡을 수 있는 대안으로 평가된다. 우리 정부도 마이데이터 정책을 "특정 기업이 보유한 개인정보를 해당 개인의 동의하에 다른 기업에 제공해 맞춤형 서비스 개발에 활용하는 것을 지원"하는 제도로 정의하고 있다.

다만 아쉬운 점은 마이데이터가 아직 금융기관을 중심으로 한 민간기업에 대해서만 논의되고 있다는 것이다. 유럽과 같이 비금융 분야에도 마이데이터 도입 논의를 하지 못할 이유가 없다. 그리고 공공기관의 경우에도 공공 데이터의 개방과 아울러 공공기관이 보유한 개인정보의 본인과 제3의 공공기관으로의 이전권을 검토할 필요가 있다. 실제로 공공기관 간 개인정보의 공유가 빈번해지고 있는 상황에서 법률상 근거 확보에만 치중하다 보니 이에 대한 적절한 통제권이 정보 주체에 부여되지 않는 측면이 있다.*

또한 마이데이터를 통한 데이터 활용에 정보 보안이나 프라이버시 침해의 우려가 있다는 점을 부인할 수는 없다. 다만 이 제도가 개인정보 자기결정권을 기반으로 한 개인 주도의 데이터 유통 생태계를 구축할 수 있는 특별한 장점이 있다는 점을 고려해 시행 과정에서 부작용에 대한 미세 조정을 전제로 조속히 법제화가 이루어지기를 기대한다.

---

* 2020년 1월 현재 신용정보법 분야의 마이데이터 사업자 허가, 공공부문 마이데이터 사업 도입에 대해서는 이 책 55쪽, 〈마이데이터 시대 민간의 역할〉을 참조.

데이터 경제 3법의 평가와 향후 과제

마침내 〈개인정보보호법〉, 〈정보통신망 이용촉진 및 정보보호 등에 관한 법률〉(이하 〈정보통신망법〉), 〈신용정보의 이용 및 보호에 관한 법률〉(이하 〈신용정보법〉) 등 '데이터 경제 3법' 개정안이 2020년 1월 9일 국회를 통과하고 2월 4일 공포되어 8월 5일 시행된다. 4차 산업혁명 시대 신산업 육성을 위해 인공지능, 클라우드, 사물인터넷 등 신기술을 활용하기 위해서는 데이터의 이용이 필수적인데, 3법은 데이터의 활용을 촉진하는 한편 정보 주체의 권리를 강화하고 개인정보보호의 컨트롤 타워로서 개인정보보호위원회의 위상을 제고하는 것이 주요 내용이다. 이하에서는 3법의 내용, 평가와 향후 과제를 살펴보고자 한다.

데이터 경제 3법의 주요 내용

우선 개인정보 개념을 3가지로 구분했다. 즉, 종래 개인정보 개념을 2가지로 구분하고 가명정보 개념을 신설했다. 첫째, 개인정보는 성명, 주민등록번호 및 영상 등을 통하여 개인을 알아볼 수 있는 정보 외에 "해당 정보만으로는 특정 개인을 알아볼 수 없더라도 다른 정보와 쉽게 결합하여 알아볼 수 있는 정보"로 구분했다. 개정법은 "쉽게 알아볼 수 있는지 여부"는 다른 정보의 입수 가능성 등 개인을 알아보는 데 소요되는 시간, 비용, 기술 등을 합리적으로 고려해야 한다는 점을 신설하여 개인정보 개념을 명확히 했다. 둘째, 가명정보를 "개인정보의 일부를 삭제하거나 일부 또는 전부를 대체하는 등의 방법으로 추가정보 없이는 특정 개인을 알아볼 수 없도록 처리(이하 가명 처리)함으로써 원래의 상태로 복원하기 위한 추가정보의 사용·결합 없이는 특정 개인을 알아볼 수 없는 정보"로 정의하고, 통계 작성, 과학적 연구, 공익적 기록 보존 등을 위해서 정보 주체의 동의 없이 처리할 수 있도록 했다. 셋째, 시간·비용·기술 등을 합리적으로 고려할 때 다른 정보를 활용하여도 더 이상 개인을 알아볼 수 없는 정보(이른바 '익명정보')에 대해서는 법을 적용하지 않는다는 점을 규정했다.

다음 현행법상 개인정보처리자는 동의를 받은 범위를 벗어나 개인정보를 수집·이용하거나 제공할 수 없도록 규정되어 있었으나, 개정법에서는 당초 수집 목적과 합리적으로 관련된 범위에서 정보 주체의 동의 없이 개인정보를 수집·이용 및 제공할 수 있도록 하였다. 또한 '개인정보보호위원회'를 국무총리 소속 중앙행정기관으로 격상하는 한편, 기존 행정안전부 및 방송통신위원회의 개인정보보호 관련 기능을 동 위원회로 일원화하였다. 또한 개인정보보호에 관한 〈정보통신망법〉의 규정들을 삭제했으나, 이를 〈개인정보보호법〉상 특례로 규정하였기 때문에 정보통신서비스제공자에 대해서는 종래 규제들이 적용된다. 다만 동의가 필요했던 처리 위탁에 대해서 특례에서는 〈개인정보보호법〉과 같이 동의를 요하지 않는 것으로 했다.

〈신용정보법〉의 경우에도 가명정보의 도입 등 데이터 활용을 촉진하는 규정을 신설하였으며, 그 외에도 신용정보 주체의 신용정보를 일정한 방식으로 통합하여 본인에게 제공하는 행위를 영업으로 하는 '본인신용정보관리업'을 도입하였다. 또한 신용정보 주체의 권리 강화를 위해 개인인 신용정보 주체가 신용정보제공이용자(금융회사)나 공공기관에 대하여 본인에 관한 개인신용정보를 본인신용정보관리업자나 다른 신용정보제공이용자에 전송할 것을 요구할 수 있는 '개인신용정보전송요구권', 개인인 신용정보 주체가 개인신용평가회사나 신용정보제공이용자에 대하여 자동화평가(컴퓨터 등 정보처리장치로만 개인신용정보 및 그 밖의 정보를 처리하여 개인인 신용정보 주체를 평가하는 행위)의 실시 여부, 자동화평가 결과 및 주요 기준에 대한 설명 요구 등을 할 수 있는 '자동화평가대응권'을 도입했다.

데이터 경제 3법에 대한 평가(데이터 활용, 보호, 거버넌스 관점)

데이터 경제 3법은 우선 데이터 활용 관점에 방점을 두고 있는 것으로 평가된다. 개인정보의 개념 명확화, 가명 처리한 정보의 동의 없는 활용, 수집목적과 합리적으로 관련된 범위 내에서 동의 없는 활용, 가명정보 등의 전문기관을 통한 결합, 신용정보 주체가 SNS에 공개한 정보의 동의 없는 이용 등이 그 사례이다. 이런 규정들로 인해 빅 데이터 분석, 이용의 법적 근거가 마련되었다는 점에서 중요한 의의가 있다.

다만, 〈개인정보보호법〉과 비교하면 〈신용정보법〉이 보다 데이터 활용에 강조점을 두고 있다는 해석이 가능하다. 가명정보의 활용 목적과 관련 〈개인정보보호법〉은 통계 작성, 과학적 연구, 공익적 기록 보존을 명시하고 있음에 반해 〈신용정보법〉은 통계 작성(시장조사 등 상업적 목적의 통계작성을 포함), 연구(산업적 연구를 포함), 공익적 기록 보존이라고 명시하여 문언상으로는 후자가 넓게 규정되어 있다. 다만 〈개인정보보호법〉의 제안 이유에는 '산업적 목적을 포함하는 과학적 연구'로 설명되어 있어 실질적으로 양자는 같은 것으로 볼 수 있다. 최초 수집목적과의 관련성 여부에 대해서도 〈개인정보보호법〉은 "당초 수집목적과 합리적으로 관련된 범위"라고 되어 있으나, 〈신용정보법〉은 "당초 수집한 목적과 상충되지 아니하는 목적으로 이용하는 경우"를 규정하고 있어 후자가 보다 넓은 것으로 되어 있다. 다만 양 조항 모두 구체적인 사항은 대통령령으로 위임하고 있기 때문에 향후 추이를 지켜볼 필요가 있다. 정보 결합에 대해서도 〈개인정보보호법〉은 가명정보에 대해서만 전문기관을 통한 결합을 허용하고 있으나 〈신용정보법〉은 정보집합물의 전문기관을 통한 결합을 허용하고 있어 후자가 보다 넓은 의미로 해석된다.

데이터 보호 관점에서도 진일보한 내용이 포함되었다. 특정 개인을 알아보기 위한 목적으로 정보를 처리한 경우 전체 매출액의 3% 이하의 과징금이 신설된 것 외에도 가명정보의 복원에 필요한 추가 정보의 분실·유출 등을 방지하기 위한 안전성 확보조치 의무, 가명정보 처리 관련 기록 작성·보관 의무, 가명정보 처리 시 생성된 특정 개인식별 가능정보 처리 중지·회수·파기 의무 등을 규정하고, 이를 위반할 경우 형사처벌, 과태료, 과징금 등의 제재를 부과하고 있다. 기술한 개인신용정보전송요구권과 자동화평가대응권은 각각 EU GDPR의 데이터이동권(right to data portability), 프로파일링(profiling) 거부권*과 유사한 것으로 전자는 정보 주체의 의사를 기반으로 한 데이

* GDPR 제4조 제4항은 프로파일링을 '자연인의 특정한 개인적인 측면을 평가하기 위하여 행해지는 모든 형태의 자동화된 개인정보 처리'를 의미한다고 규정하고 있다. 예컨대, 온라인 쇼핑몰에서 계절에 따라 이용자가 자주 구매하는 제품을 눈에 띄는 곳에 배치하는 것, 앱(APP) 서비스의 메뉴와 세팅 등의 UI(User Interface)를 이용자의 편의성에 맞추어 개선하는 것 등이 예이다. 정보 주체는 법적 효력을 초래하거나 본인에게 중대한 영향을 미치는 상황에 대하여 프로파일링 등 자동화된 처리에만 근거한 결정의 적용을 받지 않을 권리를 가진다.

터 활용 촉진, 후자는 인공지능의 편향적인 결정에 대한 정보 주체의 대응권으로서 의의가 있다. 또한 〈신용정보법〉 위반의 징벌적 손해배상책임 한도를 3배에서 5배로 증액하였고 과징금도 위반행위 관련 매출의 3% 이내에서 전체 매출의 3%로 확대하였다. 전체적으로 정보 주체의 자기결정권을 강화하는 한편 위반 행위에 대한 경제적 제재를 강화해 위반 행위로 나아갈 유인을 감소시킨 것으로 평가된다.

데이터 거버넌스 관점에서 개인정보보호위원회가 〈개인정보보호법〉을 관장하는 독립적 감독기관이 되었으나 신용정보에 대해서는 금융위원회가 〈신용정보법〉 소관 부서로의 역할을 수행하고 있어 사실상 이원화된 거버넌스라고 할 수 있다. 일례로 기존에 주로 금융회사에 대해서만 적용되었던 〈신용정보법〉이 신용정보에 관해서는 일반 상거래 기업 및 법인에 대해서도 적용되고, 이들에 대해서는 개인정보보호위원회가 자료제출 요구, 검사권 등, 과징금 및 과태료 부과 등의 권한을 가진다. 결국 일반 상거래 기업의 경우 신용정보에 대해서는 〈신용정보법〉을, 개인정보에 대해서는 〈개인정보보호법〉을 적용받게 됨으로써 실무상 혼란이 예상된다. 또한 개인정보보호위원회는 물론 중앙행정기관도 데이터 결합을 수행하는 전문기관을 지정할 수 있게 됨으로써 사실상 전 부처가 데이터 활용과 보호 업무를 수행하게 되었다. 각 기관의 자율성을 인정하면서도 법 집행과 해석의 통일성을 기할 필요성도 높아졌다고 할 수 있다.

데이터 경제 3법의 향후 과제

우선 약 6개월간 하위 법령 작업을 통해 법 시행에 만전을 기할 필요가 있다. 특히, 당초 수집목적과 합리적 관련된 범위에 대한 구체적인 내용, 개인신용정보전송권과 자동화평가대응권의 구체적 내용,

전문기관을 통한 가명정보 내지 정보집합물의 결합, 제공 방법 등을 대통령령으로 정하도록 되어 있는바 이에 대한 명확한 규정이 필요하다. 다만, 아쉽게도 가명 처리, 익명 처리와 같은 비식별화 조치의 구체적 방안에 대해서는 하위 법령에 위임하는 규정이 없다. 비식별화 조치가 데이터 활용의 중핵적 요소라는 점에서 가이드라인 형식의 규율이 필요하다. 또한 그동안 지지부진했던 EU의 적정성 평가도 개인정보보호위원회의 독립성이 확보된 이상 조속히 추진되어야 할 것이다.

한편 개정법의 경우에도 〈개인정보보호법〉과 〈신용정보법〉상 상이한 규정들, 인공지능 시대를 대비한 동의 제도의 개선 이슈, 데이터 거래 활성화를 위한 법제도 미비 등 한계를 지니고 있다는 점에서, 추가적인 법 개정 작업도 진행되어야 할 것이다. 특히, 개정 내용의 주요 부분이 EU GDPR 등 해외 입법례를 참고하였다는 점에서 한국의 입법 환경을 고려한 독자적인 법제 연구 역시 검토되어야 할 것이다.

데이터에 달린 '언택트' 경제 성패

포스트 '코로나19' 시대에는 비대면 온라인 시스템이 일상이 될 가능성이 높다. 이로 인해 네트워크를 통해 엄청난 데이터의 수집과 축적이 이뤄지게 될 것이다. 특히 데이터를 인공지능(AI)을 통해 활용할 수 있는지가 포스트 코로나19 이후 혁신경제로 도약할 수 있을지 결정짓는다. 때마침 2020년 8월 5일부터 시행되는 데이터 경제 3법 준비 작업이 한창이다.

정부는 시행령을 비롯한 고시, 가이드라인, 해설서를 준비하는 등 분주히 움직이고 있다. 기업도 데이터 활용을 위한 방안에 골몰하면서 정부의 하위 법령 작업에 큰 관심을 가지고 있다. 2020년 3월 31일에는 데이터 경제 3법에서 위임한 사항을 정하는 시행령 개정안도 입법예고됐다.

이번 데이터 경제 3법의 가장 핵심적인 내용은 개인식별정보를 가명처리, 익명처리해서 동의 없이 활용할 수 있도록 한 것이다. 기존에 수집된 개인정보를 가명처리하거나 아니면 당초 수집 목적과 관련된 범위에서 활용할 수 있음은 물론 타 기업의 개인정보와 결합해서도 활용할 수 있게 된다.

4차 산업혁명 시대 데이터의 활용과 보호는 우리 경제, 사회 전 영역에 걸쳐 있는 긴박한 과제로 정부뿐만 아니라 민간이 책임감을 가지고 자율적으로 참여하는 것이 절대적으로 필요하다는 점에서 하위 법령 내용에 민간 참여 원칙이 관철돼야 할 것이다.

이 점에서 보면 몇 가지 아쉬운 대목이 있다. 우선 이번 시행령 개정안에서 범정부 차원의 체계화된 개인정보 보호 정책 추진을 위해 중앙행정기관이 참여하는 개인정보 보호 정책협의회, 지방자치단체가 참여하는 시도 개인정보 보호 협의회를 설치하고 운영하는 근거가 마련됐다. 하지만 민간과 공공이 참여하는 데이터 거버넌스에 관한 내용은 보이지 않는다. 향후 법 개정 시 반영하고 그 전이라도 정책적으로 공동협의체를 구성할 필요가 있다.

정보 결합은 누가 전문기관이 될 수 있을지에 대해 민간의 관심이 많다. 시행령 개정안에는 전문기관은 일정한 인력·조직, 시설·장비, 재정 능력을 갖춘 경우 지정될 수 있고, 전문성과 신뢰성이 있는 기관을 중심으로 지정·운영할 계획이라고 한다. 이미 종전 비식별 조치 가이드라인에 따라 결합 업무를 수행하고 있는 공공기관이 우선적으로 지정될 것으로 예상되지만, 필요한 자격과 능력을 가진 경우라면 민간기관을 배제할 필요가 없다.*

결합된 정보는 전문기관 내에 마련된 안전한 분석 공간에서 분석할 수 있도록 했다. AI 분석 등을 위한 데이터 반출의 필요성이 있으면, 결합된 가명정보는 전문기관의 안전성 평가와 승인을 거쳐서 외부로도 반출할 수 있도록 했다. 하지만 결합된 정보를 반출하기 위해 다시 전문기관의 사전승인을 받도록 하는 것은 과도한 규제가 될 수 있다. 민간이 자율적으로 활용하고 사후에 책임을 부담하는 형태로 가는 것을 고려할 필요가 있다.

---

* 2020년 11월 27일 개인정보보호위원회는 삼성SDS와 통계청을 가명정보 결합전문기관으로 지정하여 민간에도 결합전문기관을 허용했다.

한편 이번 법 개정안에는 AI의 본격화를 대비하는 내용이 부족하다. AI는 많은 분량의 데이터를 학습해서 일정한 패턴을 찾아내고 그 패턴에 따라 결과를 예측한다. AI가 정보 주체의 동의를 얻어 데이터를 수집하고 이용하면 문제가 없겠지만 수많은 정보에 대한 사전동의는 사실상 불가능하다. 사전동의 원칙만을 강조하는 경우 AI 활용에 큰 제약이 될 수 있다. 따라서 조속히 AI에 따른 데이터법 개정 사항을 발굴하고 대안을 만드는 작업을 해야 한다.* 아무쪼록 민간의 참여는 물론 자율, 책임성을 존중하는 방향으로 언택트 시대 데이터법 시행 준비가 이뤄지기를 바란다.

* 2020년 11월 23일 개인정보보호위원회는 개인정보 유출 관련 경제적 제재 강화, 온·오프라인에 따라 다른 개인정보 규제 일원화, 개인정보 이동권 보장 등 정보 주체 권리 강화, 이동형 영상기기에 대한 규제 마련 및 전자상거래 상 정보 국외이전 합리화 등의 내용이 담긴 〈개인정보보호법〉 개정안을 발표했다. 다만, AI에 따른 법 개정 내용은 포함되지 않았다.

디지털 무역과 데이터의 국가 간 이동

이제 세계 최대 전자상거래 업체인 아마존을 통해 외국 원서를 클릭 몇 번으로 집에서 받아 볼 수 있는 세상이다. 또한 외국의 영화 등 디지털 콘텐츠도 넷플릭스 등 글로벌 플랫폼을 통해 안방에서 쉽게 즐기는 시대가 되었다. 이처럼 ICT 기술의 급속한 발달과 모바일 기기의 확산으로 인터넷을 기반으로 하는 글로벌 전자상거래가 확대되면서 기존의 전통적인 상품 중심의 무역 거래와는 다른 디지털 무역이 활성화되고 있다.

디지털 무역(digital trade)이란 인터넷 네트워크를 통해 상품과 서비스가 전달되는 것으로 상품과 서비스의 주문, 생산 및 배송에 있어 인터넷과 인터넷 기반 기술이 중요한 역할을 하는 국제 간 거래라고 할 수 있다. 종래 주로 전자상거래를 지칭하는 개념이었지만 이제는 데이터의 이전까지 포함하는 개념으로 확대되고 있다. 이는 최근 데이터 경제 시대를 맞이하여 데이터가 단순히 상품 등에 수반하는 것이 아니라 그 자체로 경쟁력 요소가 되었기 때문이다.

이제 디지털 무역의 자유화의 흐름은 데이터 이동의 자유화와, 보호무역의 흐름은 데이터 이동 제한과 대응될 수 있는 정도로 디지털 무역에서 데이터는 중요한 변수가 되고 있다. 그동안 미국을 비롯한 주요 선진국은 디지털 무역이 활성화됨에 따라 이와 관련된 국제규범의 제정 노력을 기울여 왔다. 현재까지 상황을 보면 WTO 체제에서는 각국 간 이해관계의 차이로 디지털 무역을 규율할 수 있는 협정이 어렵다고 보고 양자 간 FTA나 지역협정을 통해 디지털 무역에 대한 규범을 제정, 운용하고 있다.

디지털 무역이 포함된 대표적 지역 협정이 〈아시아태평양동반자협정(CPTPP, Comprehensive and Progressive Agreement for Trans Pacific Partnership)〉과 〈미국-멕시코-캐나다 협정(USMCA, United States-Mexico-Canada Agreement)〉이다. CPTPP는 국경 간 정보 이전 자유화, 컴퓨터 설비의 현지화 요구 금지, 소스 코드 공개 요구 금지 등 3개 규범이 의무 조항으로 들어가 있다. 국경 간 개인정보의 이전과 관련해서 보면 각 당사국들이 국경 간 정보 이전에 관한 자체적인 국내 규제를 마련할 필요성은 인정하고 있다. 다만, 당사국들이 정당한 공공정책의 목적 달성을 위하여 개인정보의 국경 간 이전을 금지하는 것은 허용되나, 자의적 또는 부당한 차별, 위장된 무역 제한 조치로써 이를 금지하여서는 안 된다고 규정하고 있다. USMCA는 디지털 무역의 장을 별도로 둔 현재까지 가장 자유화 수준이 높은 국제규범으로 미국의 디지털 통상에 관한 기본적 입장을 담고 있다. 당사국은 특정한 행위가 대상자의 사업 수행을 위한 활동인 경우 개인정보를 포함하여 전자적 수단에 의한 정보의 국경 간 이전을 금지하거나 제한하여서는 안 된다고 규정하고 있다.

이런 데이터 자유화의 흐름과 달리 중국의 경우 2018년 〈네트워크안전법〉에 자국 내 개인정보와 중요 데이터가 해외로 이전되지 못하도록 서버의 중국 내 설치를 의무화하고, 당국의 승인 없이는 데이터의 해외 반출을 금지하였다. EU는 '디지털 시장통합(Digital Single Market) 전략'으로 역내에서 데이터의 자유로운 이동을 허용하지만

2018년 5월 시행된 GDPR은 역외로의 데이터 이전을 일부 제한하고 있다.

한편 최근 미국과 중국 간 기술 패권 전쟁이 데이터 전쟁으로 확산되고 있다. 미국은 국가안보 위협과 자국민 데이터의 중국 이전을 이유로 틱톡과 위챗의 미국 내 사용 금지명령과 틱톡의 모기업이자 AI 기술 기업인 바이트댄스(ByteDance)를 대상으로 90일 이내에 미국 내 사업 매각·퇴진과 미국 내 사용자 데이터 이전 명령을 내렸다.

나아가 클린 네트워크 프로그램(Clean Network Program)을 발표해 중국의 통신회사, 앱, 클라우드, 해저케이블을 미국 등이 사용하는 인터넷 인프라에서 퇴출을 추진하고 있다. 이에 대응해 중국은 '글로벌 데이터 안보 이니셔티브'를 추진하고 있다. 이는 데이터 안보를 포괄적이고 객관적이며 증거에 기초한 방식으로 취급하고, 정보통신 기술과 서비스를 위해 개방적이고 안전하며 안정적인 공급망을 유지하며 각국 정부에 데이터를 다루는 방식에 있어서 다른 나라들의 주권을 존중할 것을 내용으로 하고 있다.

한국의 경우 데이터 이전에 관한 한 데이터 보호주의(Data Protectionism)에 가까운 것으로 평가된다. 데이터 보호주의란 개인정보 보호와 자국 IT산업 육성을 위하여 자국민 데이터의 해외 이전을 제한하는 입장이다. 주요 데이터 및 서버를 현지 국경 안에 두도록 하는 데이터 현지화(Data Localization)도 보호주의의 한 유형이라고 할 수 있다. 금융 및 의료 데이터 이전 금지, 동의 기반의 데이터 이전, 5천분의 1 지도 반출 불허 등이 사례이다. 서버 현지화 등의 법안이 시도되었으나 아직 입법이 이루어지지는 않고 있다.

최근 데이터 경제는 플랫폼 경제로 수렴 중이며, 국내외 주요 플랫폼의 경쟁력의 원천은 데이터, 특히 개인정보의 확보 여부이다. 이에

EU, 중국은 미국의 플랫폼 견제를 위해 강력한 데이터 보호 정책과 규제를 시행 중이다. 한국의 선택은 어떤 것이어야 할까. 개방체제와 무역을 통해 성장한 한국의 경제전략은 디지털 시대에도 여전히 유효하다고 봐야 한다. 이 점에서 우선 글로벌 스탠더드에 부합하는 데이터 자유화 원칙이 중요하다. 글로벌 스탠더드 준수와 관련 사전동의 원칙 고수, 준수가 어려운 기술적 보호조치 기준, 과다한 형사처벌 등 비현실적인 개인정보 규제를 개선할 필요가 있다. 다만, 국내 개인정보 보호 역시 중요하기 때문에 동의 이외의 데이터 국외 이전 수단으로 적정성 평가나 적절한 보호조치에 의한 데이터 이전 방안도 법제화할 필요가 있다.*

데이터를 둘러싼 국가 간 갈등의 이면에는 기술, 산업, 안보를 포함하는 국가 전체의 생존과 번영을 위한 전략이 있다. 각국은 어떤 경우에도 국가안보, 자국민 및 자국 산업의 보호라는 목표를 포기할 수 없기 때문에 갈등은 필연적일 수밖에 없다. 더구나 미중 G2의 디지털 전쟁에서 한국과 같이 양국에 안보, 경제의 상당 부분을 의존하는 경우 이런 목표의 성취에는 많은 고민이 따른다. 상황에 따른 유연한 대응이 필요하지만 그래도 제1순위는 자국민의 데이터와 자국 산업의 보호라고 할 것이다. 단, 통상마찰 등의 관점에서 국익을 고려한 데이터 정책과 규제 혁신 노력도 병행해야 할 것이다. 또한 산업통상자원부 등 통상 전담 부처는 물론 과학기술정보통신부, 개인정보보호위원회 등 ICT 및 데이터 소관 부처 간 협력 역시 중요하다고 할 것이다.

---

* 개인정보보호위원회의 〈개인정보보호법〉 제2차 개정안에 따르면 동의 이외에 적정성 평가, 보호위의 인증이 추가되었으나 구속력 있는 기업 규칙이나 표준정보보호 조항은 포함되지 않았다.

마이데이터 시대, 민간의 역할

'내'가 만들어 내는 '나의' 데이터에 대한 통제권을 '내'가 행사한다는 마이데이터(MyData) 시대가 성큼 다가오고 있다. 금융위원회는 마이데이터 사업 허가를 위해 금융권을 비롯한 핀테크, 빅테크 기업 등 35개 기관의 신청을 받아 허가심사를 진행 중이다. 최근 발의된 〈데이터 기본법〉에도 개인 데이터를 통합하여 그 데이터 주체에게 제공하는 행위를 영업으로 하는 마이데이터(본인데이터관리업)를 도입하고 있다. 결국 금융분야, 공공분야는 물론 비금융 일반 분야에 이르기까지 모든 분야에 마이데이터가 도입될 것으로 예상된다.

마이데이터의 전제가 되는 데이터이동권(right to data portability)은 기업이 보유한 개인 데이터를 정보 주체 본인이나 본인이 지정한 제3자에게 전송하도록 요청할 수 있는 권리로서 2018년 EU GDPR에 최초로 규정되었다. 다만 유럽인들은 데이터이동권의 이해도가 낮고 기업 역시 적극적이지 않아 이 사업이 부진한 반면, 한국은 세계 최초로 마이데이터를 본격 추진하고 있다. 성공적인 사업 추진을 위해 다음 2가지에 대한 고민이 필요해 보인다.

우선 마이데이터에서 민간기업의 역할의 중요성에 대한 인식이다. EU가 데이터이동권을 도입하면서 밝힌 4가지 목적을 보면, 첫째, 정보 주체의 자기결정권을 강화함으로써 정보 주체와 개인정보

처리자 간의 힘의 균형을 재조정하고, 둘째, 개인 데이터의 역내 자유로운 이동을 촉진하며, 셋째, 온라인 이용자의 서비스 선택권을 강화함으로써 디지털서비스 제공자들 간에 경쟁을 촉진하고, 넷째, 데이터 기반의 혁신을 촉진하는 것이다. 결국 데이터이동권을 우선 정보 주체의 권리 강화 측면에서 접근하고 있지만, 그 외 다른 목표로서 데이터의 이동, 경쟁 촉진, 혁신도 강조하고 있다. 그런데 이런 3가지 목표 실현을 주도하는 것은 민간기업이라고 할 수 있다. 정보주체가 충실한 설명과 안내를 받아 데이터 이동권을 행사하도록 지원하고 관련 인프라와 서비스를 개발하여 소비자가 체감하는 편익을 제공함으로써 마이데이터 생태계를 실질적으로 주도하면서 사업의 성공 여부를 좌우하는 것이 바로 민간기업이라는 것이다.

다음 공공부문은 개인의 사생활에 관련되는 주요 데이터를 포함해 가장 많은 개인 데이터를 보유하고 있기 때문에 사실 마이데이터의 성공사례가 나올 가능성이 가장 큰 분야이다. 공공 데이터를 활용하면 각종 정부 지원이나 복지혜택 제공이 좀 더 효율적으로 이루어질 수 있다. 즉, 국민 입장에서는 보다 쉽게 수급 가능한 혜택을 확인할 수 있고, 정부 입장에서도 행정 비용을 줄일 수 있다. 또한 공공 데이터를 바탕으로 혁신적인 서비스가 계속 등장할 수 있다. 가족들의 병력을 바탕으로 한 건강관리 서비스, 다양한 공공정보를 바탕으로 한 청약 추천 서비스 등이 제공될 수 있다.

하지만 현재의 공공 마이데이터는 정부가 직접 운용하면서 데이터 유통의 범위, 활용의 목적을 제한하는 방향으로 진행되고 있다. 정보주체의 판단과 요청에 따라 개인 데이터가 자유롭게 유통될 수 있도록 허용함으로써, 정부는 데이터를 제공하되 데이터를 활용해 서비스를 구현하는 것은 민간에서 이루어지게 하는 방향을 고민할 필요가 있다.

마이데이터를 기반으로 한 데이터 산업 및 경제는 전 세계 어느 국가도 선점하지 못한 영역으로 우리가 이 분야의 퍼스트 무버(first mover)가 될 수 있다. 이런 성공의 관건은 정부, 기업, 국민의 협조와 노력에 달려 있으며, 특히 민간 부문의 아이디어와 혁신 의지를 지원하는 데 있다는 점을 잊지 말아야 할 것이다.

불신의 벽에 막힌 공공 보건의료 데이터 활용

무병장수라는 인간의 꿈을 실현하기 위해서는 무엇보다 헬스케어 산업의 발전이 필요한데, 오늘날 질병에 대한 치료 방식은 환자의 증상 기반에서 ICT 기술과 의료 빅 데이터를 기반으로 한 디지털 헬스케어로 진화하고 있다. 디지털 헬스케어란 개인의 건강 및 생체 정보, 질병과 관련된 가족력 등의 의료정보를 디지털 기기나 플랫폼을 통해 수집, 분석하여 시공간의 제약 없이 환자 상태를 관찰하고 관리하는 서비스이다.

다행히 한국은 디지털 헬스케어에 최적화된 인프라를 갖추고 있다. 우선 디지털 기기와 초고속 네트워크의 보급은 세계적인 수준이다. 다음 전 국민이 건강보험에 가입되어 있어 검진 데이터의 규모가 막대하다. 2019년 5월 기준 건강보험공단과 건강보험심사평가원이 보유한 의료 빅 데이터는 각각 3조 4천억 건과 3조 건에 이르고 있다. 또한 의료기관 전자의무기록(EMR, Electronic Medical Record)의 보급률은 2016년 기준으로 92%에 달해 세계 1위 수준이다. 이런 인프라에도 불구하고 데이터 활용을 통한 헬스케어가 규제에 막혀 있다는 지적에 따라 정부는 2020년 8월 가명정보 활용 등을 내용으로 하는 데이터 3법을 개정·시행하고 있고, 〈보건의료 데이터 가이드라인〉도 발표하는 등 이제 데이터 활용을 위한 법적 기반은 갖추어졌다.

다만 여전히 헬스케어 발전에 있어서 장벽이 되고 있는 것이 공공기관이 보유한 보건의료 데이터의 활용 문제이다. 예컨대 건강보험공단이나 보험심사평가원이 보유한 의료 데이터는 보험사들이 유병자·고령자 등 취약계층을 위해 신상품을 개발하거나 요율체계 세분화를 통해 보험료 할인 등 고객에게 경제적 편익을 제공하기 위해서 필수적이다. 그러나 2017년 국정감사에서 영리 목적의 보건의료 데이터 판매의 문제점이 지적되자, 공단 등은 보험사 대상 보건의료 데이터의 제공을 전면 중단하였다. 이후 국내 보건의료 데이터를 활용할 수 없는 국내 보험사는 국민 건강과 괴리가 있는 호주, 뉴질랜드 등 해외 데이터를 활용하고 있는 실정이다.

〈공공데이터의 제공 및 이용 활성화에 관한 법률〉(이하 〈공공데이터법〉)은 영리 목적의 경우에도 공공 데이터를 민간에 제공하도록 하고 있으나, 공단 등은 민간보험사에 데이터 제공 시 보험상품 개발 및 민간보험 가입에서의 차별 등에 악용될 가능성과 정보 유출 등 보안의 위험 등을 이유로 이를 거부하고 있는 것으로 알려지고 있다. 그러나 이러한 제공 거부 사유는 공공 데이터를 제공하면서 조건 부과 등을 통해 사후적으로 통제할 수 있는 사안이다. 마치 자동차가 위험하니 자동차 운행을 금지하는 것과 다르지 않다.

이런 측면에서 공단 등 공공기관, 보험사, 정부는 공동의 협의체 등을 통해 데이터의 오남용 가능성이라는 불신을 해소할 수 있는 대책을 강구함으로써 조속히 보건의료 데이터의 제공과 활용이 이루어지도록 할 필요가 있다. 또한 향후 〈공공데이터법〉상 법제도 개선과 더불어 실무적으로는 데이터 제공 여부를 심의하는 공공기관의 내부 심의위원회의 경우 외부위원을 과반수로 구성하도록 함으로써 투명성을 확보하도록 하는 방안도 고민할 필요가 있을 것이다.

보건의료를 통한 국민 건강의 보호는 인간이 행복을 추구할 수 있는 기본조건이자 국가공동체의 존립과 발전을 위한 기본요소이다. 세계적으로 우수한 인프라와 훌륭한 의료인을 보유하고 있음에도 불구하고 선진국에 비해 헬스케어 산업의 발전이 더디다는 것은 매우 안타까운 일이다. 프라이버시에 대한 충분한 보호를 전제로 국민의 건강권을 보호할 수 있도록 보건의료 데이터 활용에 대한 획기적인 인식 전환이 이루어지기를 기대한다.

마이데이터의 이슈와 과제

모든 정보 주체가 본인정보를 적극 관리·통제하고, 이를 신용, 자산, 건강관리 등에 주도적으로 활용하는 것을 의미하는 마이데이터 사업이 본격적으로 전개되고 있다. 금융위원회는 이미 마이데이터사업자를 허가했고 2021년 8월이면 상용 서비스가 개시된다. 보건복지부는 의료분야 마이데이터 도입을 위해 공공건강 데이터를 조회·저장·공유할 수 있는 앱 서비스를 제공하고 또한 자신의 의료 기록을 한곳에 모아 원하는 대상에게 데이터를 제공하고, 직접 활용할 수 있도록 지원하는 마이 헬스웨이 플랫폼을 구축 중이다. 행정안전부의 공공분야 마이데이터는 행정정보 꾸러미 제공과 공공분야 마이데이터 유통체계 구축을 중심으로 추진 중이며, 개인정보보호위원회는 개인정보의 전송요구권을 신설하는 〈개인정보보호법〉 개정안을 마련했다.

마이데이터의 핵심 원리는 정보 주체의 개인정보이동권이라는 권리에 기반하여, 정보 주체가 정보제공자로 하여금 본인이 원하는 서비스를 제공받기 위해 정보수신자인 마이데이터사업자에게 본인의 데이터의 이전을 요구하는 것이다. 이처럼 마이데이터는 정보 주체가 능동적으로 정보 활용의 선택권을 행사한다는 측면에서 자기결정권이 제고되는 것은 물론 대량의 데이터의 결합, 활용으로 고객 수요에 부합하는 혁신적인 맞춤형 서비스를 만들 수 있다. 또한 데이터 이

동의 확대를 통해 신규사업자의 시장의 진입장벽을 낮춤으로써 경쟁을 촉진할 수 있다.

이런 마이데이터의 취지, 목표를 실현하려면 다음 몇 가지를 유의해야 한다. 첫째, 마이데이터 규제 거버넌스의 정비가 필요하다. 현재는 각 부처가 마이데이터 사업을 별도의 법적 근거를 가지고 추진하고 있어 혼란이 예상된다. 예컨대 마이데이터사업자의 진입 규제도 〈신용정보법〉상 허가, 〈개인정보보호법〉상 지정 등 상이하며, 마이데이터사업자가 이용할 수 있는 정보의 종류나 범위도 명확하지 않다. 단기적으로 허가 의제*와 같은 간편한 진입 규제를 마련하는 등의 방법으로 부처 간 협력이 필요하며, 중장기적으로 통합법제와 기구를 검토할 필요성이 있다. 둘째, 전송 요구 대상이 되는 정보의 범위를 확대할 필요가 있다. 원칙적으로 공공기관은 물론 민간기관이 보유한 정보 전체가 대상이 되어야 한다. 이와 관련 정보 제공자의 인식 전환이 중요하다. 정보 제공자들은 자신이 보유하고 있는 정보가 정보 주체가 통제권을 지닌 정보라는 점을 망각하고 마치 자신들에게 통제권이 있다는 오해를 기반으로 마이데이터에 접근하고 있다.

셋째, 대량의 실명 개인정보가 사업자에게 집적되는 문제로 생길 수 있는 정보 보안의 우려를 해소할 수 있어야 한다. 정보 보안이 전제되지 않은 데이터의 이동은 오히려 정보 주체에게 해로울 수 있다는 점을 유의해야 한다. 넷째, 마이데이터 사업 추진에 있어 정보제공자, 정보 주체, 마이데이터사업자의 현실적 여건을 고려해야 한다. 정부는 기술 방식의 표준화는 물론 영세한 정보 제공자와 마이데이

* 〈행정기본법〉 제24조에 따르면 "인허가의제"란 하나의 인허가를 받으면 법률로 정하는 바에 따라 그와 관련된 여러 인허가를 받은 것으로 보는 것을 말한다.

터사업자에 대한 비용, 기술지원과 정보 주체의 개인정보이동권 행사를 지원해야 한다. 다만 중개기관, 지원기관이 본래 역할을 넘어서 마이데이터 사업의 주체가 되어서는 안 되고 민간이 직접 사업의 주도적 역할을 할 수 있도록 해야 할 것이다.

사실 개인정보이동권 및 이에 기반한 마이데이터 정책을 본격적으로 시행하는 것은 한국이 세계 최초라고 볼 수 있다. 그만큼 마이데이터 정책의 성공을 위해 차근차근 세밀하게 살펴볼 일이 많다는 것이다. 그중 제일 중요한 것은 민간사업자의 의견을 청취하여 정책이 실제로 시장에서 실행 가능하도록 다듬는 것이라는 점을 잊지 말아야 할 것이다.

소비자 보호와 개인정보 보호의 갈등

같은 것 같지만 다른 의미로 사용되는 소비자 보호와 개인정보 보호의 갈등이 우리 사회 여러 분야에서 나타나고 있다. 첫째, 최근 정부가 추진 중인 〈전자상거래소비자보호법〉 개정안 내용이다. 공정거래위원회는 전자상거래 플랫폼 업체의 소비자 보호 책임을 강화하는 방안의 일환으로 중고 물건 거래와 같은 개인 간(C2C) 거래에서 문제가 발생했을 때 중개업체가 이용자 실명·주소·전화번호를 상대방에게 제공하도록 강제하는 규제를 도입했다. 한쪽 소비자 보호를 위해 다른 쪽 소비자의 개인정보를 침해할 수 있다는 우려가 나오고 있다.

둘째, 〈전자금융거래법〉 개정안상 빅테크의 외부 청산 의무화 이슈이다. 동 개정안은 네이버, 카카오 등 빅테크 기업의 자금 거래 투명성을 확보하기 위해 빅테크 거래의 외부 청산을 의무화하고 있다. 이에 대해 금융위원회는 현행법상 은행과 달리 빅테크를 통한 거래는 외부 기관(금융결제원)을 통한 청산 절차를 거치지 않기 때문에 고객이 빅테크에 맡긴 선불충전금이 실제로 어떻게 사용되고 처리됐는지 확인할 수 없다면서, 핀테크를 이용하는 소비자를 보호하기 위해 동 조항이 필요하다는 입장이다. 이에 대해서 고객의 결제 정보가 집적되면서 빅 브라더 문제가 생길 수 있다는 비판이 있다. 결국 이 이슈도 자금 이체업자 등이 파산하면 관리기관이 고객에게 이용자 예탁금을 반환하기 위해서는 자금 내역을 파악하고 있어야 한다는 점에서 소비자가 보호를 위해 필요하다는 견해와 중국을 제외하면 전례가 없는 대량의 개인정보 집적으로 개인정보 침해 우려가 있다는 견해가 충돌하고 있다.

셋째, 마이데이터와 개인정보 보호 이슈이다. 마이데이터는 흩어진 개인정보를 스스로 관리할 수 있게 하는 개념으로 개인에 관한 더 많은 데이터가 모일수록 더 많은 소비자 편익이 제공될 수 있어 태생적으로 소비자 편익과 소비자의 정보보호는 트레이드오프(Trade-off) 관계를 가진다. 최근 주문내역 정보 이슈가 대표적인 사례이다. 당초 금융위원회는 마이데이터 사업자가 수집·제공할 수 있는 신용정보 항목에 '주문내역 정보'를 포함했다. 주문내역 정보는 쿠팡·11번가 등 전자상거래 업체가 보유하고 있는 것으로 개인이 어떤 품목을 얼마나 샀는지에 관한 내용이다. 이에 대해 국가인권위원회를 비롯한 이커머스 업계는 과도한 개인정보 침해를 이유로 반대의견을 제시했고 결국은 12개로 범주화된 주문내역 정보를 제공하는 것으로 합의가 되었다.

이 3가지 주제는 각각 대립하는 소비자 간 이익의 갈등, 좀 더 궁극적인 소비자 보호를 위한 현재의 개인정보 보호와의 갈등, 소비자의 편익과 소비자 정보보호의 불가피한 상충 관계를 의미한다. 다만, 개인정보 보호를 강조하면 할수록 다른 소비자, 궁극적인 소비자, 직접적인 소비자 보호나 편익을 제한하는 효과를 가져온다는 점에서는 동일하다. 다르게 보면 당장의 개인정보 보호를 우선할 것이냐 아니면 보다 긴 안목에서 소비자의 보호와 편익 제공을 우선할 것이냐는 선택에 관한 문제라고 할 수 있다.

이의 선택을 위해서는 우선 개인정보 보호와 소비자 보호 어느 하나도 포기할 수 있는 것이 아니라 양자 모두 소중한 가치라는 것으로 인정하는 지점에서 출발해야 한다. 다음 소비자 보호나 편익이라는 가치를 상쇄할 정도로 개인정보 보호의 실질적인 필요성이 있는 것인지, 다시 말해 개인정보 보호가 이루어지지 않으면 소비자 보호가 무의미해지는 것인지를 따져봐야 한다. 끝으로 소비자 보호나 편익이 더 중요한 경우라도 가능한 한 개인정보 보호에 소홀히 함이 없도록 세밀하게 챙기고 있는지를 검토해야 한다.

이런 기준에서 보면 전자상거래에서 이용자 정보의 제공은 소비자 보호를 위해 개인정보 침해가 필수적인 것이라고 보기 어렵다. 왜냐하면 이용자 정보 제공이 아니더라도 다른 방법으로 소비자 분쟁을 해결할 수 있기 때문이다. 다음 빅테크의 외부청산 의무화나 주문내역 정보 이슈는 궁극적인 소비자 보호나 편익 차원에서 현재의 개인정보 보호와의 갈등을 용인할 수 있지만, 가능한 한 개인정보 침해가 이루어지지 않도록 정밀한 제도 설계를 할 필요가 있다고 할 것이다. 이 점에서 주문내역 정보 자체가 아니라 범주화된 주문내역 정보를 제공하도록 한 것은 타당한 방향이라고 본다.

소비자 보호나 편익 이외에도 정부의 다양한 정책 추진에 있어 개인정보 보호와의 갈등이 등장하고 있는데, 정책 추진으로는 달성하려는 가치 못지않게 개인정보 보호의 가치도 중요하다는 점을 인정하고 개인정보 규제 당국과의 협력도 강화할 필요가 있을 것이다.

맞춤형 광고와 프라이버시 경쟁력

애플이 2021년 4월 26일 iOS 14.5와 iPadOS 14.5를 출시하면서 앱 추적 투명성(App Tracking Transparency) 정책을 시행했다. 기존에도 아이폰 이용자가 설정에 들어가 이용 기록 추적을 차단할 수 있었지만 이제 앱을 처음 사용할 때 사전 동의를 받는 방식으로 바뀐 것이다. 즉, 아이폰에 탑재된 사용자의 이용 기록 추적 소프트웨어로 페이스북 같은 외부 앱 개발자가 이용자의 앱 사용 빈도, 방문하는 웹사이트 등 광고에 필요한 개인정보를 수집할 수 있도록 하는 IDFA(ID for advertisers)를 쓰려고 할 때마다 이용자에게 개인정보 수집 동의 여부를 묻도록 한 것이다. 이렇게 되면 많은 이용자가 접근 차단을 선택할 것으로 예상되며, 이 경우 페이스북이나 광고주들은 이용자 개개인의 정보나 취향·관심사를 반영한 맞춤형 광고(targeted advertisement)를 하기 어렵게 된다.

구글도 2021년 3월 초 웹사이트 방문 이력 등을 수집해 만드는 맞춤형 광고 사업을 중단하고 내년부터는 웹 브라우저인 크롬의 쿠키(사이트 방문 기록) 정보를 외부업체에 제공하는 것도 중단하겠다고 밝혔다. 구글은 대신 '프라이버시 샌드박스'라는 새 맞춤형 광고 기술을 도입할 예정인데, 이는 이용자들의 웹브라우저 탐색 습관을 분석, 비슷한 유형의 사용자 집단을 대상으로 맞춤형 광고를 제공하는 기술이라고 한다.

한국에서는 플랫폼 기업의 맞춤형 광고 활용이 증가하고 있지만 애플, 구글과 같은 자율규제 움직임은 보이지 않는다. 다만, 최근 〈전자상거래소비자보호법〉 개정안의 제18조에 맞춤형 광고 규제가 도입되었다. 즉, 소비 습관과 기호 등 소비자의 특성에 따라 검색결과를 제공하는 맞춤형 광고의 수신 여부를 소비자가 선택할 수 있도록 하고, 온라인판매사업자는 소비자가 일반 검색과 광고의 수신을 원할 경우 해당 정보를 제공하도록 했다.

위 사례에서 언급된 맞춤형 광고란 웹 사이트 방문 이력, 앱 사용 이력, 구매 및 검색 이력 등 이용자의 관심, 흥미, 기호 및 성향 등을 파악하고 분석할 수 있는 온라인상의 이용자 활동 정보를 처리하여 이용자의 관심, 흥미, 기호 및 성향 등을 분석·추정한 후 이용자에게 맞춤형으로 제공되는 광고를 말한다. 오늘날 온라인 광고는 맞춤형 광고가 대세이다. 광고주 입장에서는 물건 구매의 가능성이 높아지는 등 광고효과가 극대화되는 장점이 있고, 소비자 입장에서도 자신의 관심과 필요를 충족시켜 주는 장점이 있다.

그런데 왜 글로벌 IT기업과 한국의 규제당국은 맞춤형 광고를 제한하거나 이용자의 선택권을 확보하는 방향으로 가고 있는 것일까. 일반적으로 맞춤형 광고의 그늘은 이용자의 프라이버시를 침해할 수 있다는 것이다. 넷플릭스의 다큐멘터리 〈소셜 딜레마〉(2020)에 따르면 인터넷과 SNS의 발달은 소비자의 관심 분석을 보다 쉽고 정확하게 할 수 있게 했는데, 이런 기업의 노력이 과도해지면서 인간을 지배, 조종하는 단계까지 이르고 있다고 한다.

이 점에서 구글이나 애플은 보다 향상된 프라이버시 보호를 자신들의 경쟁력 우위 요소(Privacy as a competitive advantage)로 고려하기 시작한 것으로 보인다. 반대 진영에서는 애플이 구독경제로 나가면서 페이스북 등 광고 기반의 인터넷 기업을 견제하기 위한 것이라는 의견도 있고 이로 인해 중소 인터넷 기업이 큰 타격을 입을 것이라는 전망이 나오기도 한다.

현재 한국의 〈개인정보보호법〉에서는 맞춤형 광고의 기반이 되는 쿠키 수집에 사전 동의를 요구하지 않고 있다. 쿠키는 컴퓨터 등 단말기상의 사이트 방문 기록으로 그것만으로 특정 개인을 식별할 수 없다고 보기 때문이다. 다만 EU의 〈일반개인정보보호법(GDPR)〉은 쿠키 역시 개인정보로 보고 있다.

한편 2017년 만들어진 〈온라인 맞춤형 광고 개인정보보호 가이드라인〉에 따르면 온라인 광고 사업자가 쿠키와 같은 행태 정보와 개인 식별 정보를 결합할 경우에는 이용자에게 해당 사실과 사용 목적, 결합되는 정보 항목, 보유 기간 등을 명확히 알리고, 해당 이용자로부터 사전에 동의를 받아야 한다. 다만, 단순히 행태 정보만을 활용하는 경우에는 이용자가 온라인상에서 자신의 행태 정보가 수집·이용되는 사실 등을 쉽게 알 수 있도록 안내 방안을 마련하여야 하며, 그 내용에는 맞춤형 광고의 수신을 거부할 수 있는 선택지를 제공하도록 하고 있다. 이에 따라 실제로 광고사업자의 안내 페이지는 물론 익스플로러, 크롬 등 인터넷 브라우저와 안드로이드, 아이폰 등 스마트폰에서도 쿠키 차단을 통해 맞춤형 광고를 거부할 수 있게 되어 있다.

결국 〈전자상거래소비자보호법〉 개정안은 일종의 옵트아웃(opt-out)으로 되어 있던 맞춤형 광고를 위한 쿠키 사용을 옵트인(opt-in)으로 전환한 효과를 가져온다고 할 수 있다. 애플의 정책과 유사하게 이용자가 일일이 수고를 들여 쿠키 이용을 차단하는 방법에서 좀 더

쉽게 맞춤형 광고를 거부할 수 있도록 한 것으로 볼 수 있다. 소비자의 프라이버시 보호 친화적인 입법이라는 점에서 긍정적이라는 평가가 가능하다.

다만, 맞춤형 광고 규제는 프라이버시 보호와 데이터 기반의 혁신과의 갈등 의제라는 점에서 〈소비자보호법〉 체계보다는 기존 〈개인정보보호법〉 체계 내에서 논의되는 것이 타당하다. 더욱이 아직 쿠키를 개인정보로 보는 것에 대한 합의가 이루어져 있지 않는 상황에서, 맞춤형 광고에 대해 사전규제를 도입하는 것은 데이터 기반 혁신을 저해할 가능성이 높다.

향후 맞춤형 광고와 관련된 소비자의 인식, 비용과 편익 등에 대한 실증적 연구를 진행하면서 맞춤형 광고에 대한 정책을 만들어 갈 필요가 있다. 다만, 이제 인터넷 기업은 프라이버시 보호가 타 기업과 차별화가 가능한 경쟁력 요소가 될 수 있다는 점을 염두에 두고 데이터 활용에 임해야 할 것이다.

보건의료 공공데이터 개방과 활용

2021년 6월 15일 4차산업혁명위원회 데이터특위는 공공데이터 개방 정책인 미개방 핵심 데이터 제공 방안으로 국토교통부가 관리하는 부동산 데이터 일부를 개방하기로 했다. 먼저 국토부는 현재 공개 중인 부동산 실거래가에 더해 거래 당사자 간 직거래 여부와 중개인 소재지(시군구) 정보를 추가 공개하여 부동산 시장 참여자들의 보다 합리적인 의사결정을 지원한다. 또한 다른 부동산과 달리 실거래가가 공개되지 않았던, 공장·창고 등의 건축물에 대한 실거래가를 개방하여 정보 불균형 문제를 완화할 계획이다. 지난번 사업자등록번호 개방에 이어 어려운 상황에서도 정부의 공공데이터 개방에 대한 의지는 확고하며 차근차근 순조롭게 진행되고 있는 것으로 평가된다.

향후 정부와 데이터특위는 교육, 보건의료, 국세, 판결 정보 등 그동안 공공목적이나 개인정보 침해를 이유로 개방이 어려웠던 미개방 핵심 데이터에 대한 개방을 지속적으로 추진할 계획이다. 다만, 그중에서도 보건의료 데이터의 개방, 제공이 좀 더 앞서가고 있다. 최근 10개 민영보험사는 건강보험심사평가원(심평원)에 데이터 제공을 신청하였고 6개 보험사는 데이터 제공의 사전절차인 공용기관생명윤리위원회(공용IRB)의 건강보험 진료정보 활용 연구계획을 승인받았다. 향후 심평원은 보험사의 신청을 받으면 위원회를 열어 가명 처리적절성 등 개인정보 유출 위험 등을 검토해 데이터를 제공하게 될 것이다.

사실 최근 보험산업에서는 건강수명에 대한 높은 국민 수요를 반영하여 소비자 편익을 제고할 수 있는 혁신적인 보험 서비스 개발 논의가 한창이다. 서비스 개발을 위해서는 국민의 건강 수요 파악과 건강 평가가 핵심요소인데, 이를 위해서는 보건의료 데이터 활용이 필수적이라고 할 수 있다. 크게 보면 보건의료 데이터는 보험사가 자체 보유한 데이터, 민간 의료기관의 전자의무기록(EMR), 건강보험공단과 심평원 등이 보유한 공공데이터로 구분된다. 이중 공공데이터는 전 국민의 진료, 처치, 처방, 검진은 물론 사회경제 및 인구학적 정보를 담고 있는 빅 데이터로 개인 건강위험 평가와 건강 수요 파악을 위해 매우 유용한 자료이다.

다만, 보험사의 공공데이터 활용에 대해서는 유병자 배제, 개인정보 보호 문제로 인해 부정적 인식이 강했으나, 최근 보건복지부, 건강보험공단, 심평원, 금융위원회 등의 공동노력으로 한 걸음씩 진전을 보이고 있다. 향후 공공데이터 활용을 통해 만성질환자, 유병자 대상의 보험 상품을 개발하는 등 건강 유의군에 대한 보험의 보장 범위를 확대하고, 상품 다양화를 통해 소비자 선택권을 제고할 수 있을 것으로 기대된다.

한편 최근 정부도 보건의료 데이터 활용 정책을 적극적으로 추진하고 있다. 민간 주도의 보건의료 데이터 활용 성과 창출 지원에 주력한다는 정책 목표 아래 국가 바이오 빅 데이터 플랫폼, 보건의료 빅데이터 플랫폼, 의료 데이터 중심병원 플랫폼 등 3대 빅 데이터 플랫폼을 구축하고 있다. 또한 분산된 개인의 의료기록, 건강정보를 한곳에 모아 진료 및 건강관리에 활용하는 것을 목적으로 하는 보건의료 마이데이터 플랫폼 사업인 마이 헬스웨이도 구축 중이다.

이처럼 보건의료 데이터를 활용하여 디지털 헬스케어, 건강관리 서비스 등 혁신적인 서비스가 도입되면 국민 건강 증진, 건강보험 재정 절감에도 기여함으로써, 결국은 공공데이터의 공익적 활용 성과를 창출하게 될 것이다. 즉, 보건의료 공공데이터의 민간에 대한 개방과 제공은 민영보험사의 이익을 넘어 국민 건강 증진이라는 공익도 창출한다는 것이다. 그런 의미에서 민영보험사도 국민건강이라는 공익추구에 있어서 역할과 책임을 소홀히 해서는 안 될 것이다.*

* 마침내 2021년 7월 8일 6개 보험사가 건강보험심사평가원으로부터 공공의료데이터의 가명처리 이용을 위한 최종 승인을 획득하였다. 이에 따라 6개 보험사는 사전허가 받은 연구자가 심사평가원의 폐쇄망에 접속하여 데이터를 분석한 후 그 결과값을 통계 형태로 반출하게 된다.

2

플랫폼의 경쟁과 발전

플랫폼의 사전적 의미는 역에서 승객이 열차를 타고 내리기 쉽도록 철로 옆으로 지면보다 높여서 설치해 놓은 평평한 장소로서 승강장을 의미한다. 철도라는 서비스를 이용하기 위한 이용자들과 철도 서비스를 제공하는 공급자를 연결시키는 매개체 역할을 하는 것이다.

이처럼 경제주체 간 생산과 소비의 교환이 이루어지는 플랫폼이 주도하는 경제를 플랫폼 경제(Platform Economy)라고 표현한다. 이는 인터넷과 같은 디지털 네트워크를 기반으로 상품 및 서비스의 공급자와 수요자가 거래하는 경제활동을 말한다. 특히 4차 산업혁명의 발전에 따라 인터넷, 반도체, 모바일, 클라우드, 인공지능이 결합된 거대 디지털 플랫폼이 등장하고 있다.

소위 MAFAA(Microsoft, Apple, Facebook, Amazon, Alphabet)이라 불리는 초거대 플랫폼의 규모는 단일 국가들을 넘어서기 시작했다. 이들의 시가총액 합은 5.5조 달러를 넘고 브랜드 영향력은 2019년 인터브랜드 기준 1위부터 4위를 애플, 구글, 아마존, 마이크로소프트가 차지했다. 이들은 전자상거래, 컨텐츠, 클라우드, 헬스케어, 자율주행차를 주축으로 광범위한 영역에서 경쟁하면서 멀티플랫폼화하고 있다.

한국도 네이버, 카카오 등 플랫폼이 주요 통신사업자의 시가총액을 넘어서고 있고 뉴스는 물론 SNS, 전자상거래, 금융, 부동산 등 전 산업영역으로 서비스를 확장하고 있다. 플랫폼 분야의 경쟁은 다음 3가지 형태로 나타난다.

첫 경쟁은 플랫폼과 ISP 간의 갈등이다. 플랫폼이 성장하는 것과 반대로 ISP는 성장이 정체되면서, ISP의 네트워크를 기반으로 비즈니스를 하면서 수익을 내고 있는 플랫폼에 대해 ISP가 네트워크 비용에 대한 분담을 요구하기 시작했다. 이것이 망 이용 대가에 대한 분쟁이며, 보다 근원적으로 보면 망 중립성에 대한 논쟁이다.

둘째, 플랫폼의 타 산업 진출에 따른 경쟁과 갈등이다. 종래 언론사, 통신, 부동산 등과의 갈등이 있어 왔으나 최근은 금융분야에서 경쟁이 활발하다. 핀테크, 테크핀에 이어 빅테크라 불리는 플랫폼이 오픈뱅킹을 통해 송금, 결제 등에 진출하고 있고 뒤이어 마이데이터, 마이페이먼트 등 디지털 금융으로 진출이 가시화되고 있다.

셋째, 국내 플랫폼과 글로벌 플랫폼과의 경쟁이다. 다만, 국내 플랫폼의 규모가 글로벌 플랫폼에 비해 너무 왜소하기 때문에 문제는 양 진영이 직접적으로 대립한다기보다는 정부의 플랫폼 규제가 실제 해외 기업에게는 실행이 어려우면서 국내 기업에 대한 역차별이 이뤄지고 있다는 것에 문제제기다. 다만, OTT와 같이 국내 플랫폼의 성장지원을 위한 정부의 정책이 필요하다는 점이 논의되고 있다.

끝으로 최근 정부는 온라인 플랫폼의 소비자 보호, 온라인 플랫폼과 플랫폼 이용사업자와의 공정경쟁 등을 목적으로 플랫폼에 대한 다양한 규제 입법을 시도하고 있다. EU와 일본에서 입법을 사례로 하여 공정위, 방통위 등이 규제입법을 준비하고 있고 과학기술정보통신부는 플랫폼의 네트워크 품질 유지의무를 〈전기통신사업법〉에 담는 법을 제정하였다.

그 외에도 플랫폼은 데이터를 독점하고 AI 활용을 주도하면서 데이터 경제시대의 선도자 역할을 하면서 다양한 이슈를 던지고 있다. "플랫폼의 경쟁과 발전" 편에서는 플랫폼의 혁신과 규제라는 상충되는 목표를 조화롭게 달성하기 위한 다양한 이슈에 대한 제언을 담고 있다.

공유경제에서의 혁신과 규제

2015년 겨울 보스턴에 머물 때 일이다. 모임이 끝날 때쯤 갑자기 폭설이 내려 오도 가도 못하는 상황이 됐다. 그때 일반 택시가 거의 없는 상황에서 자가용 승용차 모양의 우버 택시를 이용해 무사히 귀가하면서 우버의 편의성에 놀란 적이 있었다. 우버는 운전자가 자신의 차로 서비스를 제공하고 서비스 이용자는 앱이 정해 주는 요금을 신용카드로 앱 사업자인 우버에 지불하면 사업자는 일정률의 수수료를 공제한 나머지를 운전자에게 지급하는 차량 공유 서비스다.

우버는 수요가 증가하는 시간대에는 요금을 올려 공급을 늘린다. 소비자는 그만큼의 효용이 있기에 기꺼이 비싼 요금을 지불하고 운전자는 심야 노동에 적정한 대가를 예상하며 공급에 뛰어드는 것이다. 정부의 규제 없이도 시장에서 택시 승차난은 상당 부분 해결될 수 있다. 하지만 한국의 경우 늦은 밤 택시 잡기가 하늘의 별 따기여도 차량 공유 서비스 도입은 기존 법제와 이해관계의 충돌로 쉽지 않은 상황이다.*

---

* 우버는 지난 2013년 자가용 승차공유 서비스 '우버엑스'를 한국에 선보였으나, 2년 만에 철수했다. 택시 4단체 반발에 검찰이 우버를 불법 여객 운수 혐의로 기소했고, 국회가 〈여객자동차 운수사업법〉을 개정해서 우버를 불법화하였다. 동 개정법은 유사택시 운송사업 알선행위를 불법화해 우버택시 등의 영업을 사실상 차단할 뿐 아니라, 모바일 앱 등 정보통신망을 통해 불법유상운송행위를 알선하는 사람도 처벌하도록 했다. 또한

글로벌 경제 위기로 차량, 숙박 공유와 같이 물건을 소유하기보다는 자신이 가진 여유 자원을 다른 사람들과 나누어 쓰는 공유경제가 각광받고 있다. 공유경제는 내게 필요하지 않은 것은 남에게 빌려주고 내가 필요한 것은 남에게 빌려 쓴다는 아이디어에서 온 것이다. 이 아이디어가 정보통신기술(ICT)과 결합해 혁신을 가져온 것이 지금의 공유경제다. 이제 우리는 인터넷과 연결된 스마트폰만 있으면 국경을 넘어 차량, 숙박 등의 수요를 공급자와 실시간 의사교환을 통해 해결하고 결제까지 동시에 처리할 수 있게 됐다.

새로운 기술의 발달로 인해 기존에 없던 새로운 혁신이 일어나면 정부는 이를 어떻게 받아들일 것인지를 고민하게 되는데, 정부는 보통 다음 몇 가지 형태로 반응한다. 첫째, 혁신을 기존 이해관계나 사회질서에 도전하는 적으로 간주하고 규제를 통해 혁신을 방해하는 경우다. 둘째, 혁신을 유도하거나 장려하는 규제를 하거나 아니면 혁신을 위해 규제를 개혁하는 경우다. 〈저작권법〉, 〈특허법〉 등 지식재산권 법제는 저작자나 발명자의 혁신을 장려하는 규제다. 또한 정부는 경기 불황을 극복하고 새로운 성장 모멘텀을 찾기 위해 규제 개혁을 진행한다. 셋째, 혁신에 대응해 기존 규제를 재검토해 이를 제도권 내로 흡수하거나 혁신의 활성화를 위해 일정 기간 규제를 하지 않고 서비스의 전개 양상을 지켜보는 경우다.

공유경제는 수요자인 이용자에게는 호텔, 택시 업체 등 전통 기업보다는 저렴하고 다양한 서비스를 제공하고, 공급자인 이용자에게는 빈방이나 빈 시간이라는 유휴 자원을 사용해 부수입을 올릴 수 있게 해 줄 뿐 아니라 자기가 원하는 시간에 노동을 제공함으로써 여가의

렌터카를 이용한 택시 영업이나 렌터카를 재임대하는 행위도 금지했다.

활용을 가능하게 해 준다. 반면 공유경제 기업은 대면, 전화, 웹이 아닌 앱으로 거래가 이루어진다는 점을 제외하면 이윤 극대화를 추구하는 전통적 자본주의 기업과 다르지 않은 측면도 있다. 더구나 전통기업과 동일한 서비스를 제공하면서도 인허가를 받지 않는 점, 세금 납부를 회피하는 점, 소비자나 노동자의 안전을 배려하지 않는 문제 등을 일으키고 있다.

새로운 길은 낯설기 마련이다. 하지만 낯설다고 공유경제라는 시대적 흐름을 거스를 수 없다. 현 정부가 강조하는 창조경제의 실현에도 공유경제가 하나의 해법일 수 있다. 그렇기에 정부는 먼저 자율적이고 역동적인 혁신을 보장해 소비자 이익이 증진될 수 있는 시장 환경을 조성해 주어야 한다. 다만 소비자 안전과 사회질서 유지를 위한 최소한의 규제 역할 역시 포기할 수 없다. 즉 혁신과 규제의 균형을 유지하는 것이 중요하다.

결론적으로 소비자를 대상으로 대규모로 공유경제를 제공하는 기업에 대해서는 기존 규제를 재검토·수정해 이들을 제도권 내로 수용하는 방향을 검토해야 한다. 그 외 소규모의 개인적인 공유경제 기업에 대해서는 일정 기간 규제를 유예하면서 서비스 전개 양상을 지켜보는 전략을 취할 필요가 있다. 한편 기존 규제를 소규모의 개인적 공유경제에도 적용해 범죄자를 양산하는 상황도 개선할 필요가 있다. 2016년 20대 국회가 구성되는 대로 관련 부처, 국회, 전문가들이 협력해 법제 정비를 서둘러야 할 것이다.*

---

* 좀 더 상세한 내용은 이성엽, 〈공유경제에 대한 정부규제의 필요성—차량 및 숙박 공유를 중심으로〉, 《행정법연구》(행정법이론실무학회) 제44호(2016. 2) 참조.

네트워크, 플랫폼, 콘텐츠의 경쟁과 협력

우리가 먼 지역으로 이동하고자 기차를 이용할 때 꼭 필요한 것은 무엇일까. 가장 먼저 철로가 부설돼 있어야 한다. 다음으로 사람들이 기차를 타고 내리는 기차역이 있어야 한다. 끝으로 다양한 가격과 서비스 수준을 가진 기차가 마련돼야 한다. 여기서 철도망이 네트워크, 기차가 콘텐츠다. 그리고 기차역을 흔히 플랫폼이라고 하는데 이는 최종 소비자에게 재화나 용역을 제공하기 위한 유무형의 시설 또는 상품과 콘텐츠를 사고팔거나 마케팅을 하는 일종의 장터다.

이를 정보통신기술(ICT) 생태계에 적용해 보면 통신이나 방송 서비스를 제공하는 KT 같은 통신업체, CJ헬로비전 같은 케이블TV 업체가 플랫폼에 해당한다. 방송 프로그램을 제작해 이를 플랫폼에 제공하는 CJ E&M 등은 콘텐츠 업체다. 그리고 유무선 정보통신망을 네트워크라고 한다. 플랫폼은 콘텐츠가 유통되는 창구로서, 콘텐츠는 플랫폼의 경쟁력을 좌우하는 내용물로 상호 의존관계에 있고 네트워크는 서비스를 전달하는 통로로서 역할을 한다.

그런데 KBS와 같은 지상파 방송사는 이 3가지 요소를 동시에 가지고 있다. 직접 방송 프로그램을 제작, 편성해 자신이 구축한 방송 네트워크를 통해 시청자에게 방송 서비스를 제공한다. 반면에 케이블TV는 네트워크를 설치, 운영하고 플랫폼으로서 방송 서비스를 제공하지만 콘텐츠를 가지고 있지 않다. 포털, 게임업체 등은 자신이 제작·편집한 콘텐츠를 이용자에게 유통시키지만 네트워크를 가지고 있지 않다.

이렇게 정보통신 서비스의 완결적인 제공을 위해 필요한 3요소가 분리되면서 일어나는 갈등이 네트워크 중립성, 플랫폼 중립성, 콘텐츠 동등 접근 이슈다. 중립성이란 어느 편에 치우치지 말고 누구에게나 똑같이 대하는 것이다. 네트워크 중립성은 네트워크를 관리하는 통신업체에 대해 콘텐츠 사업자가 데이터 트래픽을 그 내용, 유형 등에 관계 없이 동등하게 처리해 달라고 요구하는 것이다. 플랫폼 중립성은 구글, 애플의 운영체제인 안드로이드나 iOS 플랫폼에 콘텐츠나 장비 업체가 차별 없이 접근할 수 있어야 한다는 것이다. 콘텐츠 동등 접근은 예컨대 신규로 위성, IPTV 시장에 진출하는 통신업체가 지상파 프로그램에 대한 재송신이 가능하도록 해야 한다는 것으로 플랫폼이 콘텐츠에 동등하게 접근할 수 있어야 한다는 것이다.

이 이슈들은 후발 사업자가 자신에게 없는 요소 설비를 저렴하게 차별 없이 이용할 수 있도록 정부에 규제를 요청하는 것이다. 정부는 미디어간 균형 발전이나 공정 경쟁 차원에서 3자 간의 갈등을 조정해 왔으나 지상파 재송신 대가를 둘러싼 지상파와 케이블의 갈등처럼 3자 간 첨예한 이해 대립으로 인해 어려움을 겪고 있다. 최근 경기 불황으로 인한 매출 감소, 인터넷 트래픽 급증, 글로벌 ICT 업체의 시장 확대는 문제 해결을 위한 양보와 협력을 더욱 힘들게 하고 있다. 이런 상황을 극복하고 네트워크 고도화, 콘텐츠 활성화, 플랫폼 경쟁력 강화를 위해서는 몇 가지 노력이 필요하다.

첫째, 다른 사업자의 설비, 서비스를 이용하는 것에 대한 적정한 비용 부담의 원칙을 확립하는 것이다. 콘텐츠 또는 플랫폼 사업자의 네트워크 사업자에 대한 망 이용 대가, 플랫폼 사업자의 콘텐츠 사업자 프로그램 이용 대가가 비용, 수익에 기초해 적절하게 산정돼야 한다.

둘째, ICT 시장의 글로벌화에 대응해 국내 ICT 산업의 경쟁력을 강화하려면 기업의 사업 재편이 활발히 진행될 필요가 있다. ICT 전 분야가 아니라 우리가 잘할 수 있는 분야를 선택하고 이에 집중해야 한다. 그리고 이를 바탕으로 동남아시아 등 ICT 미개척지로 진출해야 한다.

셋째, 공통의 인프라로서 네트워크의 지속적인 고도화 방안과 고부가가치 산업으로서 콘텐츠 산업 발전 방안에 특별한 관심을 가질 필요가 있다.

결론적으로 네트워크, 플랫폼, 콘텐츠의 경쟁과 협력의 출발점은 3자 간 적정한 비용 분담 원칙의 확립이다. 정부도 3자 간 공정경쟁 확보 차원에서 비용 분담 원칙의 기준을 정립하고 필요하다면 직접 대가를 정할 수도 있어야 한다. 동시에 경쟁의 조장만으로는 충분하지 않은 네트워크 고도화와 콘텐츠 산업 발전을 위한 정책을 고민해야 할 것이다.

망 중립성 규제, 국내 현실에 맞게 손질해야

미국 연방통신위원회(FCC)는 2017년 12월 〈인터넷 자유 회복(Restoring Internet Freedom)〉 선언을 통해 망 중립성 규제 대부분을 폐기하는 법 개정안을 통과시켰다. 망 중립성 규제란 통신사업자는 모든 데이터를 차별 없이 동등하게 취급해야 하며, 특정 콘텐츠를 차단하거나 느리거나 빠르게 제공하는 것을 금지하는 규제다. 이에 따라 구글·페이스북·아마존 등 인터넷 플랫폼 기업들은 망 사용료를 추가 부담하게 될 전망이고, 중소벤처·스타트업 등은 인터넷 트래픽 등을 이유로 요금을 차등화 할 경우 사업에 애로가 예상된다.

그럼 왜 미국은 망 중립성 규제를 폐기한 것일까? 상위 목표는 인터넷의 자유 회복이고 하위목표는 소비자 보호를 위한 투명성의 향상, 투자, 혁신 그리고 경쟁의 촉진이다. 다만, 이번 결정의 초점은 규제의 불확실성을 해소해 네트워크에 대한 투자를 확대하는 데 있다.

또 이번 개정안의 보다 정확한 의미는 망 중립성 규제의 폐기라기보다는 망 중립성 규제방식의 변화로 보아야 한다. 그동안의 통신법에 따른 FCC의 사전규제 위주의 방식이 아닌 경쟁법과 소비자보호법에 따른 연방거래위원회(FTC)의 사후규제 방식으로의 전환을 의미한다.*

한국의 현 정부는 망 중립성 원칙을 지지한다. 또한 한국은 이미 인터넷 접속 서비스를 기간 통신 서비스로 규정해 차단 금지, 차별 금지의무를 부과해 왔고 2017년에는 "일정한 전기통신서비스를 이용해 다른 서비스를 제공하려는 자에게 불합리하거나 차별적인 조건 또는 제한을 부당하게 부과하는 행위"를 금지행위로 정해 사후규제도 도입하고 있다. 가히 망 중립성에 관한 한 강력한 사전, 사후규제를 모두 시행하고 있다. 미국의 정책 변화에 따라 통신업계 일각에서는 '통신사와 인터넷 기업 간 망 사용료 분담' 등 망 중립성 정책에 대한 변화를 요구하고 있다.

많은 인터넷 기업들은 혁신적인 인터넷 생태계를 유지하기 위해서는 망 중립성 원칙이 보다 강화되어야 한다고 한다. 그러나 현재 상황에서 네트워크 투자를 확대하고 인터넷 생태계의 선순환이 가능하도록 하는 데 있어 계속 망 중립성 규제를 유지, 강화하는 것이 타당할까? 망 중립성 규제 강화는 인터넷 기업의 혁신을 지원할 수도 있지만, 네트워크 투자와 경쟁을 약화해 인터넷 생태계의 선순환을 막을 수도 있다. 결국 망 중립성 규제의 강도와 방향은 각국이 처한 상황을 고려해 유연하게 결정돼야 한다.

이제 한국에서 포털 등 거대 플랫폼 기업은 통신사를 훨씬 능가하는 시장 지배력을 행사하고 있지만 통신사의 매출은 정체되고 있다. 혁신 성장을 위해 한국에서 어떤 방향의 망 중립성 규제 정책의 변화가 필요한지 진지한 논의가 필요한 시점이다.**

---

* FCC(Federal Communications Commission)는 연방통신위원회로 무선 및 유선에 의한 주 통신과 외국통신을 규제하는 미국 연방정부의 행정기관이고 FTC(Federal Trade Commission)는 연방거래위원회로 〈셔먼법〉, 〈클레이튼법〉 등 독점금지법의 실시 상황의 감사, 가격협정 등의 불공정 경쟁의 방지, 식품·약품 등의 과대광고의 단속 등에 임하는 미국 정부기관이다. 각각 한국의 방송통신위원회, 공정거래위원회에 대응한다.

** 망 중립성 원칙의 상세 내용은 이성엽, 〈망 중립성 논의에 공법원리의 적용가능성에 관한 검토〉, 《언론과 법》(한국언론법학회) 제11권 제2호(2012) 참조.

인터넷 포털 규제해야 하나

우리가 살고 있는 지역을 떠나 새로운 미지의 세상으로 나가기 위해 반드시 거쳐야 하는 관문이 공항, 철도역이듯이 현실 세계에서 사이버 인터넷 세상을 경험하기 위해 필수적으로 거쳐야 하는 관문(portal)이 인터넷 포털이다. 구글, 네이버, 카카오와 같은 인터넷 포털은 주로 검색, 이메일, 뉴스 서비스를 제공하지만 최근에는 방송, 통신, 전자상거래는 물론 부동산, 교통, 음식, 숙박 등 전 산업 영역으로 시장을 확대하고 있다.

2017년 3월 말 기준 네이버의 시가 총액은 28조 원으로 국내 6위를 차지해 20조 원으로 국내 13위인 SK텔레콤을 앞서고 있다. 특히 인터넷 포털은 미디어 시장에서 영향력이 막강한데, 네이버의 매체 합산 여론 영향력 점유율은 18.1%로 지상파 3사와 주요 언론을 제치고 1위를 차지하고 있다.* 한편 네이버, 다음, 네이트 등 국내 포털 3사 기준 네이버의 검색 점유율은 87.2%에 이르고 있다.

다만 최근 인터넷 포털에는 가짜 뉴스 문제, 검색 순위 조작, 인터넷 카페의 불법거래, 소상공인 피해와 같은 문제점도 나타나고 있다.

---

* '매체계열별 매체 합산 여론 영향력 점유율'이란 개별 매체 계열 혹은 매체사가 전체 매체 부문에 걸쳐 행사하는 여론 영향력의 상대적 크기를 말하는 것으로 문화체육관광부 여론집중도조사위원회가 발표한다.

또한 인터넷 포털은 사실상 같은 시장에서 경쟁하면서도 상대적으로 강한 규제하에 있는 기존 통신, 방송, 신문사업자들의 불만의 대상이 되고 있다. 이들에 따르면 인터넷 포털은 그간 정부 정책과 통신사들의 투자를 통해 구축된 초고속 네트워크에 무임승차해 막대한 이익을 창출하고 있지만 유의미한 투자나 대가 부담을 하지 않고 있다고 한다. 이에 이들은 인터넷 포털의 문제점을 개선하고 사회적 책임을 다하도록 하기 위해 인터넷 포털에 대한 기존의 〈통신법〉상 부가통신사업자 규제가 아닌 〈통신법〉에 따른 기간통신사업자나 〈방송법〉에 따른 방송사업자와 유사한 높은 수준의 진입, 공정경쟁, 이용자 보호 규제를 받아야 한다고 주장한다.*

이에 대해 인터넷 포털 쪽에서는 국내에서 인터넷 포털이 어느 정도 성장한 것은 사실이나, 구글 등 글로벌 사업자에 비교하면 아직 규제가 아닌 진흥 정책이 필요한 상황이며, 이론적으로도 방송이나 통신은 국가의 한정된 자원인 주파수를 할당받는다는 이유로 정부의 허가를 받지만 포털 시장은 정부의 진입 규제 근거가 없다고 한다. 더구나 이 시장은 진입 장벽이 낮아 시장지배적 사업자가 존재하기 어려우며, 사업영역 및 수익 모델도 매우 다양하고 동태적이어서 구체적인 이슈가 발생하기 전에 시장을 획정해 규제를 적용하는 것이 어렵다고 주장한다.** 만약 규제를 하는 경우에도 국내 사업자에게만

---

* 기간통신사업은 교환설비와 선로를 포괄하는 전기통신회선설비를 설치하고 이를 이용하여 전화역무 등 기간통신역무를 제공하는 사업을 말하며, 부가통신사업이란 기간통신사업자로부터 전기통신회선설비를 빌려서 기간통신역무 외의 전기통신역무를 제공하는 사업을 말한다. 기간통신사업은 공공의 이익과 국가 산업에 미치는 영향, 역무의 안정적 제공의 필요성 이 있어 강한 규제를 받고 있으니 대부분의 인터넷서비스 사업자는 부가통신사업자로서 기간통신사업자에 대비해 최소한의 규제만을 받고 있다.

** 시장 획정은 제품의 특성에 따라 수요나 공급 대체성으로 판단하며 시장의 규모와 범위를 정하는 것을 의미한다. 공정거래위원회의 기업결합 심사는 지배 관계 형성, 관련 시

집행 가능한 규제를 도입하는 경우 해외 사업자를 우대하는 역차별이 발생할 수도 있다고 한다.

인터넷 포털은 정부의 진흥이나 규제가 아닌 기술과 서비스 혁신에 의해 자율적인 성장을 해 왔다. 포털 검색 서비스는 대부분 국가에서 구글이 1위이나 한국은 네이버가 1위를 지키고 있으며 사회관계망서비스(SNS)인 네이버 라인의 시장점유율은 미국 12%, 일본 94%, 대만 83%에 달하는 등 글로벌 경쟁력을 확보하고 있다.

포털에 대한 규제 여부에 대해 서로 다른 의견이 있지만 이 문제는 기술, 서비스 혁신에 대한 규제의 대응 원칙에서 접근할 필요가 있다. 원칙상 기술, 서비스 혁신에 대해서는 규제가 이를 수용하고 조장하는 방향으로 최소한의 규제를 하거나 공정 경쟁이나 이용자 보호에 중대한 문제가 발생하기 전까지는 규제를 유예하는 전략을 취하는 것이 타당하다.

하지만 공정 경쟁이나 이용자 보호와 관련된 중대 이슈가 발생하는 경우에는 기존의 동일 서비스와 동일한 규제를 통해 규제 형평과 이용자 보호를 달성하는 것도 중요하다.

결론적으로 인터넷 포털의 규모와 산업 내에서의 위상이나 몇 가지 사회적 이슈 등을 고려할 때 산업적 기여나 사회적 책임의 인식, 공정 경쟁 환경 및 이용자 보호 체계에 대한 논의가 필요한 시점이라는 점은 부인하기 어렵다. 다만 규제 방식이나 강도에 대해서는 보다

장에서의 경쟁 제한성, 정당화 사유의 존재 여부 등의 순서로 진행된다. '관련 시장에서의 경쟁 제한성' 단계는 일정한 거래 분야에서 경쟁을 실질적으로 제한하는지를 심사한다. 관련 시장이 좁게 획정되면 기업 결합으로 인한 점유율 증대가 도드라지므로 경쟁 제한성이 인정될 가능성이 크나 관련 시장이 넓게 획정되면 점유율 증대가 상대적으로 미미해지므로 경쟁 제한성이 부정될 가능성이 있다. 따라서 관련 시장의 획정이 기업결합 성패를 좌우한다.

신중한 검토가 필요한데, 특히 규제 강화가 경쟁력이 약화돼 규제에 의지하려는 사업자들을 지원하기 위한 것은 아닌지 또한 인터넷 포털 산업의 국제 경쟁력을 감소시키는 것은 아닌지도 면밀히 검토돼야 한다.

G2의 플랫폼 전쟁과 한국의 선택

도널드 트럼프 미국 대통령이 2019년 5월 15일 외부 위협으로부터 미국의 정보 통신을 보호하는 행정명령에 서명하고 이후 미 상무부가 5G 이동통신 네트워크의 보안상 이유로 중국 통신장비 기업 화웨이를 거래 제한 기업으로 발표하면서 미·중 간 통상 분쟁은 최고조에 이르고 있다. 화웨이 등 중국 IT 기업들을 겨냥한 미국의 전방위 공세에 따라 세계 경제 및 ICT의 1, 2위를 다투는 양국 간 첨단 기술 분야에서의 냉전(technology cold war)이 시작되고 있다.

이 냉전은 기본적으로 5G 기술 패권을 둘러싼 미·중 간의 분쟁이다. 5G 기술은 기존 통신 기술의 발전과 비교할 때 초고속, 초연결, 초저지연을 실현하는 혁신적인 기술임에도 5G 기술의 절대강자는 세계 최다 5G 표준특허를 보유한 화웨이이다. 미국은 5G 기술을 중국 기업이 장악하게 되면 첨단 산업뿐만 아니라 안보 역량에도 영향을 받을 것으로 보고 있다.

그러나 좀 더 살펴보면 미·중 간 기술 전쟁은 5G에 국한된 것이 아니다. 오히려 크게 보면 미국이나 중국의 ICT 기업들(FAANG, 페이스북·아마존·애플·넷플릭스·구글 vs BAT, 바이두·알리바바·텐센트)은 빅 데이터, 인공지능(AI), 핀테크(금융+기술), 미디어로 대표되는 지능정보 사회의 핵심 플랫폼 역할을 하면서 글로벌 생태계 구축을 위한 경쟁을 하고 있다. 바이두는 중국의 구글이라 불리는 중국어권 최대의 검색 엔진이고 알리바바는 아마존을 넘어 세계 최대의 전자상거래 사이트가 됐다. 텐센트는 중국 최대의 소셜네트워크서비스(SNS) 회사이자 세계 1위 온라인 게임사다.

중국 정부는 구글 차단 등 자국 내에서 외국 기업들의 진출을 저지하는 한편 중국 기업들의 성장에 적극적으로 개입해 지원하는 산업정책을 펴고 있다. 2012년 시진핑 중국 국가주석 체제가 들어서면서 이러한 정책은 더욱 강화됐다. 중국은 이미 선진국의 우위가 뚜렷한 기존 산업이 아닌 첨단 IT산업에서 주도권을 잡기 위해 정부의 역량을 총동원하고 있는 것이다.* 그동안 미국은 자국의 플랫폼 기업들에 대해 개인정보 보호 규제 등에 소극적인 자세를 견지하면서 이들의 글로벌 시장 진출을 간접적으로 지원하는 방식을 취했다. 그러나 플랫폼 산업뿐 아니라 네트워크 장비 산업에서 중국의 위협을 더는 방관할 수 없다는 인식에 따라 적극적인 개입과 지원 정책으로 선회하고 있다.

한국은 어떤가. 세계 시장에서 경쟁력이 있는 플랫폼 대표 선수 후보로 네이버, 카카오 등이 있다. 회사 설립 20년을 맞이한 네이버는 국내 검색시장 점유율 71.5%로 전 세계 검색 시장을 장악한 구글에 맞서 굳건히 시장을 지키고 있다. '국민 메신저' 카카오는 국내 모바일 메신저 시장의 95%를 차지하는데 간편결제, 은행을 넘어 블록체인으로 사업영역을 확대하고 있다.

---

* 대표적인 정책이 중국 정부가 2015년 3월 발표한 '중국제조 2025' 전략이다. 이는 반도체, 전기자동차, 로봇, 해양플랜트, 바이오, 항공우주장비 등 10대 핵심 산업에서 세계적 기업을 키워 하이테크 국가로 전환하겠다는 계획이다. 노동집약적 산업에서 벗어나 부가가치가 높은 산업을 장악하는 것을 목표로 한다.

한국도 미국이나 중국처럼 플랫폼 대표 선수를 지원해야 한다. 그런데 이들이 원하는 것은 사실 특별한 지원이 아니다. 그냥 내버려두라는 것이다. 혹시 오프라인 시대에 유용한 규제를 여전히 이들 기업에 적용하고 있는 것은 아닌지, 공정거래위원회 등 정부의 행정조사가 유럽에서의 구글 등에 대한 보호주의적 규제 논의를 과도하게 수용하는 것은 아닌지 돌아봐야 한다.

2006년 국내 최대 온라인 게임회사에서 일어난 리니지 게임 명의도용 사건 관련 대책 회의에 참석하기 위해 정보통신부를 방문한 동 회사 최고경영자(CEO)는 회사 창립 후 처음으로 정보통신부를 방문한다고 했다. 정부는 초고속 네트워크를 구축했을 뿐, 성공한 플랫폼 기업은 사실 정부의 지원 없이 성장한 것이다.

이제 법적, 사회적 책임의 이행을 요구하는 것 외에는 간섭을 할 것이 아니라 국내 플랫폼 기업이 경쟁력을 가질 수 있도록 도와줘야 한다. 이를 위해 가장 시급한 것은 개인정보, 원격의료, 자율주행, 모빌리티 활용을 저해하는 규제의 혁신이다. 보호하고 싶어도 보호할 선수가 없는 유럽의 전철을 밟지 말아야 한다.

글로벌 OTT 공세에 살아남으려면

최근 코로나 시국에서 방송 미디어의 역할이 지대하다. 재난 방송의 일환으로서 진행되는 방송사의 코로나19 보도는 가짜뉴스를 걸러서 국민들에게 정확한 전염병 정보와 대처요령을 알리고 있다. 사회적 거리 두기로 집에 있는 시간이 많아지면서 늘어난 미디어 콘텐츠 소비는 이용자들에게 엔터테인먼트를 제공하고 있다. 이처럼 미디어는 뉴스를 통한 정보제공이나 여론 형성을 통해 민주정치의 핵심가치인 표현의 자유를 구현하고 있음과 동시에 국민의 문화생활의 중요한 축이라는 점에서 우리 사회가 소중히 가꾸고 지원해야 할 분야임이 분명하다. 또 미디어 문화산업은 여기에 그치지 않고 한류 콘텐츠에서 보는 바와 같이 유통, 제조업에서 소비자의 선택까지 영향을 미치면서 경제 분야에서의 중요성도 날로 증가하고 있다.

최근 방송 미디어 시장에서 눈에 띄는 현상은 OTT 서비스의 급속한 성장이다. OTT(Over the Top) 서비스에서 'Top'은 셋톱박스(set-top box)를 의미한다. 즉, 셋톱박스를 넘어서 제공되는 서비스를 뜻한다. 셋톱박스를 떠나 TV 외에도 PC, 태블릿, 스마트폰 등 다양한 단말기를 통해 제공되는 인터넷 기반의 동영상 서비스를 의미한다. 기존 방송은 방송 전용 네트워크를 통해 전송되나, OTT 서비스는 범용 인터넷을 이용해 콘텐츠를 전송한다는 점이 다르다. 따라서 인터넷망이 연결된 곳이면 전 세계 어디서나 이용자들이 OTT를 즐길 수 있다.

OTT 분야에서는 미국 기업이 압도적 우위를 지니고 있다. 넷플릭스, 유튜브, 아마존, 디즈니 등의 미국의 글로벌 OTT 기업들은 유럽, 아시아 시장을 석권하고 있다. 세계 최대 OTT 업체인 넷플릭스의 2019년 4분기 기준 글로벌 유료 구독자 수는 1억 6,700만 명에 이른다. 유튜브는 2019년 151억 5,000만 달러(18조 원)의 광고 수익을 올렸으며 2018년보다 36%, 2017년 이후 86% 성장했다. 한국에서도 1인 미디어는 물론 지상파, 종합편성 방송까지 유튜브 플랫폼을 이용하면서 유튜브는 거의 모든 국내 콘텐츠의 허브가 되고 있다. 넷플릭스는 회당 20억 원의 제작비를 투입한 〈킹덤〉과 같은 한국 고유의 콘텐츠 제작은 물론 국내 주요 인기 드라마와 영화를 제공하면서 점유율을 확대하고 있다.

한국도 부랴부랴 토종 OTT를 중심으로 자구책이 나오고 있다. SK텔레콤이 운영하던 '옥수수'와 지상파 3사의 연합플랫폼 '푹(POOQ)'이 2019년 웨이브(wavve)라는 이름으로 통합 OTT를 출범시켰다. 다만, 한국의 OTT는 넷플릭스 등과 비교하면 예산 등에서 너무 왜소하다. 따라서 경쟁력이 있는 오리지널 콘텐츠 제작이 어려워 향후 전망도 불투명하다. 그럼 글로벌 OTT의 공세를 견제하고 국내 OTT의 경쟁력을 강화하기 위해서는 어떤 법정책적인 지원이 필요할까.

첫째, 규모의 경제를 달성하기 위한 대규모 인수, 합병 전략이 필요하다. 미국의 경우 2위 통신사업자이자 IPTV와 위성방송 가입자를 합하여 미국 1위 유료방송사업자인 AT&T가 2019년 6월 미국 3위 미디어 기업 타임워너를 인수하며 OTT 진출을 서두르고 있다. 타임워너는 뉴스 채널인 CNN은 물론 해리포터, 왕좌의 게임 등의 판권을 쥐고 있다. 통신 및 미디어 분야 플랫폼 사업자가 콘텐츠를 강화하는 전략으로, AT&T의 5G 이동통신과 기존 타임워너의 동영상 콘텐츠가 결합되면 OTT 분야에서 상당한 시너지가 발현될 것으로 예측된다. 한국의 경우에도 OTT의 협력과 통합 전략도 필요하지만 나아가 통신, 미디어 분야와 콘텐츠 간 인수, 합병을 과감하게 허용하는 방향으로의 방송통신 및 경쟁정책 전략이 필요한 상황이다.

다음 OTT 규제의 불명확성을 해소하고 나아가 글로벌 OTT를 견제하는 규제 전략을 고민해야 한다. 현재 OTT 사업자는 전기통신사업법상 부가통신사업자의 지위를 지닌다. 실제로 방송사업자와 같은 사회적 영향력을 가지는 동영상 콘텐츠 제공사업자임에도 불구하고 편성, 광고, 심의 등 규제에서 방송사업자와 다른 특별한 혜택을 누리고 있다. 2018년 11월 유럽연합은 〈EU 시청각서비스지침〉을 개정하여 방송 외에도 주문형 비디오 플랫폼, 동영상 공유 플랫폼(Video sharing platforms)을 규제 대상으로 포함했다. 독일도 〈방송법〉을 개정하여 넷플릭스 등을 유사방송–텔레미디어 사업자로 분류하여 방송법 체계로 편입시켰다.

한국도 2019년 OTT 서비스를 방송사업이 아닌 별도의 '온라인동영상제공사업'으로 규정해 〈방송법〉에 포함하고 방송, 통신이 아닌 별개의 OTT 심의규정을 신설하기로 했으나 아직 진전이 없다. 국회 회기만료로 동 법안은 폐기될 것으로 보인다. 차제에 2008년 융합 서비스인 IPTV가 〈방송법〉이나 〈통신법〉이 아닌 별개의 법률에 의해 탄생된 것과 유사하게 융합 서비스인 OTT에 대해서도 별도의 법률안 제정을 제안한다. 실시간 위주가 아니라는 점에서 전통적인 방송도 아니고 사회적 영향력을 지닌 동영상 콘텐츠라는 점에서 단순히 통신이라고 보기 어렵다는 점에서 제3의 법을 마련하고, 추후 기술, 서비스 발전이나 사회적 합의에 따라 방송통신법 체계로 편입하는 것으로 고려하면 될 것이다. 동 법에는 공정경쟁이나 이용자 보호 차원에서 최소한의 사전, 사후규제를 도입하되, 글로벌 OTT도 규제 대상이 되도록 할 필요가 있다.

미디어 기업의 글로벌 경쟁, 미디어가 가지는 후방 산업효과, 미디어가 가지는 문화적인 측면을 고려하면 더 이상 좁은 국내 시장을 기준으로 미디어 정책을 논하는 것은 시대착오적이다. 더구나 글로벌 미디어 기업에 안방을 다 내놓을 상황이라면 더욱 그렇다. 그야말로 획기적인 발상과 실행의 전환이 없으면 한국 미디어의 앞날은 매우 어두워 보인다.

망 사용료 갈등 해소책 마련해야

인터넷 기반 동영상 서비스인 넷플릭스의 위세가 대단하다. 신종 코로나바이러스 감염증(코로나19) 여파로 넷플릭스 신규 가입자는 2020년 1분기에 1,580만 명 증가했다. 현재 총 가입자는 1억 8,290만 명이며 국내 가입자는 200만 명을 웃도는 것으로 추정된다. 최근 국내에서는 넷플릭스가 SK브로드밴드(SKB)와의 망 이용료 관련 분쟁을 법원으로 가져가 방송통신위원회의 재정(裁定)을 중단시킨 것이 큰 이슈가 되고 있다.

이 분쟁의 과정은 이렇다. 그동안 넷플릭스가 국내에 막대한 트래픽을 일으킴에도 망 이용료를 전혀 내지 않는 것에 대해 SKB가 망 이용료를 내라고 하자, 넷플릭스는 한국에 별도의 캐시 서버를 무상으로 설치해 주는 대신 망 이용료를 낼 수 없다고 답했다. 캐시 서버는 일종의 창고처럼 콘텐츠를 담아두는 임시 서버로, 이를 활용해 바로 영상을 불러올 수 있다. 이에 SKB는 캐시 서버를 설치하더라도 국내 구간의 망 이용료는 부담해야 한다는 입장이다.

양사 간에 의견 차이가 좁혀지지 않자 SKB는 방통위에 재정을 신청했다. 통신사업자가 글로벌 콘텐츠사업자(CP)와 망 이용 대가 갈등으로 정부에 중재를 요청한 첫 사례다. 〈전기통신사업법〉에 따르면 전기통신사업자 상호 간에 발생한 분쟁 중 당사자 간 협의가 이뤄지지 않을 경우 전기통신사업자는 방통위에 재정을 신청할 수 있다. 재정은 재판 외 대체적 분쟁해결 제도의 하나로, 법적 분쟁에 대해 당사자들의 합의를 유도해 소송에 따른 비용과 시간을 줄이는 장점이 있다.

원래 사인 간의 분쟁에 대한 최종적 판단은 법원의 몫이다. 따라서 행정부가 재정 등을 통해 사인 간 분쟁에 개입하는 것은 통신사업처럼 공공성이 강해 정부의 감독 대상이 되는 경우에 한정된다. 또 재정 등은 당사자의 의사에 따라 절차의 참여 여부, 재정 결정안에 대한 수용 여부가 결정된다. 재정 등의 참여나 결정 수용이 강제되는 경우 권력분립 원칙에 위배되고 국민의 재판청구권을 침해하는 문제가 생기기 때문이다. 따라서 소 제기 시에는 재정절차를 중단하고, 당사자 간 합의가 있는 경우만 재정의 효력을 인정하고 있다.*

재정을 신청한 SKB 입장에서는 국내 규제 기관의 공적 판단을 이용해 망 이용료를 받을 수 있는 협상 분위기를 조성하고자 했을 것이다. 재정이 4개월 이상 진행되면서 신청인과 피신청인 간에 공방이 오가고 이슈가 정리되면서 재정안이 마련될 무렵 넷플릭스가 소송을 제기한 것이다.

넷플릭스 입장에서는 불리할 것으로 예상되는 재정안이 확정되면 향후 소송에서도 불리한 근거로 작용할 수 있어, 소 제기를 통해 재정절차를 중단할 필요가 있었을 것이다. 또 법원은 주로 법리적 판단을 하기 때문에 규제 기관보다는 유리할 것이라는 기대도 작용한 것으로 보인다. 결국 소송 제기는 넷플릭스 입장에서 최선의 선택이었

---

* 재정 등 재판 외 대체적 분쟁해결 제도의 상세 내용은 이성엽, 〈행정ADR로서 개인정보 분쟁조정의 법적 쟁점과 개선과제〉, 《행정법연구》(행정법이론실무학회), 제36호(2013. 7) 참조.

고 법적으로도 보장된 권리행사다. 다만, 일단 진행된 행정절차가 당사자의 유불리에 따라 지속 여부가 결정되는 것이나 정책적 이슈가 포함된 법적 문제가 규제 기관의 판단 없이 바로 법원으로 간 것은 아쉬운 대목이다.

이런 문제를 개선하기 위한 대책이 필요하다. 우선 망 이용 관련 사업자 간 분쟁에서 발생하는 불공정행위도 〈전기통신사업법〉상 금지행위로 추가하는 방안을 고민해 볼 필요가 있다. 또 법원이 사실조회를 통해 정부 의견을 듣는 절차가 마련돼 있지만, 정부도 재정이 중단되기 이전까지의 신청인 입장, 피신청인의 입장, 전문가의 의견, 정부의 의견 초안을 인터넷 등에 투명하게 공개하는 방안을 검토할 필요가 있다. 이런 정책문제에 대해서는 법원이 행정부의 의견을 존중하면서 법리 차원의 고려도 포함한 판단을 해야 한다. 국회와 정부도 신속히 법제도 개선에 나서야 한다.

인터넷 성역의 3가지 신화

최근 몇 가지 인터넷에 대한 규제 이슈로 온 나라가 시끄럽다.

먼저 'n번방'과 같은 디지털 성범죄 사건에 대한 사전억제를 위해 국회는 21일 〈전기통신사업법〉과 〈정보통신망법〉을 개정해 포털 등 인터넷 플랫폼 기업이 불법촬영물 등의 온라인 유포에 대한 사전 방지를 위한 기술적, 관리적 조치의무를 부담하도록 했다. 또한 넷플릭스를 비롯한 국내외 콘텐츠 제공자(CP)에게도 일정한 이용자 보호 의무로서 서비스 안정화 수단을 확보하도록 하는 〈전기통신사업법〉 개정안도 통과되었다. 그 외에도 재난 발생 시 데이터 소실을 막기 위해 지상파 방송사와 통신사에 집중된 재난관리 대책을 민간 데이터센터 사업자까지 확대하기 위한 〈방송통신발전기본법〉 개정안도 논의되었다. 다만, 이 법안은 중복규제라는 이유로 국회를 통과하지 못했다.

3가지 법안 모두에 대해 인터넷 기업은 "사적 검열이다. 국내 사업자만 규제한다. 중복규제다"라는 이유로 반대했다. 과연 인터넷 공간에 대한 규제는 필요하지 않으며 바람직하지도 않은 것인가. 인터넷에 대한 규제를 반대하는 논거를 제공하는 다음 3가지 신화가 있다.

첫째 신화는 인터넷은 규제할 수 없는 자유로운 공간이라는 신화이다. 원래 인터넷은 각기 자율적인 PC 네트워크의 상호 간을 접속시키는 글로벌 네트워크로서 네트워크의 네트워크이며, 누구나 진입, 퇴출이 자유로운 자율적이고 개방된 분권형 네트워크이다. 이런 특성으로 인해 이용자 간 실시간 의사소통이 가능하며, 단일한 관리 주체가 존재할 수 없어 전통 미디어와 달리 국가의 통제가 어렵다. 방대한 정보, 실시간으로 이루어지는 커뮤니케이션, 의사소통의 익명성 등으로 인해 인터넷에 대해서는 불간섭이 진리라는 믿음이 있었다.

그러나 인터넷이 인류의 오프라인 생활을 상당 부분 대체하면서 오프라인에서 일어나는 불법행위가 인터넷 공간에서도 재현되고 있다. 인터넷은 가짜뉴스, 명예훼손, 성범죄는 물론 다양한 불법행위의 장이 되고 있는데, 문제는 온라인의 은밀성과 즉시성으로 인해 불법행위의 형태나 수준이 심각한 상황이며 개인이나 사회가 입는 피해의 규모나 범위도 막대하다는 점이다. 한편 인터넷 플랫폼이 미디어, 금융, 상거래, 교육 등 기존 전통산업에 진출하면서 이들과 갈등을 겪고 있으며, 또한 네트워크 효과로 인한 플랫폼의 독점현상이 나타나면서 다양성, 개방성을 특성으로 하는 역동적인 생태계인 인터넷의 장점을 훼손시키고 있다. 더욱이 인터넷의 개방성은 국경을 초월한 글로벌 인터넷 기업의 세계시장 독과점 문제를 야기하면서 소위 디지털 제국주의의 흐름도 관찰되고 있다.

이제 전체 사회공동체의 지속과 발전을 위해 인터넷에 대한 국가의 규제는 피할 수 없는 흐름이며 인터넷 기업이 일정한 사회적, 법적 책임을 지는 것도 자연스러운 현상이다. 물론 이런 규제가 그동안 인터넷이 가져온 신기술이나 신산업의 발전으로 인한 사회, 문화, 경제, 정치 등 모든 분야에서의 혁신성(innovation)을 저해하는 우를 범하지 말아야 할 것이다.

둘째 신화는 인터넷 사업자는 통신사나 방송사에 비해 약자라는 것이다. 인터넷 기업은 전통적인 제조업과 달리 대규모의 시설이나 자산 없이 혁신적이면서 역동적인 아이디어로 무장한 벤처기업으로 출발하였다. 주로 통신사가 구축한 네트워크를 이용한 콘텐츠 비즈니스, 수많은 이용자와 공급자를 매개하는 플랫폼 비즈니스로 성장하면서 이제 인터넷 기업은 매출은 물론 기업가치에서도 전통적인 제조업, 통신사, 방송사를 앞서가고 있다. 미국의 GAFA(구글, 애플, 페이스북, 아마존)와 중국의 BAT(바이두, 알리바바, 텐센트) 같은 인터넷 기업은 이미 제조업을 넘어 전 세계 시장 석권을 목표로 경쟁하고 있다. 세계 시가총액 1위는 마이크로소프트(1조 4,160달러, 약 1,737조 1,488억 원)이고, 애플, 아마존, 알파벳(구글), 알리바바, 페이스북 등 인터넷 기업이 그 뒤를 잇고 있다.

한국도 마찬가지이다. 2020년 5월 20일 기준 네이버와 카카오의 시가총액은 각각 37조, 21조로 20조인 현대자동차를 넘어섰고 KT, SKT, LG유플러스 통신 3사의 시가총액이 각각 6조 5천억, 17조, 5조 9천억 원으로 3사를 합쳐도 네이버를 넘어서지 못한다. 네이버, 카카오, 넥슨, 넷마블은 2019년 기준 공정거래위원회가 지정하는 자산총액 5조 원 이상인 공시대상 대기업집단에 포함되었다. 이제 대형 인터넷 플랫폼 기업은 약자가 아니며 오히려 언택트 시대 이들의 성장세는 더욱 가팔라질 것이다.

셋째 신화는 해외 사업자를 규제할 수 없으면 국내 사업자도 규제할 수 없다는 것이다. 법 집행권을 포함한 국가의 주권은 속지주의 원칙에 따라 영토 내에 있는 개인과 기업에만 미치는 것이 원칙이다. 따라서 외국에 소재하면서 글로벌 서비스를 제공하는 인터넷 기업에 대해 각국이 법 집행권을 행사하는 것이 어려운 것은 사실이다. 이런 한계를 극복하기 위해 국외에서 이뤄진 행위도 국내 시장 또는 이용자에게 영향을 미칠 경우 법을 적용한다는 취지의 '역외적용' 규정과 국내에 주소나 영업소가 없는 해외 기업이 국내에 법률 대리인을 지정하게 한 '국내 대리인' 제도가 〈전기통신사업법〉과 〈정보통신망법〉에 도입되었다. 물론 역외적용 규정만으로는 집행력을 확실히 담보할 수 있는 것은 아니지만 국가 간 사법공조*와 국내 대리인 제도를 활용하면 상당한 실행력 확보도 가능하다. 해외 사업자에 대한 규제 집행이 곤란하다고 해서 국내의 불법행위에 대한 규제를 포기해야 할 근거가 될 수는 없다. 해외 사업자에 대한 규제 집행 노력과 함께 국내 사업자에 대해 형평을 고려한 탄력적인 법 집행이 필요하다.

인터넷이 가지는 혁신성, 플랫폼적 특성, 글로벌적 특성은 인터넷 산업의 혁신을 통한 성장이라는 결실을 가져오기도 하지만 한편으로는 부작용과 폐해를 시정하기 위한 규제의 필요성도 증가시키고 있다. 다만, 인터넷에 대한 규제와 정책의 목표는 폐해를 제거하는 것 이상이어야 한다. 즉, 인터넷의 혁신성을 실현하는 것을 기본 목표로 삼아야 한다.

한편 인터넷 기업은 경제적, 사회적 영향력이 커진 만큼 그에 맞는 사회적 책임을 져야 할 것이다. 자유주의에 경도되었던 초기 자본주의의 위기도 복지정책, 노동정책 등을 통한 국가의 규제와 기업의 협력으로 극복되었듯이 인터넷 시대에도 국가와 인터넷 기업의 협력 메커니즘이 작동되어야 할 것이다.

---

* 보통 조약에 의하여 외국과 사이에 사법사무에 관하여 서로 협조하는 것을 말한다. 국제 교류 및 해외 교류의 확대로 섭외사건 또는 당사자나 증거 방법이 외국에 존재하는 사건이 증가하고, 범죄의 수사와 재판에도 외국과의 협조가 절실히 요청되는바, 우리나라도 1988년 8월 5일 법률 제4015호로 〈범죄인인도법〉을, 1991년 3월 8일 법률 제4342호로 〈국제민사사법공조법〉을, 1991년 3월 8일 법률 제4343호로 〈국제형사사법공조법〉을 제정하였다.

디지털 플랫폼과 리걸테크(Legal Tech)

지금도 궁금한 것을 알아보기 위해서 해당 전문가를 찾는 것이 자연스럽지만 구글, 네이버 등 검색 포털의 등장은 이런 전문가 의존을 많이 줄여 주었다. 특히, 일종의 지식 공유 서비스인 네이버 지식iN은 큰 역할을 했다. 그러나 지식iN도 보다 신뢰할 수 있고 비밀 유지가 필요한 상담 수요에 대응하는 데 한계가 있었고, 이에 네이버는 '지식iN 엑스퍼트'를 출시했다. 법률 엑스퍼트의 경우 이용자가 원하는 변호사를 선택하면 온라인 상담을 받을 수 있다. 네이버가 변호사를 중개해 주고 수수료를 받는 것이다. 일종의 지식iN 유료 버전이 등장한 것이다.

네이버는 이미 거의 전 국민이 이용하는 디지털 플랫폼으로서 기술, 가입자, 비규제, 혁신 마인드라는 4가지 무기를 가지고 부동산 중개, 뉴스는 물론 최근 쇼핑, 금융까지 진출하면서 거대한 디지털 제국을 형성해 가고 있다. 이제 보수적이고 폐쇄적인 변호사 시장에까지 영향을 주고 있다. 당장 변호사 업계는 반발하고 나섰다. 변호사를 중개, 알선해 주고 대신 수수료를 받는 것은 비변호사와의 동업을 금지하고 있는 〈변호사법〉을 위반한 것이라며 네이버를 검찰에 고발했다. 이에 대해 네이버는 특정 변호사에게 소개, 연결하는 시스템이 아니라 이용자에게 선택권이 있으므로 중개, 알선이 아니라는 것과 네이버를 위한 수수료가 아니라 네이버 파이낸셜이라는 결제 대행사에 주는 실비용만 받는 것이기 때문에 이익수취가 아니라고 한다.

법 위반 여부는 사법당국이 결정하겠지만, 모빌리티 혁신을 둘러싼 택시업계와 플랫폼 간의 갈등, 마이데이터 등 혁신금융 관련 기존 금융권과 빅테크 플랫폼 간의 갈등에 이어 변호사라는 전문자격산업과 플랫폼 간 갈등이 일어난 것이다. 디지털 전환(digital transformation)에 따른 신·구산업의 갈등 유형 중 하나인 이 사건에 몇 가지 시사점이 있다.

첫째, 플랫폼의 변호사 시장 진출의 기저에는 리걸테크(Legal Tech)라는 트렌드가 있다. 리걸테크는 법률과 기술이 결합한 새로운 형태의 법률 서비스이다. 인터넷이 보편화 되고 빅 데이터, AI 등 IT가 발전하면서 법률 시장에서도 해당 기술과의 융합이 가속화되고 있다. AI를 통한 판례 분석 및 제공, 법률 문서 작성지원, 온라인 법률 상담 서비스가 그 예이다. 이번 갈등은 법률 시장도 4차 산업혁명 기술의 수용 여부를 선택할 시점이 되었다는 점을 보여 준다.

둘째, 소비자의 법률 서비스에 대한 접근성 제고에 관한 것이다. 이미 로스쿨 도입을 계기로 엄청나게 많은 변호사가 시장에 나오고 있다. 변호사 2만 명을 돌파하고 3만 명 시대로 향하고 있다. 하지만 소비자는 알음알음으로 변호사를 소개받거나 전관에 기대는 것 외에 능력 있고 성실한 변호사를 찾을 방법이 없다. 리걸테크는 이런 정보 비대칭을 해결해 법률 서비스에 대한 소비자의 접근성을 높인다. 마치 쇼핑하듯이 변호사를 선택하는 것이다. 해당 변호사에게 달린 평점과 리뷰는 서비스 경쟁을 유도해서 질 높은 서비스를 가능하게 한다.

셋째, 〈변호사법〉에 따르면 변호사는 공공성을 지닌 법률 전문직이고 기본적 인권을 옹호하고 사회 정의를 실현함을 사명으로 한다. 이런 숭고하고 정의로운 변호사상(像)이 매우 중요하다는 것을 부인할 수 없으나, 이제 디지털 시대에 맞게 지나친 공공성 규제는 완화할 때가 된 것이 아닌가 하는 것이다. 예컨대 동업 금지 조항은 리걸테크에 비법조인들의 참여를 막아 결국 관련 산업의 발전을 막고 있다는 지적이 있다.

최근 코로나19로 인한 언택트 경제로의 전환도 법률 시장의 온라인화, 디지털화를 불가피하게 하고 있다. 이제 법조계도 디지털 혁신이 선택이 아닌 필수가 되고 있다. 리걸테크를 통한 혁신의 과실이 소비자에게 돌아갈 수 있도록 소비자 친화적인 입장에서 플랫폼과 변호사 업계 간의 갈등이 지혜롭게 해결되기를 기대한다.*

* 2020년 7월 22일 한국법조인협회는 '네이버 엑스퍼트 서비스'를 〈변호사법〉 위반 혐의로 서울중앙지검에 고발했다. 네이버 엑스퍼트 서비스가 '사전에 이익을 받기로 약속하고 당사자 등을 특정한 변호사에게 소개, 알선, 유인하는 행위'를 금지한 〈변호사법〉 제34조 등을 위반했다며 네이버를 서울중앙지검에 고발했다. 네이버는 알선의 대가 수취가 아니란 결제 수수료에 불과하다는 입장이다. 다만, 고발 이후인 7월 28일 네이버는 수수료 체계를 개편하고 수수료도 인하하는 조치를 취했다. 그동안 이 서비스의 결제수단으로 신용카드·계좌이체·네이버페이·휴대폰·상품권·티머니 등 6가지를 지원했으며, 결제수단에 상관없이 통합 수수료 5.5%를 부과해 왔다. 수수료 체계 개편을 통해 신용카드·계좌이체·네이버페이 등 3개 결제수단만 지원하고 결제수단별 수수료도 다르게 부과하기로 했다. 수수료율은 계좌이체 1.65%, 신용카드 3.74%, 네이버페이 포인트 3.74%로 책정됐다.

플랫폼 전성시대를 바라보는 엇갈린 시각

코로나19로 인한 일상의 변화 중 하나가 온라인 쇼핑이 급격히 늘어났다는 것이다. 통계청에 따르면 2010년 25조 2천억 원이었던 온라인 쇼핑몰 거래액은 2019년에는 135조 3천억 원으로 증가하였고 2020년 6월까지는 74조 3천억 원으로 급증했다. 이미 유튜브, 넷플릭스와 같은 온라인 동영상 서비스는 전통 미디어 시장을 대체하고 있고 네이버와 카카오와 같은 인터넷 기업은 검색 포털을 넘어 언론, 쇼핑, 미디어, 금융 영역의 강자로 부상하고 있다.

이처럼 상품, 서비스 등의 공급자와 최종 이용자를 중개하는 서비스를 제공하는 사업자를 플랫폼이라고 한다. 특히, 인터넷을 이용한다는 측면에서 온라인 플랫폼, 디지털 플랫폼이라고 불리기도 한다. 그런데 플랫폼의 긍정적 네트워크 효과, 규모의 경제, 범위의 경제의 결과로 인해 극소수의 플랫폼이 시장을 석권하는 현상이 나타나고 있다. 나아가 인터넷의 속성상 글로벌 쏠림 현상이 나타나고 있다. 즉, 플랫폼의 급성장은 이용자에게 저렴한 가격으로 편리한 서비스를 제공하고 있지만 반대로 기존 사업자와의 갈등, 데이터의 독점, 플랫폼 이용사업자와의 불공정거래 이슈, 최종 이용자 보호 이슈 등의 다양한 문제도 발생시키고 있다.

이제 플랫폼은 단연 이 시대 최고의 이슈 메이커이다. 가장 급성장하고 있는 산업으로 미국, 중국은 물론 한국에서 GAFA, BAT, 네이버, 카카오는 시가총액에서 선두를 달리고 있다. 대학생들이 가장 취업하고 싶은 일자리일 뿐 아니라 모든 이용자들의 시간을 가장 오래 잡고 있는 미디어이기도 하다. 이런 플랫폼 전성시대에 대해 서로 다른 다양한 시각이 존재한다.

첫째, 플랫폼의 폐해를 언급하면서 플랫폼에 대한 규제가 필요하다는 시각이다. 주요국가들은 규제 입법을 서두르고 있다. EU는 〈온라인 플랫폼 시장의 공정성 및 투명성 강화를 위한 EU 이사회 규칙〉을 제정해 2020년 7월 12일부터 시행하고 있다. 약관 내용변경 시 최소 15일 전에 이용자에게 사전 통보할 의무, 상품의 노출 순위 결정 변수, 상품의 차별 취급 등에 대한 설명을 약관에 명시할 의무, 이용자가 무료로 이용할 수 있는 내부 분쟁 해결 시스템을 마련할 의무를 부과하고 있다. 뒤이어 일본도 2020년 6월 EU 규칙과 유사한 내용을 담은 〈특정 디지털 플랫폼의 투명성 및 공정성 향상에 관한 법률〉을 제정하였다.

한국 공정거래위원회는 온라인 플랫폼과 입점 업체 간 거래 관계의 투명성과 공정성을 제고하여 플랫폼 생태계의 공정하고 지속가능한 발전이 가능하도록 제도적 기반을 마련한다는 취지로 2020년 9월 〈온라인 플랫폼 공정화에 관한 법률〉 제정을 입법예고했다. 플랫폼 사업자에게 계약서 작성 및 교부 의무와 계약 내용 변경 시 최소 15일 이전에 사전 통지할 의무를 부여하는 내용을 담았다, 또한 〈공정거래법〉상 거래상 지위 남용 규정을 플랫폼의 특성에 맞춰 도입하고 세부 유형으로 구입 강제 행위, 경제상 이익 제공 강요 행위, 부당한 손해 전가 행위, 불이익 제공 행위, 경영 간섭 행위를 구체화하고 있다.

미국은 아직 구체적인 입법은 없지만 온라인 플랫폼의 지배력이 소비자의 선택을 감소시키고 미국 경제의 혁신과 기업가 정신을 침해한다는 우려가 높아지고 있다. 또한 자유롭고 다양한 언론 환경을 훼손하고 사생활 침해도 야기하고 있다고 보고 있다. 2020년 10월 민주당이 주도한 미국 하원의 반독점보고서는 디지털 경제에서의 경쟁 회복을 위해 지배적 플랫폼의 구조적 분리 및 인접 사업 영역 진출 금지, 비차별 원칙 수립, 상호운용성 및 데이터 이동성 확보, 지배적 플랫폼 사업자가 실시하는 모든 인수 건들이 반경쟁적이라 추정함으로써 시장 지배력 축소, 우월한 협상력 남용 금지를 제안하고 있다.

둘째. 플랫폼 규제는 혁신을 막고 장기적으로 데이터 경제 발전을 저해한다는 시각이다. 플랫폼 기업들이 미래 산업의 주역으로 장기적으로 높은 성장세를 보일 것이라는 전망이 다수인데, 이는 플랫폼의 기술혁신 및 데이터 보유 등 경쟁 우위 요소의 보유 등으로 인한 미래 신시장에서의 성장 가능성을 반영하는 것이다. 이들의 경쟁 우위는 치열한 경쟁과 기술혁신을 통해 성취한 것이고 데이터의 집적도 사용자의 경험에 기초한 동의에 이루어진 것이라는 입장이다. 또한 4차 산업혁명 시대 플랫폼 기업은 플랫폼 간 경쟁으로 인해 계속 개방형 혁신을 통해 이용자와 개발자 네트워크를 확장해야 하므로 혁신을 계속할 수밖에 없고 지식과 아이디어는 장기적으로 공유되어 공공 이익 추구에 기여한다는 입장이다.

셋째, 한국에서 특유한 플랫폼 규제 반대 논의이다. 글로벌 플랫폼 기업의 공세에 대항하는 차원에서 국내 플랫폼 기업들에 대한 규제는 지양해야 한다는 입장이다. 국내 시장만을 바라보고 플랫폼 규제를 도입하다가는 역차별이 작용해 국내 토종 플랫폼만 규제를 받아 경쟁력이 쇠퇴하고 그 사이 글로벌 플랫폼들이 국내 시장을 시장을 차지할 우려가 있다는 것이다. 실제 최근 국내 플랫폼과 통신사는 구글의 앱마켓 결제 수수료 정책에 대해서는 별도의 규제 법안에 찬성 입장을 보이면서 차별적 규제를 지지하고 있다.

위에서 살펴본 3가지 시각은 관련된 이해관계자의 의견을 반영하고 있다는 점에서 향후 방향성에 대한 합의가 어려운 것이 사실이다. 다만, 합의된 해결책을 만들어 가는 과정에서 절차적으로 필요한 것은 명확한 사실관계 파악(fact finding)과 공유, 증거(evidence)에 기반 규제안의 수립 그리고 충분한 시간을 두고 다양한 의견을 반영하는 과정을 거치는 것이다. 실질적인 차원에서는 규제의 원칙이 혁신과 경쟁의 원칙을 훼손하지 않도록 주의해야 할 것이다. 그렇게 되면 소비자 보호를 위해 도입된 규제가 장기적으로 소비자에 도움이 되지 않을 가능성이 크다. 또한 법과 규제에 관한 일반 원칙을 준수하고 국제 동향에 대한 면밀한 분석도 게을리하지 않아야 할 것이다.

〈소셜 딜레마〉(2020)

인간은 사회적 동물이라는 아리스토텔레스의 명언은 언제 어디에서나 진리로 통한다. 인간은 개인으로 존재하고 있어도 홀로 살 수 없으며 사회를 형성하여 끊임없이 다른 사람과 상호작용을 하면서 관계를 유지하고 함께 어울림으로써 자신의 존재를 확인하는 동물이라는 의미이다. 즉, 개인은 개인으로서만 존재하는 것이 아니라 사회 속에서 존재한다는 것이다.

최근 등장한 SNS는 인간은 사회적 동물이라는 점을 보다 극명하게 보여 주고 있다. 소셜 네트워크 서비스(Social Network Services)의 약어인 SNS는 서비스 사용자들 간에 서로 관계를 맺거나 사이트 내에서 공통된 목적을 가진 사람과 만남을 갖는 등 새로운 인맥을 만들어 가는 것을 목적으로 개설된 인터넷 서비스이다. 이는 개인의 생각을 다른 사람과 공유할 수 있고, 한 개인이 온라인상에서 불특정 다수와 관계를 맺을 수 있다. 이의 특징은 즉시성, 공유성, 실시간성, 상호작용성, 집단여론성이다. 즉, 스마트폰 보급의 증가에 따라 이용자들이 언제 어디서든 손쉽게 SNS를 이용할 수 있으며, 자신이 만들어 낸 콘텐츠를 자신이 속한 소셜 그룹에서 공유할 수 있다. 또한 SNS의 양방향성을 활용해 정보나 의견을 교환하고 이를 통해 콘텐츠의 제작, 수정 등 일반적인 활동이 누구나 가능하게 되고, 이런 활동을 통해 얻게 되는 정보가 커뮤니티를 통해 개방적이고 지속적으로 축적되고 발전됨으로써, 거대한 여론이 만들어진다는 특징을 담고 있다.

그런데 SNS는 온라인을 통한 인간관계 맺기 그것도 불특정 다수와의 관계 맺기를 폭발적으로 증가시키면서 다양한 문제를 발생시키고 있다. 이와 관련 최근 SNS가 가져오는 사회적 폐단에 대한 경고를 담은 다큐멘터리가 최근 넷플릭스 오리지널 버전으로 제작, 방영되고 있어 화제이다. 〈소셜 딜레마(Social Dilemma)〉는 제목에서 알 수 있듯이 보통 바람직한 것으로 간주되는 사회적 관계의 확대가 더 큰 해악을 가져오면서 SNS 역할의 확대나 축소 중 어느 한쪽을 선택할 수 없는 진퇴양난의 상황을 의미하는 것으로 보인다.

줄거리는 대강 이렇다. 페이스북, 인스타그램, 트위터 등 SNS 플랫폼 기업이 이용자를 플랫폼에 오랜 시간 잡아두기 위해 추천 기능, 좋아요 기능을 이용하고 있으며, 보고 싶은 것만을 보여 주면서 이용자를 조종하고 있다고 한다. 또한 온라인 상의 활동 내역을 분석해 이용자의 성향에 맞춘 광고를 노출시켜 상품 구매를 유도하고 있다고 한다. 주목할 만한 사실은 이런 과정을 지배, 통제하는 것이 사람이 아니라 인공지능(AI)이라는 것이다. AI는 이용자의 흥미를 유발하는 가짜뉴스를 추천한다. 중요한 것은 이용자의 관심사일 뿐 노출되는 정보가 사실인지는 중요하지 않다. 이것이 반복되면 이용자에게도 정보의 사실 여부는 중요하지 않게 된다. AI가 제공하는 사실만을 진실로 믿으면서 인간의 행동을 조종하게 되는 것이다. 더 커다란 문제는 믿고 싶은 정보만을 믿고 상대를 배척하면서 좌우의 극심한 대립이 나타나고 있고 이에 따라 토론과 대화를 통해 최적의 대안을 마련하는 민주주의가 파괴되고 있다는 것이다.

조금 더 구체적인 내용을 보자. 먼저 우리는 SNS을 무료로 이용하고 있다고 생각하지만, 사실은 우리의 관심 나아가 우리 자체를 상품으로 제공하고 있다는 것이다. "상품의 대가를 치르지 않으면, 당신이 상품이다(If you're not paying for the product, you are the product)." "우리와 우리의 관심이 광고주에게 팔리고 있다(We're the product. Our attention is the product being sold to advertisers)." 개인의 점진적이고 눈에 띄지 않는 행동과 인식의 변화가 상품이라는 것으로 결국 관심을 중독으로 발전시켜 구매를 유도하는 SNS 비즈니스 모델을 설명한다.

SNS 기술의 특성을 설명하면 다음과 같다. 트리스탄 해리스(Tristan Harris) 전 구글 디자인 윤리학자는 보통 기술은 인간이 필요할 때 사용하는 도구이지만 "소셜 미디어는 인간에게 사용되길 기다리는 '도구'가 아니며 소셜 미디어는 특정한 목적이 있고, 그 목적을 달성하기 위해 인간 심리를 이용한다"고 말했다. 또한 사용자의 모든 관심, 취향을 파악한 SNS와 광고주는 누가, 어디에서 검색하는지에 따라 다른 결과를 보여 준다. 페이스북에 대해 '25억 개의 트루먼쇼'라고도 덧붙이면서 이를 마술사에게 홀린 상황으로 묘사한다. 나를 정확히 알고 있다는 것이다. 소셜 미디어가 마법사가 될 수 있는 이유는 그들이 모은 방대한 데이터에 있다. 내가 '좋아요'를 누른 글과 콘텐츠, 재생한 영상, 문자를 보낸 상대는 물론 SNS 활동 시간까지 나의 모든 것을 알고 있기 때문이다. 이를 두고 다큐멘터리는 "충분히 발달한 과학 기술은 마법과 구별할 수 없다(Any sufficiently advanced technology is indistinguishable from magic)."고 언급하고 있다. 또한 이 모든 조종과정은 AI 알고리듬에 의해 이루어지는데 알고리듬은 객관적이지 않으며 기업의 이익에 봉사하도록 설계되어 있다고 한다.

셋째, SNS 중독으로 인한 폐해에 대한 언급이다. MIT 연구에 의하면 트위터에서 가짜뉴스는 진짜 뉴스보다 6배 빨리 퍼진다고 한다. 또한 판단력과 자제력이 부족한 미국 10대 여학생 중 자해로 입원한 사람의 수가 3배 증가했고, 15-19세 여성의 자살률은 70%, 14세 이하 여성의 자살률은 무려 151% 증가했다고 한다. 나아가 2016년부터 2020년까지 계속하고 있는 미국의 힐러리 클린턴 전 국무장관이 피자 가게 지하에서 아동 성매매 조직을 운영했다는 음모론인 '피자게이트' 등처럼 소셜 미디어는 사람들의 판단력을 잃게 만들고, 아무도 진실을 믿지 못하게 하면 결국 극심한 좌우대립으로 민주주의가 불가능하게 하고 있다고 한다.

결론적으로 다큐멘터리는 소셜 미디어를 사용하는 개인에게 중독에서 벗어나기 위해 잠자리 들기 30분 전에는 스마트폰을 끄라는 등 개인적 노력의 필요성을 말하는 동시에 소셜 미디어 기업에게 윤리적 행동을 촉구한다. 또한 플랫폼이 수집하는 데이터량에 따른 데이터세 부과 등 국가가 소셜 미디어 기업을 규제할 것을 촉구한다.

사실 그동안 SNS의 폐해를 지적하는 논의가 없었던 것 아니다. 2020년 10월 10년 만에 개정된 니콜라스 카의 《생각하지 않는 사람들》은 인터넷이 인간의 뇌에 미친 영향에 대한 깊이 있는 연구 결과를 보여 주고 있고 2019년 7월 출간된 프랭클린 포어의 《생각을 빼앗긴 세계》는 인간의 모든 삶이 거대 테크 기업에 의해 지배당하는 가운데 이로 인해 파괴되는 우리 삶을 묘사하고 있다. 이 점에서 이 다큐멘터리가 완전히 새로운 것은 아니다. 다만, 주요 SNS 기업에 근무했던 직원들의 고발 형식이라는 점이라는 것과 영상을 통해 문제점을 보여 주는 것이 보다 강력한 체험이 되었던 것으로 보인다.

사실 자본주의 경제활동에서 기업이 소비자의 구매를 유도하기 위해 소비자의 니즈를 파악하고자 하는 노력이 새삼스러운 것은 아니다. 소비자가 무엇을 원하는지 파악할 수 있으면 바로 구매로 이어질 수 있기 때문이다. 다만, 인터넷과 SNS의 발달은 이런 소비자의 관심 분석을 보다 쉽게 하고 있는 것이다. 이런 기업의 노력이 과도해지면서 인간을 지배, 조종하는 단계까지 이르면서 인간 존엄에 관한 문제까지 나오게 된 것이다.

SNS와 인터넷이 사회적 관계나 정보에 대한 접근권을 대폭 확대하는 등 우리의 삶을 편리하게 하고 있고 혁신을 통해 산업과 경제를 이끌어 가고 있다는 점을 부인할 수 없다. 다만, 자동차를 개발하고 활용하는 것이 중요하지만 안전한 브레이크가 없는 자동차를 상상하기 어렵듯이, 아무리 유용하고 필요한 기술, 서비스라고 해도 적절한 위험 방지 수단이 강구되지 않으면 그건 인간의 존엄과 자율적인 삶에 위협이 될 수 있다. 이제 플랫폼 경제, 데이터 경제의 흐름을 인정하고 혁신을 위한 노력을 경주해야 하겠지만 기업의 자정 노력, 개인의 적절한 통제력 행사는 물론 국가의 플랫폼 규제 방안을 고민할 시기라고 할 수 있다.

〈넷플릭스법〉을 비롯한 플랫폼 규제법의 성과와 과제

4차 산업혁명이 진전되면서 나타난 현상 중 하나가 플랫폼의 급속한 성장이다. 플랫폼이란 공급자와 수요자 등 복수 그룹이 참여해 각 그룹이 얻고자 하는 가치를 공정한 거래를 통해 교환할 수 있도록 구축된 환경이라고 할 수 있다. 콘텐츠 제공자와 시청자의 거래를 중개한다는 의미에서 넷플릭스 외에도 구글, 아마존, 페이스북, 네이버, 카카오 등이 플랫폼이다.

언택트 경제로의 전환, ICT의 발전, 데이터의 집중 등 몇 가지 요인으로 인하여 플랫폼 기업의 독점력이 강화되면서 플랫폼에 대한 규제가 확대되고 있다. 국내에서도 이미 인터넷 품질 유지 의무, 불법 콘텐츠 유통방지 의무는 입법화되었으며, 온라인 플랫폼상 중개거래의 공정화, 이용자 보호 규제는 입법이 진행되고 있다. 이하에서는 국내외 입법례를 살펴보고 이에 대한 평가와 과제에 대해 검토해 보고자 한다.

1. 플랫폼 규제 입법의 내용과 평가

1) 〈넷플릭스법〉

과도한 트래픽을 유발하는 부가통신사업자에 서비스 품질 유지의무를 부과하는 내용을 담은 〈전기통신사업법〉 개정안이 2020년 12월 10일부터 시행되고 있다. 넷플릭스, 페이스북 등 글로벌 플랫폼 기업들이 한국 통신망에 무임승차한다는 논란이 확산되면서 대표적인 기업인 넷플릭스의 명칭을 따 〈넷플릭스법〉이라고도 한다. 동법에 따르면 전년도 말 기준 직전 3개월간의 국내 하루 평균 이용자 100만 명 이상이면서 국내 일 평균 트래픽 양이 국내 총량의 1% 이상인 사업자를 대상으로 의무를 부과하는데, 이에 따르면 넷플릭스, 구글, 페이스북, 네이버, 카카오 등 5개사가 대상이다, 주요 의무는 트래픽의 과도한 집중이나 기술적 오류를 방지하기 위한 기술적 조치, 서버 용량과 인터넷 연결의 원활성 등에 대한 안정성 확보 등이다.

동법에 대해 플랫폼 기업들은 통신사의 의무를 콘텐츠 제공자에게 전가하고 있으며, 해당 의무를 해외 사업자에게 강제할 방안이 없어 해외 기업과 역차별이 나타날 수 있다고 비판하고 있다. 이 법은 콘텐츠 사업자에게 최초로 망품질 유지 의무를 부과했다는 점에서 의의가 있다.

2) 〈n번방 방지법〉

2019년 여성의 성착취 영상물을 찍어 텔레그램에 올린 성범죄 사건인 소위 'n번방 사건'을 계기로 인터넷 사업자의 불법촬영물 등 유통방지 책임을 강화하는 〈전기통신사업법 및 정보통신망 이용촉진 및 정보보호에 관한 법률〉 개정안이 2020년 12월 10일부터 시행되고 있다. '불법촬영물 등'이란 "일반에게 공개되어 유통되는 정보 중 〈성폭력처벌법〉 제14조에 따른 불법촬영물, 〈성폭력처벌법〉 제14조의 2에 따른 불법편집물, 〈청소년성보호법〉 제2조 제5호에 따른 아동·청소년성착취물에 해당하는 정보"이다. 일평균 이용자 10만 명 이상 또는 연평균 매출액 10억 원 이상 사업자 중 SNS·커뮤니티·대화방, 인터넷 개인 방송, 검색 서비스를 제공하는 자 및 웹하드사업자의 경우 불법촬영물 등의 유통을 사전적으로 방지하기 위한 검색 결과 송출 제한, 필터링 등의 기술적·관리적 조치를 2020년 말부터 이행해야 하며, 임원 또는 담당 부서의 장을 불법촬영물 등 유통방지 책임자로 지정해야 한다.

개정법안과 현행법의 차이는 플랫폼의 조치 의무가 종전 불법촬영물에서 디지털 성범죄물 전반으로 확대되고 웹하드사업자에게만 적용되던 기술적 조치 의무를 플랫폼사업자 일반으로 확대한 것이다. 미국도 인터넷 불법·유해정보의 유통에 있어 이용자의 접근을 차단할 수 있는 기술적 조치를 취할 경우에는 법적 책임을 면제하는 〈통신품위법(Communications Decency Act)〉 제230조를 개정하여 플랫폼의 책임을 강화하려는 움직임을 보이고 있다. 2020년 6월 EU 집행위원회가 마련한 〈디지털 서비스법안(Digital Service Act)〉도 주로 불법 콘텐츠 규제 등 이용자를 보호하기 위해 온라인 중개업체의 의무와 책임에 대해 규정하고 있다.

3) 온라인 플랫폼 공정화법

공정거래위원회가 추진 중인 〈온라인 플랫폼 중개 거래의 공정화에 관한 법률〉 제정안이 2021년 1월 26일 국무회의를 통과했다. 안에 따르면 "온라인 플랫폼"이란 재화 또는 용역(일정한 시설을 이용하거나 용역을 제공받을 수 있는 권리를 포함)의 거래와 관련된 둘 이상 이용자 간의 상호작용을 위하여 정보통신설비를 이용하여 설정된 전자적 시스템으로서 대통령령으로 정하는 것을 말한다. 매출액 100억 원 이상의 범위에서 시행령으로 정하는 금액 이상 또는 판매금액 1,000억 원

이상의 범위에서 시행령으로 정하는 금액 이상의 플랫폼사업자에 대하여 필수 기재사항을 명시한 계약서 작성·교부의무, 계약 내용 변경 및 서비스 제한·중지·종료 시 사전통지 의무를 부과하고, 플랫폼 사업 모델의 특성에 맞는 거래상 지위 인정 기준을 도입했다.

2020년 7월 12월부터 시행되고 있는 EU의 〈온라인 플랫폼 시장의 공정성 및 투명성 강화를 위한 EU 이사회 규칙〉과 2020년 6월 3일 제정된 일본의 〈특정 디지털 플랫폼의 투명성 및 공정성 향상에 관한 법률〉과 유사하다. EU 규칙은 온라인중개서비스 제공자 외에도 온라인 검색엔진 제공자에게도 노출 순위 결정 변수, 상품의 차별 취급 등에 대한 설명을 약관에 명시할 의무를 부과하고 있다는 점에서 온라인 플랫폼 공정화법과는 차이가 있다. 검색엔진, 스트리밍 플랫폼, MCN 등의 경우 플랫폼과 계약관계가 없는 사업자와 소비자를 중개하므로 거래 개시를 알선한다고 볼 수 없어 법 적용대상에 해당하지 않는다.

4) 〈온라인 플랫폼 이용자보호법〉

2020년 12월 11일 전혜숙 의원이 대표로 〈온라인 플랫폼 이용자보호법〉을 발의하였다, 법안에 따르면 "온라인 플랫폼"이란 이용자 간에 의사소통 및 정보교환, 재화·용역 또는 디지털콘텐츠의 거래 등 상호작용을 매개하기 위해 전기통신설비와 컴퓨터 및 컴퓨터의 이용기술을 활용하여 정보를 수집·가공·저장·검색·송신 또는 수신하는 정보통신 체제를 말한다. 법 적용 대상은 검색(구글, 네이버), SNS(페이스북, 카카오) 등 정보 교환 매개 또는 앱마켓(구글 플레이, 애플 App Store), 오픈마켓(네이버, 쿠팡) 등이 대상이며, 일정 규모 이상의 모든 사업자에게 적용되는 규정과 대규모 독과점사업자에게만 적용되는 규정으로 이원화되어있다.

사전규제로서 플랫폼사업자에게는 계약기간, 수수료 등 거래기준 사용 권고, 계약변경·서비스 중단 시 이용사업자에 대한 사전통지 의무, 콘텐츠 판매 관련 정보를 이용사업자에게 제공할 의무, 이용요금, 해지절차 등이 규정된 약관을 신고할 의무를 부과한다. 대규모 플랫폼사업자는 노출 기준 공개의무·이용자 선택권 보장 등 의무를 부담한다. 사후규제로서는 대규모 플랫폼사업자에게는 거래거절·이용제한, 각종 비용(판촉비, 환불비용 등)의 이용사업자 전가, 이용사업자 간 차별, 거래 상대방 제한, 부가서비스 강제 가입 등 끼워팔기 등의 행위가 금지되고 모든 플랫폼사업자에게는 약관위반, 요금 등 중요사항 미고지, 이용조건 변경 시 사전 미고지, 해지권 제한, 허위·과장·기만 광고 등의 행위가 금지된다.

2020년 12월 EU 집행위원회는 온라인 플랫폼에 대한 사후규제에 대한 한계를 인식하고 불공정 행위에 대한 사전규제를 강화하고자 〈디지털 시장법안(Digital Markets Act)〉을 발표했다. 일정 요건을 갖춘 대형 온라인 플랫폼을 게이트키퍼(gatekeeper)로 지정하여 자사와 타사 플랫폼에서 발생한 개인정보를 결합하지 말 것, 상업적 이용자가 자사 플랫폼에서 판매한 조건과 다른 조건으로 타사 플랫폼에서 상품 등을 판매할 수 있도록 할 것 등의 의무를 부과하고 있다.

이상의 법 외에도 방송통신위원회는 〈시청각미디어서비스법〉 제정안에, 문화체육관광부는 〈영상진흥기본법〉 개정안에 OTT를 포함하는 논의가 진행되고 있다. 다양한 법 제정이 추진되면서 몇 가지 문제도 나타나고 있다.

먼저 여러 부처가 동일한 사업자를 대상으로 다수 법을 추진하면서 중복입법의 문제가 나타나고 있다. 방통위의 〈온라인 플랫폼 이용자 보호법〉은 개인과 기업 간, 기업 간 시장을 아울러 규제 대상으로 하고 있어서 기업 간 분야를 규제하는 〈온라인 플랫폼 공정화법〉과의 중복입법이 나타나고 있다.

또한 계약서 작성, 교부, 사전통지, 약관 신고 등 투명성 의무가 도입되고 있다는 점은 기존의 사후규제 중심의 경쟁법 집행의 한계를 극복하려는 시도이기는 하지만 사후규제 기관인 공정위와 방통위의 본질적 업무영역에 속하는지 의문이다. 경쟁법의 이념은 시장을 사전적으로 규제하는 것이 아니라 사후적으로 위반사항이 발생할 때 제재하는 것이기 때문이다.

그리고 〈온라인 플랫폼 이용자 보호법〉의 '검색결과, 추천 등 노출 순서나 방식을 결정하는 기준 공개'나 〈온라인 플랫폼 공정화법〉 상 '노출순서의 주요 결정기준'은 기업의 영업비밀에 속하는 알고리듬 공개로까지 확대될 수 있다는 점에서 논쟁적이다. 향후 다양한 의견 청취와 심층적인 토론을 통해 합리적이고 실효성이 있는 규제가 만들어지길 기대한다.

OTT 저작권 이슈의 접근

모든 사물과 인간이 연결되는 초연결 기반과 축적된 데이터를 토대로 인간과 사물의 사고능력이 획기적으로 개선되어 문제해결 능력이 제고되는 지능정보사회는 기술혁신을 동반한다. 이런 기술혁신은 필연적으로 저작권, 특허권과 같은 지식재산권 보호의 필요성을 증가시킨다. 한편 정보통신은 지식, 정보를 전달하는 네트워크는 물론이고 지식, 정보의 창출과 활용을 지원하는 역할을 하고 있다. 그 외에도 정보보안, 개인정보 보호 등 지식, 정보의 보호역할도 하고 있다. 결국 지식재산의 창출, 활용, 보호를 직접적으로 목적으로 하는 것은 물론 이를 위한 기반으로서 정보통신이 지식재산의 형성과 발전에 기여하고 있는 것이다. 다만, 4차 산업혁명 시대 데이터 기반 혁신을 주도하고 있는 정보통신의 최근 경향은 데이터의 공유, 개방, 활용에 초점을 맞추고 있어 권리로서 지식재산을 독점적으로 보호하고자 하는 지식재산과 긴장관계를 가지기도 한다.

최근 인터넷동영상서비스(OTT)와 저작권 이슈도 그런 긴장의 한 사례이다. 작년 12월 문화체육관광부는 OTT에 적용할 수 있는 영상물 전송서비스 조항이 신설된 한국음악저작권협회(이하 협회)의 〈음악저작물 사용료 징수규정〉 개정안을 승인했다. 이에 따르면 음악저작물 사용료는 2021년 매출의 1.5%에서 시작해서 2026년부터는

1.9995%로 설정된다. 그동안 웨이브, 왓챠 등 국내 OTT들은 협회가 요구하는 매출액의 2.5%의 사용료는 과도하며, OTT는 성질상 다시보기 서비스이므로 협회 징수규정상 방송물 재전송 서비스에 해당하는 수준인 매출액의 0.625%의 사용료를 지불하는 것이 타당하다는 입장이다. 이에 반해 협회는 OTT는 종래 방송물 재전송 서비스와는 다른 차원의 서비스이며, OTT에 대한 세계 주요 음악저작권 관리 단체들의 사용료 기준은 2.5% 이상이라는 점을 강조하고 있다. 위 개정 징수규정에 대해 OTT가 행정소송을 제기함으로써 갈등은 계속될 것으로 보인다.

OTT는 원하는 콘텐츠를 원하는 시간에 감상할 수 있는 다시 보기 서비스와 달리 콘텐츠를 원하는 시간뿐만 아니라 원하는 장소는 물론 이동 중에도 감상할 수 있게 해 주는 서비스라는 측면에서 방송물 재전송 서비스와 다르다고 봐야 할 것이다. OTT는 방송망이 아닌 범용 인터넷망을 사용한다는 점, 일방적 송신이 아닌 주문형 서비스라는 점에서 기존 방송과 다르다는 점이 인정되고 있다. 법적으로도 특수한 유형의 부가통신사업으로 규정돼 있다. 결국 OTT는 새로운 디지털 신기술이 적용된 서비스로서 소비자의 효용이 훨씬 크다는 점에서 종래의 징수율을 유지해야 한다는 논리는 설득력이 높지 않다.

다만, 저작물에 대한 권리 강화를 통한 창작 의욕의 고취만큼 중요한 것이 지식재산의 공유와 활용을 통하여 혁신의 과실을 사회 전반으로 확산시켜 다시 새로운 혁신을 유도하는 것이다. 이 점에서 OTT 음악저작권 징수율을 인상하는 것은 소비자에게 요금 인상 부담으로 이어질 수도 있고, 아직 태동 단계에 있으면서 넷플릭스 등 글로벌 OTT와 힘겹게 싸우고 있는 국내 OTT의 경쟁력도 훼손할 가능성이 있다는 점에서 신중한 접근이 필요하다.

지식재산이 권리 찾기에만 골몰하다 보면 개방, 공유, 활용이라는 거대한 정보통신의 흐름에서 얻을 수 있는 더 큰 이득을 잃어버릴 수 있다. 향후 정보통신이 지식재산의 주춧돌로서 역할을 하고 반대로 지식재산이 우리 사회의 정보화, 정보통신 산업, 정보 보안의 발전을 촉진하여 결국 정보통신을 풍부히 해 주는 역할을 할 수 있는 선순환의 흐름이 필요하다.

온라인플랫폼 규제 입법의 정당성

코로나19 장기화에 따른 비대면 거래시장의 급성장에 따라 2010년 25조 원이었던 온라인 쇼핑몰 거래액은 지난해 161조 원으로 6배 이상 증가했다. 이에 아마존, 구글 같은 글로벌 플랫폼은 물론 국내의 네이버, 카카오, 쿠팡, 당근마켓 등 플랫폼이 급성장하고 있다. 다만, 플랫폼의 입점 업체에 대한 갑질이나 소비자 불만 이슈 등으로 인해 규제 논의가 이어지더니 최근 부처 간 입법 전쟁으로까지 치닫고 있다.

공정거래위원회의 〈온라인플랫폼 중개거래 공정화법〉과 방송통신위원회의 〈온라인플랫폼 이용자보호법〉이 그것이다. 두 법은 공히 플랫폼 시장을 공정하게 하고 소비자 피해를 줄이기 위한 목적하에서 계약서와 불공정행위 관련 규제를 도입하고 있다. 다만, 〈온라인플랫폼 중개거래 공정화법〉이 주로 오픈마켓을 중심으로 한 플랫폼과 입점업체 간을 규율함에 비해, 〈온라인플랫폼 이용자보호법〉은 검색, SNS까지 포함하고 있고, 입점업체 외에 플랫폼과 소비자 간까지 규율하고 있다는 점에서도 보다 포괄적이다.

이런 규제법은 국민의 영업의 자유와 재산권을 침해할 수 있기 때문에 일정한 법적 요건을 갖추어야 한다. 법령안 입안심사기준에 따르면 입법의 필요성, 입법내용의 정당성 및 법적합성, 조화성 등이 요구되고, 헌법재판소에 따르면 비례의 원칙을 준수해야 한다. 비례의 원칙이란 국민의 자유와 권리를 제한하는 입법을 할 때 그 제한이 기본권을 제한함으로써 달성하고자 공익과 비례가 돼야 한다는 것이다. 구체적으로는 목적이 정당해야 하고(목적의 정당성), 방법이 적절해야 하며(수단의 적절성), 기본권 제한이 필요 최소한도에 그쳐야 하며(침해의 최소성), 달성하려는 공익이 침해되는 사익보다 커야 한다(법익의 균형성)는 4단계 테스트이다.

이 기준에 맞추어 두 법을 심사해 보면 그 결과는 어떨까. 먼저 플랫폼을 이용하는 입점업체와 소비자를 보호하겠다는 입법목적은 정당하다고 할 수 있다. 다음 수단의 적절성이다. 두 법에서 수단으로 도입하고 있는 것은 사전규제로 계약서 작성, 교부, 계약변경 통지, 검색노출 기준 공개이고, 사후규제로 불공정행위 금지 등이다. 이중 사전규제의 도입은 각각 일반경쟁법과 ICT 분야 특별경쟁법의 사후규제 기관인 공정거래위원회와 방송통신위원회의 본질적 업무영역에 속하는 것인지 의문이고, 사후규제는 기존의 공정거래법이나 전기통신사업법의 개정으로도 가능하다는 비판이 있다.

이는 결국 두 법이 정책적으로 필요한 것인지 나아가 규범화가 필요한 것인지에 대한 의문으로 연결된다. 최근 〈전기통신사업법〉 상 플랫폼 규제가 도입된 페이스북의 라우팅 변경이나 n번방으로 인한 소비자 피해사례와 같이 규범 제정의 필요충분조건인 위험이 증거로서 충분히 확인되었는지 하는 것이다. 한편 EU의 규제 도입이 주로 글로벌 기업을 견제하기 위한 목적에 기인하고 있는 반면, 국내 규제 도입은 토종 플랫폼의 경쟁력을 약화시키는 것은 아닌지도 검토돼야 한다. 미국에서도 하원의 반독점 보고서를 시작으로 플랫폼 규제 논의가 이어지고 있지만 아직 초보적인 단계의 조사, 연구 차원이지 본격적인 입법단계로 나아가고 있지 않다.

결론적으로 2단계 테스트만으로도 당장 두 법의 정당성을 수긍하기 어렵다는 점에서 보다 긴 호흡으로 사실조사, 증거수집, 의견수렴을 진행할 필요가 있다. 국가기관 간의 불필요한 규제 경쟁이 영역 확보전으로 과열되면 결국 기업과 국민에게 그 피해가 돌아오게 된다는 점을 유의할 필요가 있다.

누가 인터넷 생태계를 위협하는가

한국의 인터넷 네트워크는 양과 질 모두에서 세계 최고를 자랑한다. 이런 네트워크를 기반으로 콘텐츠 제공사업자(CP)는 미디어·커머스·교육·게임 등 거의 모든 생활 영역의 콘텐츠를 제공해 왔다. 인터넷 이용자들은 이런 콘텐츠를 자유롭게 소비하고 공유해 왔다. CP와 이용자를 연결하고 이들로부터 확보한 재원으로 인터넷 망(網) 고도화를 위해 투자한 건 통신사업자(ISP)였다. 요컨대 세계 최고 인터넷 네트워크와 네이버·카카오 등 플랫폼 기업의 성공은 최종 이용자·CP·ISP 세 행위자가 각자의 책임을 다해 일군 결실이다.

이런 선순환 구조로 지탱해 온 인터넷 생태계가 최근 커다란 위협을 받고 있다. 세계 시장을 장악한 일부 글로벌 CP가 콘텐트 파워(content power)라는 협상력을 무기로 망 이용 대가 납부를 거부하고 있기 때문이다. 정부의 재정(裁定)절차도 거부하고 소송을 제기하고 있는데, 이들은 무료 이용의 논거로 이용자의 표현의 자유와 망 중립성을 들고 있다.

먼저 망 이용 대가와 표현의 자유의 관계를 보자. 한국의 무수한 스타트업이 창의성을 발현하고, 다양한 콘텐츠를 제작·유통하는 과정에서 촘촘한 망 설비가 실핏줄 역할을 했다. 이용자도 저렴하고 질 좋은 인터넷을 활용해 문자는 물론 음성·영상·그래픽 등 표현의 도구를 확장할 수 있었다. 결국 일부 CP의 주장과 달리 망 사용료에 기반해 구축된 고도화된 인터넷 네트워크가 표현의 자유를 더 강화한 것이다.

다음으로 망 중립성은 누구든 차별 없이 망을 사용할 수 있어야 한다는 개념으로, ISP가 인터넷 트래픽의 불법적인 차단이나 비합리적 차별을 하는 것을 금지하는 것이다. 이는 인터넷 접속이 필수적인 통신서비스임을 고려해 민간사업자인 ISP에도 트래픽에 대한 비차별 의무를 부과한 것이다. 따라서 인터넷 트래픽 관리와 무관한 망 이용 대가는 망 중립성과 관계가 없다.

최근 동영상 등 대용량 콘텐츠로 인해 CP들의 트래픽 사용량이 폭발적으로 늘어나는 추세이며, 이에 따라 ISP의 네트워크 증설을 위한 비용도 증가하고 있다. 최종 이용자든 CP든 생태계 참여자는 늘어난 비용을 분담하기 위해 망 이용 대가를 내고 있다. 그런데 일부 글로벌 CP가 망을 이용하면서 그 대가를 낼 수 없다는 주장은 타당할까.

이런 일부 CP의 책임 회피는 인터넷 생태계의 근간을 뒤흔들 수 있다. 먼저 이용자의 부담 증가 가능성이다. 실제 2016년 미국 사례가 있다. 당시 연방통신위원회(FCC)가 차터커뮤니케이션즈(Charter Communications)의 인수합병 조건으로 차터커뮤니케이션츠가 넷플릭스와 같은 동영상 콘텐츠 사업자를 시장에서 퇴출하는 것을 방지하기 위해 일정 기간 망 이용 대가를 받지 못하게 했다. 이후 최종 이용자들의 인터넷 요금이 20% 상승하자 연방항소법원은 지난해 8월 FCC의 행정조치를 취소했다. 이 사례는 CP가 네트워크 사용에 대한 적정 수준의 비용 부담을 하지 않으면 최종 이용자들에게 그 부담이 전가될 수 있다는 사실을 보여 준다.

중소 CP들이 설 곳도 줄어들 가능성이 있다. 거대 CP가 무상으로 네트워크 자원을 독점함으로써 작은 CP가 생존하기 어려운 환경에 처하게 된다. 만일 모든 CP가 망 이용 대가를 거부할 경우 무임승차로 인해 네트워크 품질이 황폐해지는 '공유지의 비극'으로 이어질 수도 있다.

결국 표현의 자유를 계속 유지·확대하기 위해서는 인터넷 네트워크의 고도화 등 생태계의 건전한 발전이 필요하며, 이를 위해서는 ISP, CP, 최종 이용자 간 공정한 비용 분담 원칙이 확립돼야 한다. 오늘날 한국의 막강한 인터넷 네트워크와 플랫폼 기업의 성장은 최종 이용자와 CP의 기여, ISP의 적극적인 투자 그리고 국가의 정책적 지원에 의한 것임을 잊지 말아야 할 것이다.*

* 2021년 6월 25일 서울중앙지법 민사합의20부(김형석 부장판사)는 넷플릭스 한국 법인인 넷플릭스서비시스코리아(원고)가 SK브로드밴드(피고)를 상대로 제기한 '채무 부존재 확인' 소송 1심 선고를 내렸다. 재판부는 SK브로드밴드와의 협상 의무가 존재하지 않음을 확인해 달라는 넷플릭스 요청을 각하했다. 망 사용료를 제공할 의무가 없다는 점을 확인해 달라는 요청에는 기각 판결을 내렸다. 보다 구체적으로 넷플릭스의 대가지급 채무 부존재 확인 청구에 대해서는 "원고는 피고를 통해 인터넷 망에 접속하고 있거나 적어도 피고로부터 피고의 인터넷 망에 대한 연결과 그 연결 상태의 유지라는 유상의 역무를 제공받고 있다고 봐야 한다"며 "이는 '통신사가 자사망에 흐르는 합법적 트래픽을 불합리하게 차별하는 것을 금지하는 원칙'인 망 중립성에 관한 논의나 '전송의 유상성'에 관한 논의와는 직접적 관련이 없으므로 결국 원고들은 피고에게 적어도 피고로부터 인터넷 망에 대한 연결 등의 유상의 역무를 제공받는 것에 대한 대가를 지급할 의무를 부담한다고 봄이 타당하고, 원고들과 피고 사이의 형평에 부합한다"고 덧붙였다.

플랫폼 스타트업 압박하는 전문자격사

디지털 전환의 가속화와 세계적인 코로나19 위기는 쿠팡 등 유통산업을 중심으로 한 플랫폼 스타트업의 폭발적 성장을 가져오고 있다. 즉, 스마트폰, 5G 인프라, 빅 데이터 기술의 발전과 코로나로 인한 비대면 거래의 증가는 유통산업을 오프라인에서 모바일 기반으로 급속히 변화시켰다. 최근 플랫폼 스타트업은 유통을 넘어 전문자격사 시장으로까지 진출하고 있다. 법률 서비스 플랫폼, 미용·의료정보 플랫폼, 동물의료 플랫폼에 스타트업들이 진출하면서 각각 변호사, 수의사, 의사 등의 전문자격사 시장의 플레이어들과 충돌하고 있다. 전문자격사들은 플랫폼 서비스에 대해 실정법 위반을 내세우면서 플랫폼 스타트업을 압박하고 있다.

법률 서비스 플랫폼은 법률상담 등을 위해 변호사와 소비자를 연결하거나 변호사를 광고·홍보·소개하는 서비스다. 대한변호사협회는 법률 서비스 플랫폼은 〈변호사법〉상 비변호사의 변호사와 동업 금지 등에 위반된다는 입장이다. 법률서비스 플랫폼 측은 동 서비스는 특정 사건에 대한 알선, 소개가 아닌 광고, 홍보이므로 〈변호사법〉에 위반되지 않는다는 입장이다.

미용·의료정보 플랫폼은 성형외과, 피부과 등 비급여 의료 병원의 시술 가격과 후기를 제공하면서 이용자의 병원 선택을 지원하는 서비스다. 있다. 대한의사협회는 의료인 등이 아닌 제3자가 의료광고, 진료 예약 서비스 등을 대행하면서 진료가 성사되는 경우 업무대행 수수료를 지급하는 것은 〈의료법〉 위반이라는 입장이다. 또한 반려동물 인구 1,500만 명 시대가 열렸지만, 일반 병원과 달리 표준화된 진료 기준이 마련되어 있지 않은 문제를 해결하기 위해 동물병원의 진료비를 비교해 주고 이용 후기를 제공하는 플랫폼도 등장했다. 이에 대해 수의사회는 위법한 허위·과대광고라면서 동물병원들의 플랫폼 탈퇴를 종용하고 있다.

이런 사례들은 소비자, 전문자격사, 정부에 몇 가지 시사점을 제공한다. 첫째, 플랫폼 스타트업은 소비자와 전문자격사 간 정보의 비대칭성을 해결함으로써 전문자격사에 대한 선택권을 제고한다. 즉, 대부분 알음알음 소개로만 접근 가능했던 전문자격사를 플랫폼을 통해 투명하고 공정한 방법으로 비교하여 자신이 선택할 수 있게 되었다는 것이다.

둘째, 전문자격사 시장에도 경쟁 원리가 도입되고 있다는 것이다. 예를 들어 법률 서비스 플랫폼을 이용하는 변호사들 상당수는 로스쿨 출신의 신진 변호사들로서 이들은 자신들의 전문성과 서비스 마인드를 앞세워 소비자들에게 접근하고 있다. 전관 출신 등 고참 변호사에 비해 광고 기회가 없었던 이들에게 플랫폼은 공정한 경쟁의 장을 제공하고 있는 것이다. 셋째, 정부 입장에서는 소비자의 선택권 확대와 기득권을 가진 전문자격사들의 공공성 유지 차원에서 진퇴양난의 상황을 맞고 있다. 다른 한편 혁신 플랫폼 스타트업을 지원하여야 할 의무와 기존 전문자격사의 지대 추구를 인정해야 할 당위 사이에서 갈등하고 있다.

전체적으로 보면 플랫폼 스타트업의 전문자격사 시장 진출은 소비자 접근권 확대, 신진 전문자격사의 시장 진입 확대, 리걸테크 등 신산업의 창출 등의 장점을 가져오는 대신 전문서비스의 공공성 훼손, 서비스 질 저하로 인한 소비자 피해 등에 대한 우려가 존재한다. 그렇다면 단점을 최소화하되, 장점을 살릴 수 있는 방향으로 법제도 개선을 하는 것이 타당하다.

만약 법제도 개선이 시간이 걸린다면 규제 샌드박스 이용을 확대할 필요도 있다. 그 방법의 하나로 몇 개 부처에서만 운영되는 규제 샌드박스를 규제 부처 전체로 확대하는 것을 검토할 필요가 있다. 타 부처가 아닌 자기 부처 소관의 규제에 대한 적용 유예가 보다 용이할 것이기 때문이다. 플랫폼 스타트업을 비롯한 스타트업은 미래 먹거리 찾기의 선두 주자로서 혁신 기술의 사업화, 청년 일자리 창출 등에 있어서도 핵심 역할을 하는 디지털 경제의 미래라고 할 수 있다는 점에서 범정부적 차원의 과감한 지원이 필요하다.

3

인공지능의 발전과 규제

인공지능(AI, Artificial Intelligence)이란 인간의 학습능력과 추론능력, 지각능력, 자연언어의 이해능력 등을 컴퓨터 프로그램으로 실현한 기술이다. 최근 인공지능 기술이 비약적으로 발전하면서 인공지능이 경제성장과 사회 난제 해결의 새로운 돌파구가 될 것으로 기대되고 있다. 인공지능은 활용 가능한 데이터만 충분히 있다면 그동안 인간이 수행해 왔던 계산 기반의 지적 작업들을 인간보다 더욱 빠르고 정확하게 대신할 수 있어 경제적으로 뛰어난 가치를 가지고 있다.

예를 들어 단순 반복 작업부터 고난이도의 수학 문제 풀이는 물론 의료와 법리 해석, 그림 그리기와 작곡 그리고 사람의 심리 상담까지도 인공지능 기술을 활용한 효율성 극대화를 도모할 수 있다.

그러나 한편으로는 인공지능 기술의 발달을 그리 반기지 않는 시각도 존재한다. 인공지능이 인간의 지적 능력을 기반으로 하는 만큼 인간의 노동을 대체해 인간 일자리를 빼앗을 것이라는 주장부터 급기야는 인공지능이 인간보다 전반적으로 뛰어나게 되는 시점에는 인간을 지배하고 생존권을 좌우할 수도 있다는 급진적 의견도 있다.

특히 부정적인 시각으로 최근에는 인공지능의 발달에 따른 다양한 분야에의 도입으로 인간 개인의 기본 권리인 개인정보 침해에 대한 우려도 높아 가고 있다. 영국 옥스퍼드대학 내 미래인류연구소가 2019년 1월에 발표한 연구에 따르면, 미국인들은 인공지능의 확산으로 불거질 전 세계적인 부정적인 이슈로 개인정보 보호 침해, 자율무기, 사이버공격에 우선 순위를 부여했으며, 이 중 발생가능성을 약 70%, 중요도는 '매우 중요'로 개인정보 보호 침해에 최우선 순위를 부여했다.

또한 AI 알고리듬이 문제이다. 이는 입력된 데이터를 일정한 연산과 규칙에 따라 재배열해 문제 해결을 도출하여 컴퓨터가 문제를 해결할 수 있게 해 주는 논리적 절차이다. AI 추천 알고리듬 서비스는 인공지능이 알고리듬에 따라 내 취향에 맞는 것들을 추천해 주는 것이다. 다만, 가장 큰 문제점 중 하나는 바로 확증편향이다. 확증편향이란 선입관을 뒷받침하는 근거만 수용하고 자신에게 유리한 정보만 선택적으로 수집하는 행동인데 이를 필터 버블이라고도 부른다. 개인 맞춤형 추천이 내 생각과 맞는 뉴스와 정보만 보여 주기에 이러한 과정이 반복되면서 자신만의 관심사, 이념, 정치 성향에 갇히게 만들 수 있다. 이외에도 차별, 여론 양극화 등의 문제도 있다.

요약하면 현재 우리에게 주어진 과제는 AI 기술발전을 촉진하면서도 AI로 인한 역기능을 방지하려는 노력이다. 한편 AI 기술, 산업 발전 및 역기능 방지를 수행하는 컨트롤 타워도 중요하다. 또한 AI 활용은 계층, 연령 간 디지털 격차가 심화될 것으로 보인다. 특히 알고리듬의 비밀성, 편향성 등의 문제로 인하여 발생하는 소비자 보호, 소비자 리터러시(literacy) 문제를 해결할 수 있는 이용자 보호 시스템의 구축도 시급하게 마련하여야 할 것이다.

"인공지능의 발전과 규제" 편에서는 인공지능 기술과 산업 발전을 위한 제언과 함께 소비자의 권리, AI 윤리 문제, AI의 데이터 분석과 면책에 대한 내용을 담고 있다.

인공지능의 발전과 우리의 미래 준비

인공지능 알파고가 이세돌 9단에게 바둑에서 완승을 한 것도 놀라운 일이었는데, 이제는 실생활에도 인공지능 기술이 파고들고 있다. 얼마 전 구입한 로봇청소기는 자기 몸을 여기저기 부딪쳐 멍드는 것을 감수하면서까지 집 안 곳곳을 돌아다니며 청소를 하다가 배터리가 떨어지면 원래 위치로 돌아와 스스로 충전을 한다. 골프장의 무인 자율 카트는 운전자의 핸들 조작 없이 정해진 속도로 티박스와 그린으로 사람을 태워 나른다.

위의 사례와 같이 마치 살아 있는 생명 같은 느낌을 주는 기계, 더 나아가 인간의 사고능력, 즉 인지, 추론, 학습 등을 모방하는 기술을 인공지능 기술이라고 하는데, 이것이 로봇 기술, 빅 데이터 기술, 클라우드, 사물인터넷(IoT) 기술과 결합하면서 소위 제4차 산업혁명 또는 지능정보사회로의 변화를 견인하고 있다. 지능정보사회는 모든 사물과 인간이 연결되는 초연결 기반과 축적된 데이터를 토대로 인간과 사물의 사고능력이 획기적으로 개선돼 문제해결 능력이 제고되는 사회다. 컴퓨터와 인터넷 혁명으로 대표되는 정보사회와는 달리 판단의 주체가 점차 인간에서 기계(인공지능)로 바뀌어 기계가 자율적인 처리, 제어, 예측을 할 수 있는 사회다. 산업혁명에서 기계가 인간의 육체노동을 대체했다면 지능정보사회에서는 기계가 인간의 정신

노동을 대체하게 된다.

인공지능이 가져올 미래 전망에 대해서는 비관론과 낙관론이 교차한다. 최근 한국을 방문한 《사피엔스》의 저자 유발 하라리나 영국의 물리학자 스티븐 호킹은 인공지능이 100년, 200년 내에 인류를 몰아낼 것이라고 한다. 반면 스티븐 핑커 하버드대 심리학과 교수는 인간의 지성이 인공지능을 지배하기 때문에 인류 파멸이 오지는 않을 것이라고 본다. 창의성, 예술성에서는 확실히 인간 지성이 여전히 인공지능보다 우위에 있다고 보는 견해가 많지만 종전의 기술혁명과는 다른 엄청난 생산성 향상, 일자리 변화 등의 경제, 사회적 파급 효과가 있을 것이라는 점은 분명하다.

어쨌든 우리는 인공지능이 가져올 엄청난 미래의 변화를 준비해야 한다. 정부는 2016년 3월 지능정보산업 발전 전략을 발표한 데 이어 10월에는 지능정보사회 중장기 종합대책을 발표할 예정이다. 연구개발(R&D)을 포함한 미래전략으로서 지능정보사회의 전략을 수립하고 시행하면서 다음의 몇 가지를 유의할 필요가 있다.

우선 그동안 항상 우리 계획에서 보여 왔던 단기적 성과에 치중하는 조급증을 조심할 필요가 있다. 대개는 정부나 조직 수장의 임기와 관련해 단기간 내 가시적 실적을 중요시하는 경향이나 감사나 평가에 대비해 정량적 실적을 강조하는 경향이 원인이다. 수십 년 앞서 인공지능 기술을 개발해 온 선진국과 달리 우리에게는 충분한 전문인력도 원천기술도 없다. 따라서 최소 10년 이상의 중장기를 고려해 실행 가능한 목표와 수단을 강구해야 한다.

다음 백화점식, 나열식 정책이 아닌 선택과 집중 전략을 취할 필요가 있다. 한국전자통신연구원 조사에 따르면 우리의 기술수준 격차는 지능형 소프트웨어(3.5년), 인프라 컴퓨팅(3.7년), 하드웨어(4.6년),

뇌과학·뇌공학(7.8년) 순인데 음성인식 등 지능형 소프트웨어의 경우 비교적 기술수준 격차가 낮으며, 최근 딥러닝·기계학습 등의 분야에서 기술이 활발하게 개발되고 있다는 점을 참고할 필요가 있다. 내비게이션과 결합한 음성인식 기술 등 우리가 강점이 있는 분야를 집중적으로 지원하되 다른 기초 분야의 경우 국가 차원의 지속적인 투자가 필요하다.

끝으로 지능정보사회화 촉진을 위한 제도적 여건의 정비에도 관심을 둬야 한다. 의료, 교통, 금융 등 인공지능 응용 분야의 기존 규제를 과감히 혁신해야 한다. 특히 지능정보화의 기초인 대량의 데이터 공유와 처리를 원활히 하려면 지나치게 엄격한 정보보호법제에 대한 개선도 필요하다. 산업화는 늦었지만 정보화는 앞서가자는 구호 아래 진행된 1990년대 이후 정보화 추진으로 우리는 네트워크와 하드웨어 중심의 정보기술(IT) 강국을 실현했다. 이제 정보화를 넘어 지능정보화에서도 앞서가려면 소프트웨어에 집중해야 한다. 그 중심에는 전문인력 양성을 위한 장기간의 투자가 있다는 점을 잊지 말아야 한다.

인공지능 윤리규범의 법제화

인공지능(AI)은 2016년 알파고와 이세돌의 바둑 대결을 넘어 로봇청소기, 스피커, 포털 사이트의 뉴스 추천, 면접 등 우리 생활에 이미 깊숙이 들어와 있다. AI는 사람과 유사한 지능으로 외부에서 입력된 정보 외에 스스로 학습하고 사물을 인식하고 그에 따라 자율적으로 행동하는 기기라는 점에서 향후 그 활용 가능성과 파급효과가 엄청날 것으로 전망된다. 인류의 생활에 가장 큰 영향을 미칠 기술이 될 것 같다.

이런 AI 기술, 알고리듬의 중요성과 위험성을 감안해 AI 윤리 규범 정립에 관한 논의가 한창이다. 도널드 트럼프 미국 대통령은 2019년 2월 AI 이니셔티브에 관한 행정명령을 발동했다. 여기에는 기술 개발, 기술 표준 제정, 노동자의 AI 기술 적응 훈련 말고도 시민의 자유와 프라이버시 보호, 공공의 신뢰 확보와 관련된 규범이 포함돼 있다. 또한 AI와 관련해 각 주에서 자율주행 자동차 관련 입법이 이뤄지고 있다.

유럽연합(EU)도 2018년 시행된 〈일반 개인정보보호법〉에 AI에 의한 자동화 의사결정 거부권인 프로파일링 거부권을 두고 있다. 2017년 유럽의회는 AI와 로봇 제작자의 윤리 규범, 책임 등이 포함된 로보틱스에 관한 민법 결의안을 발표했다.

한국도 2007년부터 지능형 로봇 개발 및 보급 촉진법에 따라 산업자원부와 로봇산업진흥원 주관으로 로봇윤리헌장을 제정하고 있다. 2017년에는 과학기술정보통신부와 한국정보화진흥원 주관으로 지능정보사회 윤리 가이드라인 및 지능정보사회 윤리헌장을 제정한 바 있다. 전자는 인간 존엄성 보호, 공공선 추구, 인간의 행복 추구를 기본 가치로 삼고 실천 원칙으로 투명성, 제어 가능성, 책무성, 안전성, 정보 보호를 들고 있다. 후자는 공공성, 책무성, 통제성, 투명성의 원칙을 제시한다.

이런 원칙 중 투명성은 정보의 신뢰도를 높이는 중요한 원칙이자 수단이다. 하지만 AI의 알고리듬은 기업의 영업 비밀이기에 공개 범위를 어떻게 정하고 어떤 방식으로 관리하는가가 문제다. 또한 책임성과 안전성의 원칙은 AI의 자율적 판단과 동작에서 발생할 수 있는 각종 사고에 대한 책임 문제를 명확히 한다는 점에서 중요하다.

게다가 AI 알고리듬 기술에 의해 이용자들의 의식적 개입 없이 자동적으로 정보들이 수집·활용되는 사례가 늘고 있다. 익명성 정보의 경우도 데이터 분석에 의해 언제든 재식별화할 수 있는 등 프라이버시 보호 이슈가 심각하다. 더욱이 알고리듬에 기반한 선택과 의사결정이 자유로운 개인의 결정이라기보다 개발자의 성향과 판단, 사회적 편견 등 외부적 압력에 의한 것일 경우 공정성 시비가 생길 수 있다. 개인의 행태 데이터를 수집·분석해 제공되는 맞춤형 서비스가 오히려 이용자의 선택권을 제한할 우려도 있다.

이처럼 국민의 삶에 지대한 영향을 미치는 사항과 관련한 기업의 행위준칙이 가이드라인, 헌장 등 윤리 규범으로만 머물고 있는 것은 문제다. 특히 투명성과 영업 비밀의 한계 설정, 책임성의 소재와 범위, 안전성 표준과 인증 체계의 정비, 프로파일링 거부권 등은 법제화가 필요한 사항이다. 윤리 규범을 법제화한 '생명 윤리 및 안전에 관한 법률'과 마찬가지로 AI 윤리 규범의 법제화도 고민해야 할 필요가 있다.

물론 AI 기술에 따른 사회변화 양상 예측이 불확실하고 AI 기술 개발과 혁신을 장려해야 하는 경제적·정책적 요구도 존재한다는 점 역시 고려해야 한다. 지금부터라도 AI 윤리 규범의 법제화에 대한 범정부적인 공론화 작업이 시작돼야 한다.*

* 2020년 12월 과학기술정보통신부와 정보통신정책연구원은 인공지능 시대의 바람직한 AI 개발 및 활용 방향을 제시하기 위해 〈국가 인공지능 윤리기준〉을 발표했다. AI 윤리기준의 3대 기본원칙은 인간의 존엄성, 사회의 공공선, 기술의 합목적성이고, AI 기본원칙을 실현시키기 위한 10대 핵심요건은 인권 보장, 프라이버시 보호, 다양성 존중, 침해금지, 공공성, 연대성, 데이터 관리, 책임성, 안전성, 투명성이다.

4차 산업혁명 시대 소비자 권리

가까이는 BMW 차량 화재 사건에서 조금 멀리는 가습기 살균제 사건, 폭스바겐의 디젤게이트, 홈플러스와 신용카드사의 개인정보 유출 등 소비자에게 대규모 심각한 피해를 야기하는 사건이 잇따랐다. 4차 산업혁명으로 불리는 새로운 시대에는 더 이상 소비자가 피해를 받지 않고 소비자의 권리가 보호될 수 있을까.

4차 산업혁명은 ICT(정보통신기술)가 산업 전 영역에 확산해 가상세계가 물리세계와 융합되는 변화를 가져온다. 즉, 초연결을 통해 사물과 사람이 생성한 데이터를 수집한 인공지능이 빅 데이터 분석을 통해 새로운 가치를 창출하는 것이다. 다른 산업혁명을 능가하는 엄청난 기술의 진보며 그 기반은 초연결 네트워크고 핵심은 인공지능과 빅 데이터의 결합이다.

소비자 이슈는 대부분 정보의 비대칭성에서 나온다. 정보의 비대칭성은 시장 거래에서 어느 한쪽이 월등히 많은 정보를 가짐으로써 잘못된 선택을 하는 경우, 예컨대 중고차의 사고 이력을 모르는 구매자가 가치보다 높은 비용을 지불하는 것이다. 인터넷 보급을 통한 정보 공유는 이 문제를 상당 부분 해결해 주었고 어쩌면 이제 소비자가 시장 기능을 통해 직접 생산의 종류, 양과 방향을 결정할 수 있다는 소위 소비자 주권이 실현되는 것처럼 보이기도 한다.

그러나 실상은 꼭 그렇지만은 않다. 첫째, 안전한 데이터 활용의 문제다. 수도권 지역 한 사람의 하루 평균 83회에 이르는 CCTV(폐쇄회로TV) 노출, 여성을 대상으로 한 불법촬영 범죄 증가, 아무도 읽지 않는 동의 조항을 근거로 한 광범위한 정보 수집 등 국가와 기업에 의한 데이터 활용이 안전하게 이루어지는지 의문이다. 둘째, 인터넷 접근에서 디지털 격차(Digital divide)의 문제다. 특히 고령층 소비자의 디지털기기에 대한 접근제한은 이들의 소외감을 증폭시킨다. 2016년 조사에 따르면 20, 30대의 인터넷뱅킹 이용자 비율이 80%대인 데 반해 60대는 10% 초반에 머물러 있다. 셋째, 인공지능으로 인한 소비자의 인간성 상실의 위험이다. 인공지능 알고리듬 기술의 발전이 사회·경제적 이익을 가져오기도 하지만 한편으로 알고리듬은 과거부터 쌓인 데이터를 학습하면서 인종차별, 성차별 등 역사적 편향성을 반영할 가능성도 높은 것으로 알려졌다.

이런 문제에 대응하기 위해 먼저 가장 중요한 소비자 권리인 안전에 관한 권리를 재검토할 필요가 있다. 〈소비자기본법〉은 소비자 안전권을 '물품 또는 용역으로 인한 생명·신체 또는 재산에 대한 위해로부터 보호받을 권리'를 의미한다고 규정해 유형적 피해만을 대상으로 한다. 그러나 디지털 시대에는 소비자의 프라이버시, 명예권, 평등권 등 무형의 침해로부터 안전도 중요하다는 점에서 '디지털 소비자 안전권'으로의 개념 확대를 고려할 필요가 있다. 다음 소비자의 디지털미디어 이용 역량 강화를 위한 정부와 기업의 지원이 중요하다. 특히 고령층을 비롯한 사회 취약 계층에 대한 디지털 리터러시 교육을 강화해 정보격차 해소에 적극 나서야 할 것이다. 끝으로 인공지능 알고리듬으로부터 소비자를 보호할 수 있는 윤리적, 법적 규제 논의를 서둘러 진행해야 할 것이다.

1962년 미국 케네디 대통령이 언급한 소비자의 4대 권리는 안전할 권리(the right to safety), 알 권리(the right to be informed), 선택할 권리(the right to choose), 의견을 반영할 권리(the right to be heard)인데, 60여 년이 지난 현재도 이 권리들이 미완성의 권리로 남아 있는 것은 물론 오히려 더 큰 도전에 직면했다. 인간의 정신 노동까지 대체하는 4차 산업혁명 시대에 국가와 기업으로부터 새로운 유형의 소비자 안전권과 선택권의 침해 가능성에 대비해 소비자 권리의 양적, 질적 발전이 필요한 시점이다.

이루다가 남긴 과제 "AI는 현재의 우리와 닮았다"

20대 여자 대학생을 캐릭터로 한 대화형 인공지능(AI) 챗봇 '이루다'가 소수자 차별, 혐오 발언, 성희롱 논란, 개인정보 침해 등의 문제를 드러내고 출시된 지 불과 20일 만인 2021년 1월 12일 퇴출됐다. 정부는 개인정보 침해 여부에 대한 조사를 벌이고 있고 사회적으로도 엄청난 반향이 일어나면서 사건의 원인과 향후 과제에 대한 논의가 한창이다.

먼저 왜 이런 일이 벌어진 것일까. 즉, 이루다가 왜 차별적, 편향적 발언을 하게 된 것일까. 먼저 애당초 수집된 학습 데이터가 위 내용을 포함하고 있을 가능성이다. 이루다는 스캐터랩이라는 스타트업이 2016년 출시한 '연애의 과학' 앱 이용자가 나눈 대화 데이터 약 100억 건을 머신러닝 기법으로 학습시켜 탄생했다. 이 앱은 실제 연인이나 호감 가는 이용자들과의 카톡 대화를 입력한 후 2천 원에서 5천 원을 결제하면 대화 패턴을 분석해 애정도 수치를 보여 주는 앱이다. 결국 실제 연인들의 대화 데이터 안에 사회적 논란이 있는 부분이 들어 있고 이를 이루다가 체화했을 가능성이다. 다음으로 개발자가 데이터를 가공하거나 알고리듬을 기획하면서 이루다의 캐릭터를 이런 방향으로 의식적으로 의도했거나 무의식적으로 용인했을 가능성이다.

이 사건에 따른 책임은 누구에게 귀속될까. 먼저 빅 데이터 분석을 기반으로 이루다가 반사적, 기계적으로 내놓은 반응은 20대 여성 대학생 상에 대한 사회적 맥락과 인식을 반영한 것이어서 특정인을 탓하기 어렵다. 다시 말해 이루다가 인간으로부터 혐오적, 차별적 내용의 대화를 배웠기 때문에 그 책임은 그런 사고방식을 가지고 그런 대화를 한 우리 인간에게 있다는 것이다. 다만, 개발자에 대한 비난가능성은 있다. 보다 많은 데이터를 확보하지 않았고 데이터를 선별, 정제하는 작업도 게을리한 것 아니냐는 것이다. 개발사 측은 6개월간의 베타 테스트를 통해 특정 집단을 비하하는 호칭이나 혐오 표현의 경우 발견 즉시 별도의 필터링을 진행했다고 밝혔으나, 결과적으로 노력이 미흡했다고 봐야 할 것이다.

그럼 개발자에게 법적 책임을 묻는 것은 가능할까. 만약 개발자에게 AI가 소수자 차별, 혐오 발언을 할 수 없도록 알고리듬을 설계할 법적 의무가 있는 경우에는 이 의무 위반으로 제재가 가능할 수 있다. 그러나 국가나 공공기관이라면 몰라도 민간에게 이런 법적 의무는 없다. 형법상의 모욕죄의 경우 개발자의 고의가 인정되기 어렵고 모욕 대상이 특정되지 않아 범죄 성립이 어렵다. 개인정보 침해와 관련해서는 개인정보 수집 시 목적 등에 대한 고지가 미비하거나 불충분하여 동의 없는 개인정보 수집이나 제3자 제공에 해당할 가능성이 있는 것으로 보인다. 따라서 개인정보 침해와 관련해서는 개발자의 법적 책임을 논의할 수 있을 것이다.

이번 이슈의 해결책으로 많이 이야기되는 것이 AI 윤리의 강화다. 그동안 국내외적으로 수없이 많은 AI 윤리기준이 발표되었다. 그 내용은 대동소이하다. 각국이 발표한 윤리기준 중에서 가장 많이 나타나는 원칙은 책임성(accountability)이고 다음으로 많이 언급되는 기준이 인간의 존엄성 또는 인간 중심의 가치, 공정성, 안전과 외부로부터의 보안 그리고 AI에 대한 신뢰이다. 다음으로는 투명성, 설명가능성, 프라이버시 보호, 인간의 자율성 혹은 통제가능성이 제시되고 있다.

한국도 최근 공공성, 공정성, 다양성, 책임성, 안전성, 투명성, 프라이버시 보호 등을 국가 AI 윤리기준으로 발표했다. 어느 하나 소중하지 않은 가치가 없다. 다만, 과연 이를 모두 만족하는 AI라는 것이 현실적으로 가능할까. 현실의 인간, 현실의 기업이 감당할 수 없는 AI 알고리듬 기준을 강요하는 것은 아닐까. 예컨대, 공공성이 민간 분야에도 필요한 것인지, 투명성이 민간과 공공 분야와 같은 비중으로 고려될 수 있는 것인지 의문이다.

이런 포괄적, 추상적 원칙에 이어 AI 개발자, 제작자, 운영자, 사용자 각각에 상황에 맞는 구체적인 행동규범(code of conduct)이 필요하다. 더 나아가 산업별, 분야별 지침을 구체화하는 것도 필요하다. 예를 들어 AI가 무엇이 공정한 것인지에 대해 학습을 한다고 해 보자. 공정하다는 결정은 누가 최종적으로 할 수 있는가. 구체적인 상황과 맥락에서 해당 판단이 누군가에게는 이득이 되고 다른 누군가에게는 불이익이 된다면 AI는 어떤 선택을 해야 공정한 것인가 하는 등의 문제는 원칙 기준만으로는 답하기 어렵다.

한편 강한 인공지능의 도입 등 향후 AI로 인한 위험이 현실화되는 시점에서는 AI 개발 등의 과정에서 반드시 준수가 필요한 사안에 대해서는 법적 규제를 도입하는 것이 필요할 것이다. 인간의 통제를 벗어나 자율적 행위가 가능한 강한 인공지능은 인류에게 재앙이 될 수 있기 때문이다. 한편 이번 사건에서 일부 사용자들이 이루다를 성적 도구화하고 성희롱을 하면서 가상의 AI를 인간으로 대상화하는 문제가 나타났다. 사용자들에 대한 AI 리터러시 교육의 중요성을 일깨워 주었다고 할 수 있다.

인터넷이 처음 등장할 때도 그렇고 AI가 도입되는 초기에 중요한 원칙은 새로운 기술에 의한 혁신과 이로 인한 사회적 효용을 과도하고 성급한 공적 규제로 막지 말아야 한다는 것이다. 또한 현재의 AI는 현재의 우리 모습과 닮았다. AI를 개선할 필요가 있다고 생각하면 우리 모습을 개선해야 한다. 이번 이루다 논란을 계기로 우리 사회를 다시 돌아보고 건강하고 활기찬 사회를 만들기 위해 무엇이 필요한지 고민해야 할 것이다.

다만, 우리 사회의 개선 방향에 대한 합의가 힘든 것처럼 모두가 공감하는 인간과 소통하는 선한 영향력을 지닌 AI 상에 대한 합의도 쉽지 않은 일이다. AI 윤리, AI 행동규범, AI 법, AI 리터러시에 대한 학계, 업계, 정부가 공동 연구를 시작으로 사회구성원 모두가 납득하고 공유할 수 있는 구체적인 AI 규범 제정을 위한 충분한 토론과 합의가 진행되기 바란다.

위기의 'AI 데이터 마이닝'

인공지능(AI)의 임무는 데이터로부터 가치 있는 정보를 찾아내어 이를 인간이 활용하도록 하는 것이다. 다시 말해 AI는 빅 데이터를 학습, 분석해서 일정한 패턴을 찾아내고 그 패턴에 따라서 결과를 예측하는 일을 한다. 예컨대, 로보어드바이저(roboadvisor)는 투자자의 투자 성향 데이터를 토대로 알고리듬을 활용해 개인의 자산 운용을 자문하고 관리해 주는 맞춤형 서비스를 제공한다. 이처럼 데이터 속에 숨겨져 있는 유용한 상관관계를 발견하여 가치 있는 정보를 추출하고, 이를 토대로 새로운 부가가치를 창출하는 일련의 과정을 텍스트 및 데이터 마이닝(TDM, Text and Data Mining)이라고 한다.

그런데 AI 등 컴퓨터가 TDM을 수행하는 과정에서 필연적으로 데이터를 이용하게 되는데, 데이터 중에 저작물이나 개인정보가 있다면 원칙적으로 저작권자의 이용허락을 받거나 정보 주체의 동의를 받아야 한다. 인터넷에 공개된 정보를 수집하는 경우에도 비슷하다. 타인의 저작물은 누구나 자유롭게 사용할 수 있는 정보가 아닌 한, 권리자의 이용허락을 받지 않고 이용할 경우에는 저작권 침해가 된다. 또한 AI 로봇이 인터넷상 성명과 함께 이미 공개되어 있는 사진이나 동영상 등 개인정보를 수집하는 경우, 정보 주체의 동의 없이 그러한 개인정보를 수집하는 것이 적법한지 여부는 논란이 있다.

그러나 AI의 데이터 마이닝 과정에서 권리자나 정보 주체의 허락이나 동의라는 법적 요건을 모두 갖추라는 것은 사실상 TDM을 금지하는 것과 다르지 않다. 이에 따라 빅 데이터, AI 기술과 산업발전에 장애가 되는 이런 법제도에 대한 개선요구가 높아지고 있다.

먼저 저작권 이슈다. 정부는 〈저작권법〉을 개정하여 컴퓨터를 이용하여 대량의 정보를 자동화 분석하는 경우, 분석대상에 저작물 등이 표현되어 있더라도 저작물의 표현을 향유하지 않는 경우에는 필요한 한도 안에서 복제, 전송할 수 있도록 허용하는 방안을 마련하였다. 당초 "학술적 연구 등을 위한 목적"의 분석에 한정해서 복제 및 전송을 허용하는 TDM 면책 규정을 마련하였는데, 산업계의 비판을 받아들여 영리적 목적의 TDM까지 허용하도록 수정하였다. 〈데이터기본법〉 제정안에는 컴퓨터로 저작물 등을 포함한 대량의 정보를 처리하는 과정에서 발생하는 저작물 등의 복제·전송·개작 등의 행위를, 데이터 등이 인간이 감상하거나 향수하려는 저작물의 목적이 아닌 한, 저작권 침해를 면책하도록 했다.

양자 모두 영리 목적을 포함하고 있는 점, 분석은 면책을 하지만 분석 결과에 대해서는 면책을 하지 않는 점, 분석이라고 하나 실제로는 타인 저작물을 즐기거나 향수하는 행위에 해당된다면 면책이 되지 않도록 한 점은 동일하다. 다만, 면책이 되는 권리 범위에 복제, 전송 외에 개작이 포함되는지가 차이가 난다. 개작은 저작물의 전부 또는 상당 부분을 활용하여 새로운 형태의 저작물을 만드는 것으로 정보분석에 따라 예상되는 다양한 활동을 포함하는 의미에서 이를 포함하는 것도 검토할 만하다.

다음은 개인정보 이슈다. 〈데이터기본법〉은 AI 데이터 마이닝의 대상이 개인정보인 경우에는 정보 주체의 동의를 받아야 하지만, 개인정보처리자의 정당한 이익을 달성하기 위하여 필요한 경우로서 명백하게 정보 주체의 권리보다 우선하는 경우, 법령에 따라 공시되거나 공개된 데이터, 출판물이나 방송매체 또는 공공기관의 인터넷 홈페이지 등의 매체를 통하여 공시 또는 공개된 정보, 정보 주체가 스스로 사회관계망서비스 등에 직접 또는 제3자를 통하여 공개한 데이터의 경우에는 동의 없이 이용할 수 있도록 했다. 이 조항은 〈신용정보법〉상 신용정보회사 등이 개인신용정보를 수집하는 때에는 해당 신용정보 주체의 동의를 받도록 하되 일정한 예외를 둔 조항의 내용과 거의 동일하다.

그동안 공개된 정보의 이용에 대해서는 〈개인정보보호법〉 상 명문의 법규정이 없어 혼란이 있었으나, 2016년 로앤비 사건에서 대법원이 "이미 공개된 개인정보를 정보 주체의 동의가 있었다고 객관적으로 인정되는 범위 내에서 수집·이용·제공 등 처리를 할 때에는 정보주체의 별도의 동의는 불필요하다"고 판시함으로써 기준이 제시되었고 이후 2020년 8월부터 시행된 〈신용정보법〉은 같은 취지로 조문을 입법화하기에 이르렀다.

이러한 판례나 법령을 따를 때 AI의 데이터 마이닝 과정에서 공개된 개인정보의 수집, 이용은 동의 없이 가능하다고 할 수 있으나, 비금융 분야에도 이를 입법화하여 명확화하는 것이 타당한 방향으로 보인다. 다만, 이에 대해 정보 주체의 동의 없이도 광범위한 정보분석을 가능하게 함으로써 〈개인정보보호법〉상의 최소수집, 목적제한 원칙 등을 회피하는 수단으로 악용될 우려가 있으며, 특히 SNS에 공개된 민감정보도 분석 대상이 됨으로써, 프라이버시권을 침해할 수 있다고 비판하는 견해가 있다.

이런 비판은 AI가 가지는 기술적 특성과 개인정보 보호 법제와의 긴장관계를 상징적으로 보여 준다. AI는 가급적 대량의 정보를 수집, 분석해야만 타당한 결과를 도출한다는 점, AI 활용 빅 데이터 분석이란 틀리면 수정하기를 반복하는 실험의 성격을 가지고 있으며 또 데이터의 용도를 계속 새롭게 찾아내는 성향이 있다는 점, AI의 분석결과에 대한 설명이 어려운 블랙박스 문제(black box problem)를 포함하고 있는 점에서 근본적으로 개인정보 보호 법제와의 갈등이 필연적일 수밖에 없다.

그러나 AI 기술과 산업으로 인해 얻는 편익을 생각하면 개인정보 보호라는 가치와의 이익형량이 필요하다. 그런 면에서 공개된 개인정보에 대해서는 AI 분석에 따른 면책을 허용하는 타당하다고 할 것이다. 정보 주체는 이미 〈개인정보보호법〉 제20조에 따라 원하면 개인정보의 수집 출처, 개인정보의 처리 목적, 개인정보 처리의 정지를 요구할 권리가 있다는 사실을 통지받게 되어 있기 때문에 사후에 개인정보자기통제권이 보장되어 있다는 점도 고려할 필요가 있다.

AI 기술 역시 다른 기술처럼 인류에게 양날의 칼이 될 수 있다. 다만, AI 기술은 인간의 정신노동을 대체할 수 있다는 점에서 가공할 만한 파괴적 혁신성과 우리 사회 모든 분야에서 사용된다는 광범위한 범용성을 지니고 있다. 이에 AI의 기능과 효용에 결정적 장애가 되는 규제에 대해서는 최소한의 예외를 허용함으로써 AI가 인간의 생활을 편리하게 하고 풍부하게 해 주는 도구의 역할을 할 수 있도록 할 필요가 있다.

AI 기반 행정은 얼마나 유용할까

사회 전 분야로 확대되고 있는 인공지능(AI)은 행정에도 예외가 아니다. 2019년 2월 인공지능 국가전략을 마련한 정부는 디지털 정부 혁신을 위하여 국민 체감도가 높은 공공서비스부터 AI를 선도적으로 활용하기로 했다. 예컨대 문화누리카드 사용처 예측·추천, 해외 선행 특허 정보의 선제적 제공, 미세먼지 예측 및 지하수 오염 감지 등에 AI를 도입하기로 했다. 이처럼 AI를 활용한 행정은 정책의 입안과 결정 단계에서 효율성과 합리성을 제고할 것으로 예상된다. AI는 방대한 데이터 기반으로 다양한 정보를 연계·분석함으로써 인간이 가지는 인지능력의 한계를 뛰어넘어 정책 결정의 과학화를 도모함은 물론 사실기반 정책으로서 정밀 행정을 가능하게 할 것으로 기대된다.

이와 관련 2021년 2월 26일 국회 본회의를 통과해 3월 공포·시행 예정인 〈행정기본법〉 제정안 제20조는 행정청은 법령으로 정하는 바에 따라 "완전히 자동화된 시스템"으로 처분을 할 수 있다고 규정하고 있다. 자동화된 시스템에는 "AI 기술을 적용한 시스템"이 포함된다고 명시해 AI가 행정처분을 할 여지를 열어두고 있다. 다만 처분에 재량이 있는 경우에는 제외된다고 규정했다. 카메라를 통한 과속 단속이나 컴퓨터 추첨을 통한 학교 배정 등은 단순한 완전 자동화된 처분으로 볼 수 있고, 교통신호, 시험 채점, 세금 결정 등은 AI를 활용한 완전 자동화된 처분으로 볼 수 있다. 후자는 특별한 상황을 고려할 여지가 적은 경우로서, 결국 인간의 재량적 판단이 개입할 여지가 없이 일정한 알고리듬에 따라 행하는 자동적인 행정처분이다. 본 조항은 독일 〈연방행정절차법〉 제35조a의 '완전자동화된 행정행위(Vollständig automatisierter Erlass eines Verwaltungsaktes)' 조항과 유사하다. 이에 따르면 행정행위는 법령에 의해 허용되고, 재량과 판단 여지가 존재하지 않는다면, 완전자동화된 설비를 통하여 발령될 수 있다고 규정하고 있다.

이런 AI에 의한 행정처분 도입에 일부 시민단체는 반대 의견을 분명히 하고 있다. 행정처분은 효율성을 중요하게 생각하는 민간 분야와 달리 책임성과 공공성이 본질적 요소이며, 시민의 기본권에 직접 영향을 미치기 때문에 공무원(사람)의 개입, 안전장치, 명확한 규정이 필수적이라고 강조했다. 또한 AI 알고리듬에 의한 자동결정은 복잡한 구조적 특성 때문에 결과 예측은 물론 결과 설명도 어려우며, 따라서 AI 알고리듬의 안전성과 적법성이 확보되지 않은 상태에서 AI의 결정을 도입하는 것은 위법한 AI 처분에 대한 구제, 처분의 사전 통지나 이의권 등의 행사 곤란 등 적법절차 원칙을 침해할 수 있다는 입장이다.

사실 이런 논란은 AI 기술이 가지는 특성으로 인한 논란의 연장선에 있는 것이어서 특별한 것은 아니다. 다만, 행정작용이 공공성, 공익성을 지향하고 투명성, 신뢰성, 법치주의라는 공공적 가치를 추구해야 한다는 것 때문에 생기는 추가적인 문제로 볼 수 있다.

특히 중요한 것이 법치주의의 요청이다. 법치주의는 법을 통해서 행정의 활동을 사전에 예측 가능하게 하는 것은 물론 사후에 통제 가능하게 만드는 것이다. 즉, 행정이 법률에 구속되어야 한다는 것인데, 이는 개개의 행정결정에 대해서 직접적으로 책임을 질 것을 필요로 한다. 그런데 AI 알고리듬의 특성상 행정에 대한 예측가능성은 제한될 수밖에 없다. 행정처분을 함에 있어 〈행정절차법〉상 처분기준을 사전에 공표하도록 하는 규정, 사전통지 규정, 처분의 이유제시 규정은 AI 기반 완전자동화 행정에 적용되기 어렵다. 또한 AI 기반 완전자동화 행정은 인간의 의사 작용이 사실상 배제되어 있다는 점에서 법적 책임을 묻는 것도 어렵다. 결국 행정에 AI의 활용은 법치주의 요청과 충돌한다. 법치주의 요청을 강조하면 AI의 행정에의 활용을 방해하게 되고 AI의 효율성과 합리성을 강조하면 법치주의가 형해화되는 딜레마에 빠지게 된다.

결국 행정 문제가 객관적인 사실이나 근거에 기반하여 결정할 수 있는 경우에는 데이터를 기반으로 AI가 행정에 활용될 수 있을 것이나, 행정 문제가 많은 이해관계자들의 주장이 복잡하게 얽혀 있는 경우에는 절차적 민주성과 정치적 합의성을 결여한 AI가 데이터만으로 결정을 하는 것은 위험할 수 있다. 따라서 현재로서는 행정에 AI를 활용함에 있어서는 행정의 효율성은 높이면서 AI 도입으로 인한 문제점을 보완하는 것이 필요하다.

따라서 우선 단순·반복적인 업무, 조건과 기준이 명확한 업무에 우선적으로 AI를 도입하는 유형별, 단계적 접근이 필요하다고 할 것이다. 이런 점에서 〈행정기본법〉 제정안이 개별적인 법률에 근거를 마련한 후 기속행위에 대해서만 AI 기반 완전자동화 행정을 도입하는 방향은 타당한 것으로 보인다. 물론 기존의 행정절차, 행정소송, 국가배상 등 행정의 적법성, 적정성을 보장하기 위한 절차들을 AI 기반 완전자동화 행정에 어떻게 구현할 것인지에 대한 구체적인 논의가 필요하다. 다만, 보다 중요한 것은 행정에 활용되는 알고리듬을 어떻게 하면 헌법적 가치가 충분히 반영되고 법규의 취지에 따라 설계할 것인지에 대한 논의라고 할 것이다. 알고리듬 설계과정을 투명하고 이해가능한 방법으로 공개하여야 하고 이해관계자, 전문가의 참여를 허용하여야 할 것이다.

결론적으로 행정의 책임성, 공공성을 충분히 실현할 수 있도록 행정 AI는 내용적 정당성과 절차적 정당성을 확보해야 할 것이다. 이런 경우에만 행정 AI는 효율성, 합리성, 객관성 등의 특성을 통해 인간의 의사결정을 보완하는 보조자로서 역할을 충실히 수행하게 될 것이다.

또 앞서가는 EU의 〈AI 규제법안〉

유럽에 위치한 27개의 회원국 간의 정치 및 경제 통합체로서 초국가기구인 유럽연합(European Union)이 또 앞서가는 규제법안을 제안하였다. 2021년 4월 21일 행정부에 해당하는 유럽연합 집행위원회(EU commission)는 〈AI 규제법안(Artificial Intelligence Act)〉을 발표하였다. 이미 이전에도 2018년 5월 세계 최초의 〈일반개인정보보호법(General Data Protection Regulation)〉을 시행하였고 2020년 7월 12일에는 EU의 정책결정기구인 이사회(European Council)와 입법부인 EU 의회(European Parliament)는 집행위원회의 입법 권고를 수용하여(2019.3) 〈온라인 플랫폼 시장의 공정성 및 투명성 강화를 위한 2019년 EU 이사회 규칙〉을 제정, 시행하였다.

4차산업혁명을 이끌어가는 3대 키워드인 데이터, 플랫폼, AI 모두에 대해 규제법을 도입하거나 도입을 제안하고 있는 것이다. 가히 EU 주도의 디지털 규제 입법 열풍이라도 해도 과언이 아니다. 〈AI 규제법안〉의 내용을 살펴보면 다음과 같다.

우선 제안 이유는 EU의 인공지능 분야 기술 리더십을 유지하고 유럽 시민들이 유럽 연합의 가치와 기본권 및 원칙에 따라 개발되고 기능하는 새로운 인공지능 기술을 유익하게 활용할 수 있도록 하는 것이다. 또한 AI를 위한 규칙은 인간 중심적인 관점에서 기술이 기본권을 포함한 법률에 따라 안전하게 사용되고 있다는 확신을 주어야 한다고 선언하고 있다. 한편 AI에 대한 투자와 혁신 지원을 위해 법적 불확실성을 제거하는 것도 법안의 목표로 제시하고 있다.

AI 시스템의 개념을 머신러닝, 논리·지식기반 접근법, 통계적 접근법 등을 활용해 개발되고, 인간이 정의한 목적을 위해, 상호작용하는 주변 환경에 영향을 미치는 콘텐츠, 예측, 추천, 의사결정 등의 결과물을 생성할 수 있는 소프트웨어로 정의하고 있다.

규제안은 금지되는(Unacceptable) AI, 고위험(High risk) AI, 저위험(Low or minimal risk) AI로 3분류하고 각각의 유형과 의무를 규정하고 있다. AI가 기본권과 안전에 초래하는 위험에 따라 규제를 달리하고 있는 것이다.

첫째, 금지되는 AI는 다음 4가지이다. 1) 잠재의식에 영향을 미치는 기술을 통해 사람들의 행동을 왜곡하거나 조작하는 경우, 2) 연령, 신체적 또는 정신적 장애 등에 기반한 특정한 집단의 취약성을 이용하는 경우, 3) 공공기관이 AI 기반 사회적 점수화(social scoring)를 통해 자연인의 신뢰도를 평가 및 분류하는 경우, 4) 법 집행을 위한 목적으로 공개적으로 접근 가능한 공간에서 실시간 원격 생체 인식 시스템을 사용하는 경우. 단, 압수수색, 급박한 위험 방지 등 일부 상황에서는 예외적으로 허용된다.

둘째, 고위험 AI는 자연인의 건강, 안전, 기본권에 고위험을 야기할 수 있는 경우로 크게 보면 제품의 안전요소로서 사용되어 사전에 제3자 적합성 평가가 요구되는 AI 시스템과 생체 인식 및 분류, 교육, 고용, 법집행 등 기본권에 영향을 미칠 수 있는 환경에서 독자적으로 활용되는 AI 시스템이다. 고위험 AI에 대해서는 데이터 및 데이터 거버넌스, 문서 및 기록 유지, 투명성 및 사용자에 대한 정보 제공, 인간에 의한 감독, 견고성, 정확성, 보안 등의 의무가 요구된다. 부속서에 따르면 1) 자연인의 생체 인식 및 분류, 2) 중요 인프라의 관리 및 운영, 3) 교육 및 직업훈련, 4) 고용, 근로자 관리 및 자영업에 대한 접근, 5) 필수적인 민간 서비스, 공공 서비스 및 혜택에 대한 접근 및 향유, 6) 법 집행, 7) 이주, 망명 및 국경 통제 관리, 8) 사법행정 및 민주적 절차 등 8가지가 고위험 AI로 규정되어 있다.

셋째, 저위험 AI는 의무는 없으나 자발적 준수를 위한 행동강령의 수립이 권고된다. 다만, 챗봇처럼 자연인이 AI 시스템과 상호 작용하는 경우와 자연인이 감정 인식 또는 생체 인식 분류 시스템에 노출되는 경우 이를 당사자에게 고지해야 한다. 또한 AI 시스템을 사용하여 기존의 사람, 장소 또는 사건과 현저히 유사하고 마치 진본처럼 보이는 이미지, 오디오 또는 비디오 콘텐츠를 생성하거나 조작하는 사용자는 인공지능 아웃풋에 적절한 라벨을 표시하고 그 인공적 기원을 밝힘으로써 해당 콘텐츠가 인공적으로 생성 또는 조작되었음을 공개해야 한다.

EU의 〈AI 규제법안〉은 다음 몇 가지 점에서 의의를 가지는 것으로 평가될 수 있다. 첫째, AI 이슈를 윤리가 아닌 법규제 차원에서 본격적으로 다루고 있다는 것이다. 물론 이미 GDPR에서 정보주체는 프로파일링 등 본인에 관한 법적 효력을 초래하거나 이와 유사하게 본인에게 중대한 영향을 미치는 자동화된 처리에만 의존하는 결정의 적용을 받지 않을 권리를 가진다고 규정하여 AI에 의한 의사결정에 대한 법적 제한을 가하고 있으나, 본격적인 AI 규제법은 최초라고 할 수 있다. AI 알고리듬의 공정성, 투명성, 책임성 등을 확보하기 위해 윤리규범만으로는 실효성 있는 AI의 위험 통제가 어렵다고 본 것이다.

둘째, 위험기반 접근(Risk based approach)을 하고 있는 것이다. AI의 사용 목적, 사용 정도, 건강·안전·기본권에 미치는 영향, 피해의 강도 및 범위 등을 고려하여 AI의 위험 수준에 비례하는 위험 통제를 하고 있다. 위험이 작은 경우 AI 혁신을 지원하고 고위험으로 갈수록 규제를 강화하는 방법인 위험기반 접근이 미리 정해둔 상세한 규칙에 따라 인간의 행위를 통제하는 규정기반접근(rule based approach)에 비해 신기술 규제를 위한 적절한 대응이라고 할 수 있다. 셋째, 미국 컬럼비아 로스쿨의 브래드퍼드(Bradford) 교수는 〈AI 규제법안〉이 이미 확보한 엄청난 개인정보를 바탕으로 개인의 권리, 시민의 자유를 침해하는 방식으로 AI 개발을 주도하고 있는 미국, 중국 기업들을 견제하기 위한 움직임이라고 평가하고 있다. 즉, EU의 AI 기술 주도권 확보를 위해 GDPR에 이어 AI 규제법을 통해 글로벌 IT기업의 공세에 대응하고 있는 것이다.

법 제정까지는 앞으로 약 2년 이상의 시간이 걸릴 것으로 전망된다. EU의 입법 동향을 면밀히 모니터링하면서 우리의 경우에도 AI 규제법 관련 논의를 시작할 필요가 있다. 다만, 어떤 경우에도 AI 기술에 대한 구체적인 위험이 확인되지 않는 상황에서 섣부른 규제의 도입은 지양되어야 한다. AI 기술혁신으로 인한 더 큰 사회적 편익을 포기하는 우를 범하지 말아야 하기 때문이다.

또한 언제부터인가 한국에서는 데이터, 플랫폼 분야의 규제 도입에 있어 EU가 모범사례가 되고 있다. 혹자는 EU의 광범위한 규제법안 제안은 초국가기구인 EU의 존재의의를 회원국에 과시하려는 목적이 있는 것이 아닌가 하는 의심을 하기도 한다. EU는 기술혁신이 산업의 성장, 일자리 증가 등으로 이어지는 현실적인 문제에 대해서는 관심이 부족해 보인다. EU 규제안을 모범사례로 하기보다는 미국 등 글로벌 규제 동향도 두루 참고하여 한국의 상황에 필요한 독자적인 규제 체계를 구축하려는 노력을 게을리해서는 안 될 것이다.

인공지능 알고리듬 규제 논리의 정당성

언제부터인가 인터넷 플랫폼은 우리가 좋아할 만한 뉴스, 영화는 물론 쇼핑할 물건까지 추천하고 있는데, 이를 가능하게 하는 것이 인공지능 알고리듬(algorithm)이다. 이는 사전에 잘 정의되어 요구받은 계산 값을 내놓도록 구조화된 계산 절차로 어떤 문제를 해결하기 위한 절차, 방법, 명령어들의 집합이다. 쉽게 말해 사용자가 원하는 결과값을 찾아주는 과정의 순서도이다. 결국 알고리듬의 본질은 조직의 의사결정을 위한 판단 메커니즘인 것이다.

기업이 자신의 상품, 서비스에 대해 어떤 의사결정을 할지는 원칙적으로 해당 기업의 자율에 따른다. 그런데 최근 정치권과 정부에서는 알고리듬의 공개 및 검증을 의무화하는 법안을 발의하고 있다. 포털의 뉴스 추천 알고리듬에 대한 정치권의 의심에서 시작해서 이제는 거래 중개 서비스의 검색·노출 기준 공개, 정보통신서비스제공자의 알고리듬 정부 제출, 인터넷뉴스서비스사업자의 기사 배열 기본방침 및 구체적 기준 등의 공개로 확대되고 있다.

이런 입법이 필요한 이유는 알고리듬의 공정성, 투명성 확보이다. 공정성이란 알고리듬이 특정 집단 등을 차별하거나 편향된 결정을 하고 있다는 의심을 근거로 한다. 편향성은 알고리듬의 설계자, 운영자의 편향이 알고리듬에 반영돼 편향된 추천 결과를 보여 줄 가능성,

외압 등에 의해 운영자가 임의로 추천 결과를 조작할 가능성 등 의도적인 편향과 학습 데이터에 포함된 편향된 패턴을 그대로 반영하는 비의도적인 편향으로 구분할 수 있다.

기업에 있어 알고리듬은 이용자에게 만족스러운 서비스를 제공하기 위한 최적화 도구이므로 알고리듬을 편향되게 설계해 이용자의 만족도를 떨어뜨릴 유인이 없다. 만약 비의도적인 편향을 시정하기 위해 어떤 특수한 목적을 반영하는 경우 이는 또 다른 불공정 시비를 낳을 수도 있다. 게다가 사회구성원 모두가 합의할 수 있는 공정성 기준을 제시하는 것은 매우 어렵고, 또한 알고리듬 설계에는 인간의 주관이 개입할 수 밖에 없어 애초에 공정성, 객관성과 조화되기도 쉽지 않다. 그나마 용이하게 실행 가능한 것은 기업이 이용자 또는 파트너들에게 알고리듬의 작동 원리에 대해 충분히 설명하도록 하는 것이다.

다음 투명성의 요청이다, 본래 투명성은 정부, 공공기관 등 공적 임무를 수행하는 주체에게 강하게 요구된다. 공공부문은 민간의 위임에 따라 권력을 행사하기 때문에 정보의 공개, 시민의 행정 참여를 통해 국민주권을 실현하고 행정의 부패를 방지할 필요가 있기 때문이다. 플랫폼은 민간기업이지만 영향력이 증가하면서 공공부문과 유사하게 이용자에 의한 통제 필요성이 높아진 것이 투명성 법제화 요구로 이어지고 있다.

다만, 기업 알고리듬은 대부분 영업비밀에 해당한다. 따라서 이를 공개하는 것은 영업비밀을 법적으로 보호함으로써 기업의 연구·개발 활동을 촉진하는 것을 목적으로 하는 영업비밀 보호제도와 충돌한다. 또한 알고리듬은 수시로 변경되기 때문에 특정한 시점의 알고리듬을 공개하거나 검증하는 것의 실효성도 의문이다.

결론적으로 막대한 영향력을 가진 플랫폼의 AI 알고리듬에 대해 외부 통제가 필요하다는 점은 인정된다고 할 수 있다. 다만, 방법론으로서 정부의 사전적 법적 규제가 필요한 것인지, 설명 가능성 확보, 이의제기 등 사후적 법적 규제로도 충분한 것인지, 자율규제로도 가능한 것인지는 규제의 실행 가능성, 국내 테크기업의 경쟁력 등을 고려하여 신중하게 결정돼야 할 것이다.

AI도 권리주체가 될 수 있을까

A씨는 자신이 키우던 반려견 두 마리를 B협회에 위탁하고 위탁료를 납부하였으나, B협회 측에서 위 반려견 두 마리를 다른 유기견으로 오인하고 안락사를 시켰다. 이를 알게 된 A씨는 B협회를 대상으로 자신의 정신적 고통에 대한 위자료를 청구하였고, 나아가 반려견 두 마리가 안락사를 당하였을 때 느꼈을 정신적 고통에 대한 위자료를 청구하면서 해당 위자료를 자신이 상속하였다고 주장했다. 이 사안에서 쟁점은 동물인 반려견이 위자료청구권이라는 권리의 주체가 될 수 있느냐 하는 것이었다.

이에 대해 대법원(2013. 4. 25. 선고 2012다118594 판결)은 "동물의 생명보호, 안전 보장 및 복지 증진을 꾀하고 동물의 생명 존중 등 국민의 정서를 함양하는 데에 이바지함을 목적으로 한 동물보호법의 입법 취지나 그 규정 내용 등을 고려하더라도 민법이나 그 밖의 법률에 동물에 대하여 권리능력을 인정하는 규정이 없고 이를 인정하는 관습법도 존재하지 아니하므로, 동물 자체가 위자료 청구권의 귀속주체가 된다고 할 수 없다. 그리고 이는 그 동물이 애완견 등 이른바 반려동물이라고 하더라도 달리 볼 수 없다"고 판결했다. 비록 애완견은 감정을 지니고 있고, 고통을 느낄 수 있으며 때로는 가족공동체 일원으로서 취급받고 있다고 하더라도, 애완견 역시 법적으로는 물건에 불과하므로 애완견의 고통에 대한 위자료 청구권의 주체가 될 수 없다고 판단했다. 현재로서는 동물은 물건에 해당한다는 판단이었다.

이와 관련 법무부는 2021년 7월 발표한 〈민법〉 일부 개정안에서 동물의 법적 지위를 신설했다. '동물은 물건이 아니다', '동물에 대해서는 법률에 특별한 규정이 있는 경우를 제외하고는 물건에 관한 규정을 준용한다'고 규정했다. 반려동물을 키우는 인구가 늘어나고 있고 이들이 이제는 인간과의 정서적 교감의 대상이 되는 시대 상황을 반영한 것이지만, 아직은 동물이 물건은 아니지만 물건으로 본다는 애매한 규정에 머물고 있다. 결론적으로 동물은 아직은 권리주체가 될 수 있는 자격, 즉 법인격(法人格)이 인정되지는 않는다.

민법상 법인격이 인정되는 것은 사람(人)과 법인(法人)뿐이다. 다만, 고대 노예에게는 법인격이 인정되지 않았으며, 외국에서는 동물과 같은 자연물뿐만 아니라 강(江)과 같은 환경, 즉 자연에도 사람과 유사한 법적 지위를 인정한 경우도 있다. 이처럼 법인격은 시대상을 반영하면서 법정책에 따라 달라질 수 있는 탄력적인 개념이라고 할 수 있다.

최근 동물의 법인격 논의와 유사한 이슈가 인공지능(AI), 로봇이 권리의무의 주체가 될 수 있는지 하는 것이다. 2018년 뉴욕의 크리스티 경매장에서는 오비어스라는 AI 화가가 그린 에드몽 드 벨라미의 초상이 432,500달러에 낙찰되는 등 이미 많은 분야에서 인공지능이 창작, 발명을 하고 있다. 그러나 기존의 〈저작권법〉, 〈특허법〉이 권리주체를 모두 인간으로 한정하고 있기 때문에 AI에게는 권리능력이 인정되지 않는다. 그렇다면 어떤 조건이 충족되는 경우 권리능력이 인정될 수 있을까.

첫째, 스스로 유효한 행위를 할 수 있는 의사능력과 행위능력이 있어야 한다. 사람은 스스로 자유롭게 행동하려는 욕구와 의지를 가지고 있으며 이에 따라 자율적인 사고와 행동을 한다. 이 점에서 보면 현재 수준의 AI는 제한된 범위 내에서 인간의 판단을 보조할 뿐 책임의 기초가 되는 인간의 자유의지나 합리성에는 이르지 못하고 있다.

둘째, 법인격 부여의 법정책적 필요성 내지 법적 편의가 있는지에 관한 것이다. 자연인이 아닌 단체에게 권리능력을 부여하는 법인(法人) 제도는 사회적 필요에 의해서 법정책적 결단으로 탄생한 것인데, AI에게도 이와 같은 이유로 법인격이 부여될 필요가 있을까. 근대에 이르러 회사·노동조합 등의 단체는 개인으로는 달성하지 못하는 사회적 기능을 담당하게 되었다. 단체는 다수의 개인에 의하여 구성되어 있으나, 사회적으로는 단일체로 행위하는 것으로 의식되고 있다. 여기에서 법적으로 그 단체 자체에 권리능력을 부여하여 단체 자체를 권리의무의 귀속처가 되게 함으로써 개별 구성원을 초월한 단체의 독립성·단일성을 보장한 것이 법인 제도이다. 현재로서는 AI가 단일체로서 사회적 기능을 수행하고 있다고 보기 어렵다.

셋째, 사회 현실이 AI를 인격체로 받아들이고 있는지 여부이다. 반려견과 유사하게 이미 AI나 로봇에게 감정이입을 하는 경우가 발생하고 있다. 예컨대, 미국 로봇 공학 기업인 보스턴 다이내믹스는 로봇의 견고함을 보여 줄 목적으로 로봇을 발로 차거나 막대기로 찌르는 동영상을 유튜브에 올렸는데, 일부에서는 이를 학대로 규정하면서 반대하기도 했다. 그러나 감정이입이 있다는 것만으로 인격을 부여하기에는 부족하다. 고대 로마나 중세 유럽에서는 신과 같은 초자연적 존재와의 공감대를 이유로 인격을 부여한 것과는 사정이 다르다고 볼 수 있다.

2017년 유럽의회는 AI에 '전자인(격)'이라는 법적 지위를 부여할 필요가 있다는 결의안을 통과시켰다. 그러나 전문가들은 AI에 의한 피해 발생은 기존 법규로 해결할 수 있으며, 오히려 AI에 법인격을 부여하는 것은 로봇 제조자가 책임을 회피하려는 의도라고 비판하였다. 결론적으로 아직은 AI에게 법인격을 부여하려는 시도는 타당성이 부족해 보인다. 다만, AI도 데이터를 활용하고 새로운 경험의 학습 등을 통하여 자신의 활동을 결정하고 나아가 인간과 같은 의식을 가질 수 있을 때, 즉 AI의 인간화가 진전되는 경우 AI에게 법인격을 부여하는 것이 가능할 수도 있을 것이다.

사람과 사람의 필요에 의해 만들어 낸 법인이라는 존재 외에 AI에게도 법인격을 부여하고 이들과 더불어 살아가는 것이 과연 인간의 존엄과 가치를 해치는 것은 아닌지, 아니면 피할 수 없는 인간의 운명인지, 어떻게 AI를 통제하면서 인간의 이익을 위해 활용할 수 있을 것인지 등의 물음에 답해야 할 시기가 오고 있다.

4

방송통신 산업의 혁신

방송과 통신은 각각 일대다의 일방적 정보 송신과 일대일의 정보 송수신이라는 기본적 개념 차이에서 출발하여 각각의 존재 이유와 제도의 발현 형태, 규제의 철학과 방법 등에 있어 뚜렷한 차별성을 내포하고 있다.

그러나, 네트워크, 단말기 등 기술의 발전을 동인으로 하여 두 제도가 점차 융합되는 현상이 나타나고 있다. 방송의 경우에도 시청자의 쌍방향적인 능동적인 참여가 강조되고 있고, 통신의 경우에도 인터넷에서 보는 바와 같이 다수대중에 대한 정보제공이라는 일방적 측면이 나타나고 있다.

방송제도는 공익성과 언론의 자유라는 측면이 강조되고, 특히 방송 내용의 공익성, 공정성 등을 보장하는 것을 핵심적 임무로 하고 있음에 반하여, 통신제도는 통신내용에 대한 중립성을 기초로 통신의 비밀을 보장하는 즉 사생활의 비밀에 초점이 있다.

다만, 양 제도 모두 대규모의 자본이 소요되는 설비산업의 성격 때문에 초기에는 공기업 형태의 독점산업으로 출발하였지만, 민영화와 시장의 경쟁 도입으로 인하여 최근에는 두 제도의 산업적 성격이 강조되고 있으며 이에 따라 공정경쟁 규제의 중요성이 부각되고 있다. 결국 방송통신 제도는 이념적으로 공익성 보장에서 산업성에 대한 배려를 강조하는 방향으로 변화하고 있으나 한편, 이러한 변화 속에서도 언론의 자유, 사생활 비밀 등 헌법상 기본권을 여하히 보호할 것이라는 과제를 안고 있다고 볼 수 있다.

방송은 전통적인 지상파, 케이블, 위성방송의 영향력이 퇴조하는 가운데 IPTV가 유료방송 시장의 대세로 자리 잡고 있다. 다만, 최근에는 넷플릭스를 비롯한 OTT가 미디어 시장의 주류로 성장하고 있다. 통신의 경우에는 세계 최초로 5G 시대가 시작되면서 ICT 기반산업의 역할을 하고 있지만 아직 커버리지, 품질 면에서 문제가 있어 소비자 불만의 대상이 되고 있다.

비록 방송통신 산업이 ICT 분야의 전통산업으로서 플랫폼, 데이터 산업과 달이 큰 주목을 받지 못하고 있는 것처럼 보이나 여전히 이들 신산업의 기간 인프라 산업으로서 역할은 매우 중요하다. 이런 점에서 “방송통신 산업의 혁신” 편에서는 방송 규제, 방송산업의 새로운 흐름, 통신규제, 5G 주파수 이슈, 번호 자원 등 방송통신 산업의 발전을 위한 다양한 이슈와 제언을 담고 있다.

탈통신, 탈방송 그리고 탈금융의 공통점

카카오톡이 얼마 전 소액 송금 서비스를 시작했다. 우리가 알고 있던 카카오톡은 문자를 주고받는 통신인데 이제 금융도 제공하고 있는 것이다. 케이블TV 방송사가 인터넷, 알뜰폰이라는 통신을 방송과 결합해 판매한 것은 이미 오래전 일이다. 창구에서 예금, 대출 업무를 하던 은행 등 금융권도 이제 인터넷, 모바일뱅킹 등 정보기술(IT) 기반 금융 서비스를 도입하고 있다. 이렇게 고유의 통신, 방송, 금융 영역을 벗어나 새로운 영역에서 수익을 얻고자 하는 노력이 바로 탈통신, 탈방송, 탈금융의 흐름이다.

탈통신부터 살펴보자. 전통적으로 통신사의 수입은 음성과 데이터에서 나왔지만 이제 무료 인터넷 전화와 SNS 서비스가 이를 대체하고 있다. 나아가 가계 통신비 인하 압력, 재판매 사업자의 경쟁 압력으로 유무선 통신사업의 성장이 정체되고 있다. 이에 통신사들은 내비게이션, 클라우드, 인터넷 전문은행, 인공지능 스피커로 탈통신을 실행하고 있다.

방송 역시 마찬가지다. 지상파, 케이블, 위성 등 전통적 미디어는 경제 침체에 따른 광고시장의 악화로 어려움을 겪고 있다. 20년이 넘은 케이블은 10년 역사를 가진 통신사들의 IPTV에 가입자를 추월당할 위기에 놓여 있다. 지상파는 여론 영향력에서 포털에 뒤처지는 것은 물론 광고 수익도 계속 줄어들어 케이블에 1위를 내주었다. 지상파는 푹(POOQ), 초고화질(UHD) TV, 케이블은 티빙(TVING)과 같은 신규 동영상 플랫폼을 출시하면서 경쟁에 뛰어들고 있다.

금융은 핀테크 열풍이다. 핀테크는 모바일, SNS, 빅 데이터 등 새로운 IT를 활용해 기존 금융 기법과 차별화된 금융 서비스를 제공하는 것이다. 핀테크는 단순히 금융사들이 IT 시스템을 활용하는 것을 넘어서고 있다. 오히려 IT 기업 같은 비금융 회사들이 더 주도적인 역할을 하고 있다. 이에 맞서 기존 금융권도 인터넷뱅킹, 모바일뱅킹 강화로 맞서고 있다.

이 세 가지 흐름의 공통점은 첫째, 플랫폼 주도권을 잡기 위한 경쟁이라는 점이다. 플랫폼은 프로그램을 생산하는 콘텐츠와 최종 소비자 간 유통을 담당하는데, 플랫폼 분야에서는 지상파, 케이블, 위성을 누르고 포털(구글, 네이버), OTT(유튜브, 넷플릭스), SNS(페이스북, 트위터), 메신저(카카오), IPTV 등이 주도권 다툼을 하고 있다. 플랫폼은 네트워크와 가입자를 기반으로 새로운 융합 서비스를 제공하면서 시장을 석권하고 있다.

둘째, 데이터가 가장 중요한 자산이라는 점이다. 향후 가장 가치 있는 자원은 석유가 아닌 데이터이고 데이터는 새로운 세계의 기축통화가 될 것이라는 얘기가 있다. 플랫폼이 이용자에 관한 데이터를 수집, 분석해 그들의 요구에 맞는 맞춤형 서비스를 제공하고 있다. 소비자가 콘텐츠를 찾는 것이 아니라 콘텐츠가 자신을 원하는 소비자를 찾아가는 시대가 온 것이다. 셋째, 정부의 강력한 규제 대상이 되는 산업군이라는 점이다. 방송, 통신은 공공성, 공익성, 금융은 건전성과 소비자 보호를 이유로 규제를 받고 있다. 이런 규제는 기존의 사업자에게는 보호막이 될 수는 있지만 신규 진입자에게는 장벽이 되고 결국 혁신을 가로막는다.

이 세 가지 흐름의 본질은 기술, 서비스의 융합이고 융합은 혁신을 지향한다. 기존 이해관계와의 단절, 조정을 통해 시장의 자발적인 혁신을 유도하고 칸막이식 수직 규제를 개혁해 융합을 활성화해야 한다. 예컨대 일본은 전력 재판매 시장을 개방해 통신사들이 전력과 통신을 결합한 상품을 출시하고 있다는 점을 참고할 필요가 있다.

각 주체는 고통이 수반되더라도 혁신을 수용하고 선도할 수 있어야 한다. 도소매 통신요금의 유지에 안주하려는 통신사, 콘텐츠 대가 협상에 매달리는 방송사, 비효율적 금융 서비스의 기득권을 지키려는 금융사 그리고 이해관계자의 반대 등을 이유로 혁신에 방해되는 규제를 두고 어중간한 중립을 지키는 정부가 돼서는 안 된다. 사실 엄밀히 말하면 탈통신은 통신을 탈출하는 것이 아니라 네트워크, 가입자, 노하우의 자원을 기반으로 한 단계 도약하는 것이다. 다만, 기존의 자원이 혁신을 거부하는 안전판이 되거나 신규 진입을 방해하는 장벽이 돼서는 안 된다.

방송 규제해서는 안 되는 이유와 필요한 이유

2015년 우리 국민들은 1인당 하루 평균 3시간 11분가량 TV 방송을 시청했다. 이 조사는 고정형 TV를 대상으로 한 것이니만큼 스마트폰, DMB 등을 포함하면 그 시간은 더욱 늘어날 것이다. 우리는 방송을 통해 뉴스를 접하며 세상 소식을 알게 되고 드라마·오락·스포츠 프로그램을 보면서 여가 시간을 보낸다. 또한 광우병 사태나 '응답하라' 시리즈와 같이 방송은 끊임없이 국민적 관심사와 화제를 만들어내고 정치·사회의 여론을 주도하는 등 이제 우리 생활에 밀착된 매체가 되고 있다.

그런데 방송은 원래 신문·출판과 같이 언론의 한 영역으로 보호돼 왔다. 즉 표현의 자유의 한 형태로서 방송의 자유가 인정된 것이다. 인간은 언어를 통해 상호 간에 의사를 교환하는 존재이고, 의사소통을 통해 사람 사이의 관계를 형성하는 존재이기 때문에 표현의 자유는 자아실현의 기본 도구가 된다. 또 이러한 상호 간의 의사소통은 민주사회에서 가장 중요한 여론을 형성하기 때문에 표현의 자유는 민주정치의 유지 발전에 필수불가결한 것이다.

따라서 방송의 자유를 제한하고 이를 규제하는 것은 민주정치 원리에 위배되는 것이 돼 원칙상 금지된다. 〈방송법〉도 제4조에서 방송 편성의 자유와 독립은 보장되며, 누구든지 방송 편성에 관해 이 법 또는 다른 법률에 의하지 아니하고는 어떠한 규제나 간섭도 할 수 없다고 규정해 방송의 자유와 방송에 대한 규제 불가 원칙을 선언하고 있다. 다른 한편으로 방송을 산업적 측면에서 보고 특히 방송 콘텐츠 산업에 대한 정부의 지원, 육성 정책의 필요성을 강조하는 견해도 방송 규제 완화론의 한 축이라고 할 수 있다.

그러나 방송의 경우에도 규제가 필요하다는 주장이 있는데 이것이 바로 방송의 공적 책임, 공공성에 관한 논의다. 국가 자원인 주파수의 희소성 탓에 국민으로부터 주파수 사용권을 위임받은 방송사만이 방송하는 것이기 때문에 방송은 공적 책무를 갖는다는 것과 방송의 실시간성과 광범위한 전파성으로 인한 엄청난 사회적 영향력 때문에 공적 규제가 필요하다는 것이 그것이다.

방송은 여론 형성에 기여할 뿐만 아니라 권력을 견제하는 기능을 수행하지만, 때로는 여론을 독과점해 다양한 의견을 외면하거나 저널리즘의 상업화로 무책임한 가십이나 스캔들 등을 보도함으로써 개인의 명예를 침해하는 등 부정적인 사례도 나타나고 있다. 이에 〈방송법〉도 방송사업에 대한 허가제 등 진입 및 소유 규제를 통해 방송의 다양성을 추구하고 있다. 제5조에서는 방송이 인간의 존엄과 가치 및 민주적 기본 질서를 존중해야 하며, 방송은 타인의 명예를 훼손하거나 권리를 침해해서는 안 된다고 규정하고 있다.

또 뉴미디어의 등장에 따른 다매체·다채널 상황이 도래하면서 케이블, IPTV 등 유료방송 플랫폼 간 갈등, 지상파 방송과 방송채널사용사업자 등 방송 콘텐츠 제공자와 케이블, IPTV 등 유료방송 플랫폼 간 갈등이 확대되고 있다. 방송 콘텐츠 제공자는 유료방송 플랫폼을 통해 자신들의 상품을 이용자에게 전달하고 유료방송 플랫폼은 방송 콘텐츠 제공자들의 상품을 최종 이용자에게 제공하며 이들로부터 수신료를 징수한다. 양 사업자는 방송 콘텐츠의 생산과 유통의 생태계를 구성하는데, 양자는 채널 편성, 콘텐츠 전송 및 이용료, 수신료 배분 등을 놓고 지속적인 갈등을 보이고 있다. 이러한 갈등으로 이용자의 시청권이 침해되거나 요금 인상 등 소비자 피해로 이어지는 경우 정부 규제가 필요해진다.

방송 자유 보장이나 규제 불가론의 근거는 국가 권력이나 대자본의 방송을 통한 여론 독점을 방지해 민주적 여론 형성과 민주주의 실현이 필요하다는 것이고, 방송 규제 불가피론은 방송의 사회적 영향력을 수단으로 한 방송사업자의 권한 남용과 사업자 간 과열 경쟁으로 인한 폐해를 방지해 국민 다수의 공익을 보호하자는 것이다.

어느 논리든 국민의 자유롭고 평등한 삶을 보장하고 민주적인 정치 체제를 유지하면서 경제적으로도 풍요를 누리자는 국가 공동체의 이상을 실현하기 위한 방법이라는 점에서 동일하다. 방송을 행하는 사업자든 방송을 규제하는 권력이든 최소한 이런 이념적 합의를 벗어나지 않는 선에서 행동하는 것이 필요하다. 방송의 자유와 독립이 최대한 보장돼야 하지만 방송의 공적 책무와 공공성, 공익성 역시 보장돼야 하는 것이다.

5G의 법정책적 쟁점

2018년 7월 1일 우리나라에 이동전화 서비스가 시작된 지 30주년이 되었다. SK텔레콤 전신인 한국이동통신이 1988년 7월 1일 아날로그 방식으로 이동전화 서비스를 국내에 처음 선보였다. 장년이 된 현재 국내 이동전화 가입자는 6,460만여 명에 달해 전체 인구수를 넘어선 지 8년이다. 1996년 세계 최초 CDMA 방식을 도입한 음성, 문자 위주의 2G, 2003년 고속인터넷과 영상통화 기능이 추가된 3G, 2011년 스마트폰 보급과 함께 초고속인터넷이 가능한 4G를 거치면서 이동통신은 통화뿐 아니라 뉴스, 뱅킹, 쇼핑 등 거의 모든 오프라인 세상을 담아내고 있다.

이제 2019년 3월이면 5G 시대가 열린다. 이동전화의 세대별 구분 기준은 속도와 주파수 대역폭이다. 5G로 올수록 속도가 빨라지고 대역폭도 넓어진다. 특히 5G는 초고속(Ultra bandwidth) 초연결(Hyper Connectivity) 초저지연(Ultra-low Latency) 통신을 제공한다. 지금보다 20배 빠른 인터넷과 모바일 환경을 제공하며 자율주행자동차의 제어와 같이 전송 지연이 없어야 하는 서비스를 위한 초저지연도 제공한다. 또한 5G 네트워크는 망분리(Network Slicing) 기술을 통해 단일망으로 다양한 산업·서비스별 요구사항에 부합하는 맞춤형 네트워크 환경을 제공할 수 있다. 다만 5G는 도달거리가 짧은 고대역 주파수를 활용함에 따라 막대한 기지국이 필요해 역사상 가장 큰 투자비가 소요될 것으로 예상된다.

이러한 기술적·경제적 특성은 여러 법정책적 이슈를 야기한다. 첫째, 5G 서비스의 수익성 문제다. 막대한 투자비에 비해 수익성 있는 응용서비스가 없다는 점이다. 가상현실·증강현실 기반 실감형 미디어, 자율주행자동차, 원격의료, 스마트시티, 스마트팩토리 등이 논의되지만 아직 시험단계며 무엇보다 이용자의 지불 의사를 자극할 만한 혁신적 서비스가 없다. 더구나 이처럼 수익 모델이 불확실한 상황에서 획일적인 망 중립성 규제, 제로레이팅 규제, 요금 규제는 통신사의 네트워크 투자유인을 제고하고 이용자의 통신비 부담을 완화하는 것을 어렵게 한다.

둘째, 5G 서비스와 법규제의 문제다. 위에 예를 든 융합 서비스의 경우 개인정보보호, 의료 및 교통분야 규제로 실제 서비스 상용화가 어려운 상황이다. 셋째, 5G와 국내 정보통신산업 생태계의 문제다. 과연 2019년 3월까지 국산 단말기와 장비가 준비될지 의문이다. 국산 전전자교환기, CDMA 단말기를 개발하고 수출한 한국 정보통신산업의 위상이 추락하는 것은 아닌지 걱정이다.

당연한 이야기 같지만 5G 네트워크 구축이나 세계 최초 상용서비스 그 자체가 목표가 될 필요가 없다. 세계 최고 인터넷 네트워크를 구축한 한국은 지금도 단말기, 온라인게임을 제외하면 세계시장에 이렇다 할 경쟁력 있는 서비스나 콘텐츠를 내놓지 못하고 있다. 기술과 인프라 공급이 앞서고 서비스 수요가 뒤따라가는 방식으로는 5G 시대를 선도할 수 없다. 적어도 서비스 수요와 인프라 공급이 같이 가야 한다. 그리고 서비스 개발과 적용을 방해하는 법규제를 시급히 개선해야 한다. 우리가 법규제 개선을 미루고 국내 산업 지원을 머뭇

거리는 동안 구글, 아마존, 넷플릭스와 같은 글로벌 ICT 기업은 국내 정보통신 생태계를 위협하고 있다. 네트워크 사업자, 콘텐츠 사업자, 장비 및 단말기 사업자는 물론 궁극적으로 이용자에게 골고루 혜택이 돌아가는 5G 정책이 마련되기를 기대한다.

통신의 효율성과 공공성

1980년대 초까지 전화는 체신부라는 국가기관, 이후 2001년까지는 한국전기통신공사라는 공기업 그리고 2002년 3월 이후에는 민영화한 KT라는 기업이 제공하는 서비스였다. 통신을 비롯해 도로, 철도, 항공, 항만 등 사회간접자본을 직접 설치·운영한 정부와 공기업은 점차 민영화의 길을 걷게 된다. 이는 공기업은 독점기업으로서 시장에서 경쟁을 통해 낭비와 비효율성을 줄여 혁신을 도모할 유인이 없고 이로 인해 결국 공기업의 적자를 국민 세금으로 메우는 악순환을 초래한다는 이유 때문이었다.

이렇게 통신 분야에서 효율성을 추구하는 움직임은 한편으로는 필수재로서 통신의 공공성을 강조하는 입장과 충돌한다. 이에 따라 통신은 민영화 후에도 누구나 자유롭게 제공할 수 있는 것이 아니라 법에 따라 일정한 조건을 갖춘 민간기업만이 사업을 할 수 있고 정부의 법적 감독도 받도록 했다. 민영화와 경쟁 도입 취지를 고려해 국가, 지자체가 직접 통신서비스를 제공하면서 민간기업과 경쟁하는 것은 금지되었다.* 이처럼 시장경제에서 효율성과 공공성을 어떻게

* 〈전기통신사업법〉 제7조(등록의 결격사유) 전기통신회선설비의 종류와 설치 영역 등이 대통령령으로 정하는 기준에 해당하는 기간통신사업을 경영하려는 자가 다음 각호의 어느 하나에 해당하는 경우에는 제6조 제1항에 따른 기간통신사업의 등록을 할 수

조화할 것인지는 항상 뜨거운 이슈다.

최근 스마트시티 사업 관련 지자체의 자가통신설비 구축사업도 이런 이슈 중 하나다. 스마트시티란 첨단 정보통신기술을 이용해 교통, 방범, 방재, 환경 등 도시의 주요 공공기능을 네트워크화한 도시로서 각종 도시문제를 해결하고 삶의 질을 개선할 수 있는 도시모델인데, 이의 핵심 인프라가 바로 통신망이다. 그런데 이 통신망을 지자체가 직접 구축해 주민들에게 다양한 서비스를 제공하는 것이 자가통신설비 구축사업이다. 예컨대 지자체가 직접 사물인터넷망을 구축해 치매 노인들의 개인위치정보를 수집하는 등의 서비스를 제공하는 것이다.

현행 〈전기통신사업법〉상 자가통신설비란 사업용 통신설비 이외의 것으로서 특정인이 자신의 통신에 이용하기 위해 설치한 통신설비다. 자가통신설비는 공중통신설비 이용이 불가능한 지역에만 설치할 수 있었다. 이후 자가통신설비의 목적 외 이용 요구가 증가하면서 현재는 112, 119와 같은 경찰, 재해구조업무를 위한 경우나 〈유비쿼터스법〉상 교통, 방범 등의 목적 외 사용까지 허용된다.

이 사업은 지자체 입장에서는 주민들에게 무상으로 통신서비스를 제공한다는 점에서 매우 매력적인 사업이지만 중장기적으로는 득보다 실이 많을 수 있다. 통신망이 잘 갖춰진 상황에서 정부가 통신사업자와 같은 서비스를 제공하는 것은 중복 투자 및 세금 낭비 우려가 있고 또한 전문적 역량에 기반한 안정적 운영과 지속적인 업데이트가 어려운 문제가 있다.

결국 정부는 인프라 조성, 법·제도 개선 등 민간을 간접 지원하는

없다. 1. 국가 또는 지방자치단체.

방식을 통해 민간과 역할 구분을 분명히 하되 통신사를 포함한 민간이 스마트시티 계획부터 비즈니스 모델을 가지고 참여해 계속적인 정부 예산 투입 없이도 수익 기반의 운영이 가능하도록 해야 한다. 다만 소외된 영역으로서 공공서비스 확대의 필요성이 인정되는 분야에 대해서는 통신사와 지자체 간 협력과 양해도 고려해 봄 직하다.

《코끼리는 생각하지 마》의 저자 조지 레이코프의 말대로 사적인 것은 공적인 것에 의존한다는 것은 엄연한 사실이지만 공적 영역의 과도한 확대가 오히려 시민의 자유는 물론 시장의 효율과 민간의 활력을 훼손할 수 있다는 점도 잊지 말아야 할 것이다.*

* 위 칼럼의 취지와 달리 결국 지방자치단체는 직접 통신사업에 진출하고 있다. 2020년 10월 서울시는 시 전역에 2021년까지 공공와이파이 총 18,450대를 서비스할 계획이다. 이에 대해 과기정통부가 지자체 직접 사업방식이 현행 〈전기통신사업법〉을 위반한다고 밝히자 서울시 아닌 산하 서울디지털재단으로 서비스를 위탁하기로 했다. 또한 향후 서울시, 과기정통부가 〈전기통신사업법〉의 관련 규정 개정을 추진하기로 했다. 지자체가 합법적으로 통신서비스를 하는 길을 열어 주었다는 비판이 나온다.

방송의 커머스화

2018년 9월 모 방송사가 마스크팩이라는 상품을 소재로 디지털 드라마를 제작하고 주연 배우가 TV홈쇼핑에 출연해 이를 판매까지 했다. 또한 일부 종합편성방송사는 특정 프로그램에서 방송되는 내용과 관련된 상품을 해당 프로그램 방송 전후에 TV홈쇼핑에서 판매하는 홈쇼핑 연계 편성을 하고 있다. 공영방송인 지상파 방송사는 드라마 혹은 예능프로그램 한 회분을 1, 2부로 나눠 그 사이에 삽입하는 유사 중간광고를 시행하더니 최근 정부로부터 중간광고 허용이라는 실리를 챙겼다.

이렇게 방송 영역에서 경제적 행위의 가치가 비상업적 가치로서 저널리즘에 우선하면서 수익 극대화와 같은 경제적 목표가 중요시되는 경향을 일컬어 방송의 커머스화라고 한다. 이에 따라 방송 시청자는 이제 소비자로서 지위도 부여받는다. 원칙적으로 방송사도 기업인 이상 이윤 극대화를 추구하는 것은 당연하다. 또한 광고나 홈쇼핑 송출수수료는 방송수신료와 더불어 방송사의 주요 재원인데, 좋은 프로그램을 만들어 많은 시청자를 확보하면 여기에 많은 광고가 붙는 형식의 선순환은 바람직하다. 또한 기왕의 시청자를 기반으로 방송 콘텐츠와 관련 시청자가 선호하는 상품을 판매하는 방식도 시청자 효용을 높인다는 측면에서 나쁠 것이 없다.

그러나 지나친 방송의 커머스화는 방송 시청의 흐름을 방해하는 등 시청권을 침해할 수 있다. 현행 〈방송법〉도 방송광고와 방송프로그램이 혼동되지 않게 명확히 구분하도록 해 시청권을 보호한다. 특히 사회적 소통수단으로 민주적 여론 형성을 목적으로 하는 공영방송의 경우 권력뿐 아니라 자본으로부터의 독립도 필수라는 점에서 공영방송의 커머스화는 부정적인 측면이 있다고 할 수 있다.

다만 한국에서 방송의 커머스화는 방송수신료의 저가구조에 대응한 고육지책이라는 특성이 있다. 다시 말해 비현실적으로 낮은 방송수신료를 대신해 다양한 커머스화 수단이 도입되는 것이다. 예컨대 국내 유료방송의 가입자당 수신료 평균수익은 미국의 10분의 1로 경제협력개발기구(OECD) 국가 중 최하위 수준이다. 더욱이 점점 수신료보다 광고나 홈쇼핑 송출수수료 의존도가 증가한다.

결국 과도한 방송의 커머스화에 대응하기 위해서는 방송수신료에 대한 규제완화를 통해 광고 등의 의존도를 낮추는 방식으로 방송사의 수익구조를 개선하는 것이 필요하다. 또한 방송플랫폼이 채널 수와 티어 운영을 자율적으로 하도록 해 상품의 차별성·경쟁력을 강화할 필요가 있다. 그 외에도 유료방송사업자 간 인수·합병 촉진이나 시장점유율 규제 완화를 통해 규모의 경제를 실현하는 것도 대안이 될 수 있다. 플랫폼 사업자의 지불능력 향상은 콘텐츠사업자의 재원 확충으로 이어지고 콘텐츠사업자의 고품질 프로그램은 다시 가입자 확충이라는 선순환을 만들어 낸다.

엄청난 수의 미디어 가입자와 매력적인 미디어 콘텐츠를 감안하면 미디어와 커머스가 융합되는 것은 지극히 자연스러운 흐름이다. 한류라는 콘텐츠를 활용해 전 세계시장을 대상으로 한국 제품을 홍보하고 판매하는 것처럼 콘텐츠의 커머스화는 중요한 산업전략이라고 할 수 있다. 다만 방송의 지나친 커머스화 경향이 시청자를 소비자로 전락시키는 것은 물론 이런 경향이 과당경쟁과 광고 등에 의존하는 기형적인 수익구조에서 비롯된 것이라는 점에서 이제 근본적인 문제 해결을 고민해야 할 시점이라고 할 수 있다.*

* 결국 지상파도 중간광고가 허용되었다. 방송통신위원회는 2021년 1월 13일 〈방송시장 활성화 정책방안〉과 〈방송법 시행령 일부 개정안을 발표했다. 개정안에 따르면 방통위는 방송사업자별 구분 없이 방송매체에 중간광고를 전면 허용한다고 밝혔다. 45-60분 길이 프로그램은 1회, 60-90분 프로그램은 2회 등 30분마다 1회가 추가돼 최대 6회까지 가능하다. 1회당 시간은 1분 이내여야 한다. 현재 〈방송법〉상 지상파는 중간광고를 할 수 없다. 이에 따라 방송사들은 하나의 프로그램을 2부, 3부로 쪼개 편성하고 유사 중간광고(PCM, Premium Commercial Message)를 삽입하는 편법을 쓰고 있다. 지금까지 PCM은 프로그램의 한가운데 삽입해야 했지만, 중간광고가 허용되면 방송사가 원하는 시점에 광고를 내보낼 수 있게 되었다. 지상파와 유료방송의 비대칭규제 완화 차원의 접근이라고 하지만 방송의 커머스화가 더욱 촉진되면서 시청자의 시청권 침해가능성도 높아졌다.

초고령 사회를 대비하는 스마트한 통신 생활

얼마 전 종영한 〈눈이 부시게〉라는 드라마에서 충격을 받은 부분이 있다. 치매 노인의 굴곡진 삶 말고도 효자홍보관이라는 곳에서 노인들에게 하루 소일거리를 제공하는 대신 이들에게 생명보험을 가입하게 한 후 보험 사고를 유도해 보험금을 편취한다는 내용이었다. 노인들의 궁박한 상태를 이용한 범죄로 우리 사회에서 고령층이 얼마나 열악한 위치에 놓여 있는지를 보여 주는 안타까운 사례였다.

통계청 발표에 따르면 한국은 이미 2000년 65세 고령 인구 비율이 7%를 넘어서는 고령화사회에 진입한 후 2017년 고령 인구 비율이 14%(707만 명)를 넘어서는 고령사회가 됐다. 2025년이면 그 비율이 20%(1,000만 명)를 넘어서는 초고령사회에 진입하게 된다. 85세 이상 초고령 인구도 2017년 60만 명에서 2024년 100만 명을 넘길 것으로 전망됐다.

고령 인구의 증가는 이제 필수재로 자리 잡은 통신 생활에도 여러 문제를 제기하고 있다. 우선 기기 활용 미숙으로 인한 문제가 있다. 예를 들어 알뜰폰 구매 시 14,000원만 내면 된다고 설명을 들었는데 요금이 많이 나와 확인해 보니 통화 종료 버튼을 누르지 않아 통화가 계속된 걸로 요금이 청구된 사례다. 통신 용어에 대한 이해 부족 사례도 있다. 예를 들어 폴더폰 무상 교체 안내 전화가 와서 매장을 방문해 교체한 후 번호 변경, 약정 내용 등이 전화 설명과는 달랐다고 주장하나 판매자는 이미 모든 것을 설명한 사례다. 그 밖에도 이른바 '공짜폰' 유인을 통한 불완전 판매, 치매 노인과의 계약 후 취소 반대 등의 사례가 있다.

이처럼 고령층의 경우 여유 시간이 늘어난 만큼 전화, 소셜네트워크서비스(SNS) 등 스마트폰을 이용한 통신 생활에 대한 의존도가 높아지고 있지만 반면 피해 사례도 증가하고 있다. 더 큰 문제는 5G 이동통신을 비롯한 신기술의 발전으로 가상현실(VR), 증강현실(AR) 등 첨단 서비스가 지속적으로 출시되고 있지만 고령층이 이를 수용하고 활용하는 것은 더욱 어려워지고 있다는 점이다. 이에 따라 고령층의 디지털 소외나 격차의 문제는 점점 심각해지고 있다.

특히 법적으로는 계약의 체결, 이행에 장애가 없으나 판단력이나 이해력이 떨어지는 고령층의 통신서비스 이용이 문제다. 즉, 통신서비스는 법적으로 유효하게 체결돼 취소가 불가능하지만 실제 내용을 보면 고령층에 대단히 불리하게 계약이 이뤄지는 경우다. 이 문제는 고령층이 아닌 장애인, 미성년자 등에 대해서도 나타나는 문제다. 이런 문제에 대처하기 위해 먼저 취약 계층에 해당하는 당사자가 이동전화를 개통할 때 가족에게 통지되도록 사전 신고 절차를 운영하는 것을 생각할 수 있다. 또한 대리점에 정부와 사업자 공동의 비용으로 취약 계층의 통신서비스 가입을 지원하는 일종의 통신 돌보미를 배치하는 것도 생각해 볼 수 있다.

더욱 근본적으로 고령층의 접근이 용이한 별도의 스마트폰 인터페이스나 필수적인 애플리케이션 디자인을 개발하는 것을 고려할 수 있다. 그리고 아무리 강조해도 지나치지 않는 것이 디지털 리터러시를 갖추기 위한 고령층에 대한 교육이다. 각종 은퇴 교육에 정보통신 활용법을 포함하는 것은 물론 기술 발전에 따른 주기적인 업데이트 교육도 필수화돼야 한다.

이제 스마트폰은 고령층에게도 뉴스 확인은 물론 가장 중요한 의사소통과 공감의 수단이 되고 있다. 그리고 고령층은 더 이상 소수자가 아니다. 몇 년 뒤에는 인구의 20%를 차지하게 된다. 누구도 피할 수 없는 미래를 준비한다는 차원에서도 고령층의 문제는 남의 일이 아니라 현재 나의 일이기도 하다. 서둘러 고령층을 위한 스마트한 통신 생활 대책을 종합적으로 강구해야 한다.*

* 이와 관련 2020년 6월 22일 정부는 종합적인 디지털 포용 전략을 발표했다. 상세 내용은 이 편 196쪽의 〈이제 필수가 된 디지털 포용〉 참고.

유료방송 M&A의 사회적 가치와 혁신 성장

현 정부가 추구하는 최상의 가치는 사회적 가치다. 2017년에 발의된 〈공공기관의 사회적 가치 실현에 관한 기본법〉에 따르면 사회적 가치는 인권, 안전, 환경, 사회 약자 배려, 양질의 일자리 창출, 상생 협력 등 공공의 이익과 공동체 발전에 기여하는 가치다. 안전에 대한 국민적 우려가 확대되고 고용 불안과 양극화 등으로 국민의 삶의 질이 악화되는 상황에서 국민적 불안을 해소하고 사회통합을 이루어 나가기 위해서 추구해야 할 핵심적 가치다.

현 정부가 추구하는 또 하나의 중요한 가치가 낡은 제도와 규제를 혁파해서 새로운 성장 동력을 확보하는 혁신 성장이다. 양대 가치는 정부는 물론 공공기관, 더 나아가 민간기업도 의사결정 과정에서 중요하게 고려되고 있다.

IPTV를 운영하는 통신사가 케이블TV를 인수합병(M&A)하기 위해 공정거래위원회, 과학기술정보통신부, 방송통신위원회의 심사를 받고 있다. 심사 과정에서 사회적 가치와 혁신 성장은 어떤 방식 및 기준으로 검토돼야 하는 것일까.

많은 전문가가 심사할 때 고려할 사회적 가치로 방송의 다양성, 케이블TV의 지역성, 고용 승계 등을 거론하고 있다. 혁신 성장 가치로는 규모의 경제를 통한 유료방송의 경쟁력 강화, 플랫폼 대형화를 통

소비자도 통신사도 대리점도 불만인 '단통법'

2020년 7월 8일 방송통신위원회는 이용자 간 지원금을 차별하는 등 〈이동통신단말장치 유통구조 개선에 관한 법률〉(이하 〈단통법〉)을 위반한 이동통신 3사에 총 512억 원의 과징금을 부과했다. 업체별로는 SK텔레콤 223억 원, KT 154억 원, LG유플러스 135억 원이며, 125개 유통점에도 총 2억 7,240만 원의 과태료를 부과했다. 이는 〈단통법〉 시행 후 최대 과징금이다.

〈단통법〉상 지원금이란 이동통신단말장치 구매가격 할인, 현금 지급, 가입비 보조 등 이동통신단말장치의 구입비용을 지원하기 위하여 이용자에게 제공된 모든 경제적 이익을 말한다. 〈단통법〉은 이런 지원금을 이용자에게 차별적으로 지급하면 불법으로 보고 이통사에게 과징금 등의 제재를 부과하는 법률이다. 최근 2014년 10월부터 시행된 동법에 대한 개선논의가 활발하다. 이 법의 입법 배경, 내용 그리고 6년의 성과와 향후 개선안 등에 대해 살펴보자.

〈단통법〉의 입법 배경은 이동통신시장에서의 불투명하고 차별적인 보조금 지급은 소비자 후생 배분을 왜곡하고 이동통신시장의 건전한 발전을 저해하므로 이를 개선하기 위한 규제가 필요하다는 것이다. 즉, 단말기 보조금은 모든 이용자의 요금 수익을 바탕으로 재원이 마련되나 보조금 지급이 일부 이용자(번호이동 중심)에게 집중됨으로써 소비자간 후생 배분이 왜곡되고 동일 단말기 구입자 간에도 어느 시기에, 어디에서 구입하느냐에 따라 보조금이 달라 이용자 간 차별이 심화되고 있으며, 또한 일반적으로 단말기 보조금을 지급하면서 고가 요금제 의무 약정 등을 강제하고 있어 불필요한 통신 과소비를 조장한다. 또한 이용자의 빈번한 단말기 교체로 이어져 가계통신비 증가와 자원 낭비를 심화시키고 있다는 것이다.

주요 내용은 다음과 같다. 첫째 부당한 차별금지이다. 이통사 등은 번호이동, 신규가입, 기기변경 등 가입유형, 요금제, 거주 지역, 나이 또는 신체적 조건을 이유로 부당하게 차별적인 지원금을 지급해서는 안 된다. 둘째, 지원금 공시 의무이다. 이통사는 출고가, 지원금액, 출고가에서 지원금액을 차감한 판매가 등 지원금 지급 내용 및 지급 요건에 대하여 이용자가 알기 쉬운 방식으로 공시하여야 한다. 셋째, 지원금에 갈음하는 할인제공이다. 지원금을 받지 않은 이용자에 대해 지원금에 상응하는 수준의 요금할인 등의 혜택을 제공한다.

법 시행 6년의 성과는 어떨까. 2020년 7월 10일 〈단통법〉 토론회에서 한 발제자의 자료에 따르면 국내 통신시장은 번호이동 중심에서 기기변경 중심으로 전환됐고, 1위 사업자에 대한 집중도가 낮아졌으며 보조금 대신 요금할인을 선택하는 비중이 높아졌다고 한다. 또한 과도한 지원금 경쟁이 줄었고 중저가 단말기와 요금제에 대한 수요가 늘어났으며 이에 따라 저가요금제 선호와 부가서비스 선택 감소, 저기 단말 선호 및 교체주기 증가로 인한 단말기 구매비용 경감 등을 통해 전체적인 가계통신비는 감소했다고 한다.

일견 〈단통법〉은 가계통신비 인하 등의 효과를 가져온 것으로 평가되나, 이것이 경쟁 활성화로 인한 요금과 단말기 가격 인하에 따른 것인지는 의문이다. 여전히 고가 단말기에 대한 진입장벽이 있는 소비자, 제재의 위험에 노출된 이통사, 매출 감소가 불만인 유통점, 교체수요 감소로 인한 단말기 매출 감소가 불만인 제조사 등 모든 이해관계자가 조금씩 불만인 상황이다.

이런 문제를 해결하기 위해 정부는 2020년 2월부터 이해관계자가 참여한 이동통신단발장치유통구조개선협의회의를 운영했고 그동안 논의 사항을 공개했다. 여기에는 번호이동, 신규가입, 기기변경 등 가입유형에 따른 공시지원금의 합리적인 차등을 허용하고 유통망에서는 공시지원금 15% 범위에서 지원하는 추가지원금의 한도를 상향하고 공시지원금 공시 유지기간을 7일에서 3-4일로 줄이는 방안이 포함되었다. 또한 단말기 유통법 개선 과제로 장려금에 대한 규제 신설이 논의되었다. 장려금은 통신사·제조사가 단말기 판매를 유도하기 위해 대리·판매점에 지급하는 금액이다. 단통법 시행 이후 지원금 규모가 대폭 줄어들자 통신사가 일부 유통점에 과도한 장려금을 지급하면서, 불법보조금을 양산하고 있다는 지적이다. 장려금은 불법적인 지원금의 원천이므로 이에 대한 규제가 필요하다는 것이다. 구체적인 안으로 장려금 연동제, 유통채널 간 장려금 합리적 차등제, 대리점 간 장려금 합리적 차등제 등을 제시했다.

사실 단통법은 세계적으로 유례가 없는 강력한 이동통신 단말유통시장에 대한 규제이다. 이용자 차별을 방지한다는 이유로 사업자 간 보조금 경쟁을 원천적으로 막는 규제이다. 이미 요금규제로 인해 요금 경쟁이 어렵고 통신품질도 균등화가 이루어져 사실 이통시장의 유일한 경쟁요소는 보조금 경쟁뿐인데 이마저도 막은 것이다. 그러니 이통사로서는 가입자 확보를 위한 경쟁에서 보조금을 사용하지 않을 수 없고 이 경우 항상 법을 위반하게 된다. 결국 〈단통법〉은 사업자 입장에서는 지킬 수 없는 불편한 법이었고 규제 기관은 언제든 마음만 먹으면 단속과 집행을 해서 과징금을 부과할 수 있는 편한 법이었다.

정부가 그동안의 성과와 문제점을 토대로 지원금 규제를 일부 완화하려는 시도는 타당한 방향으로 보이지만 이제 다시 도매규제로서 장려금 규제를 도입하고자 하는 것은 이해하기 어렵다. 사업자 간의 거래관계에 직접 개입하는 것은 물론 대단히 복잡한 규제를 도입하는 경우 이는 정부의 규제운영 능력을 초과해서 규제비용을 높일 가능성이 있다.

결국 이통시장에서 이통사는 요금, 품질, 지원금을 수단으로, 제조사는 단말기를 수단으로 경쟁을 활성화하는 것이 가계통신비 인하를 포함해 소비자 후생을 증가시킬 수 있는 방안이다. 이런 수단의 사용을 어렵게 하는 각종 규제를 완화하려는 노력이 필요한 시점이다. 이렇게 경쟁을 활성화한 후 전문 규제 기관이 차별의 부당성 여부 등에 대한 사후규제를 정밀하고 과감하게 집행하는 방향을 고민해야 한다.

한편 언택트 사회를 맞아 이동통신도 비대면이나 온라인 가입이 증가할 것으로 보인다는 점에서 TV, 컴퓨터와 같이 이동전화 단말기도 이통사와 별도로 제조사로부터 직접 조달하는 자급제를 확대하는 방안도 강구할 필요가 있다.

이제 필수가 된 디지털 포용

최근 자주 가던 할인점에서 물건을 골라서 나오는데 계산원이 없고 QR코드 인식기만 설치되어 있어 당황한 적이 있었다. 또한 요즘 많은 패스트푸드점에는 무인주문기(키오스크)가 설치되어 있는데 장애인이나 어르신들은 스크린 터치가 어려워 주문을 포기하는 일이 벌어지고 있다. 예고 없는, 준비 안 된 디지털화로 인한 부작용이 곳곳에서 발견된다.

1990년대 후반 당시 정보통신부는 산업화는 늦었지만 정보화는 앞서가자는 구호 아래 국민의 정보화 기기에 대한 접근권을 확보하기 위해 "컴퓨터를 세계에서 가장 잘 쓰는 나라 만들기"라는 정책을 시행한 적이 있다. 컴퓨터는 디지털 라이프를 영위하기 위한 가장 기본적인 기기이므로 컴퓨터의 보급과 활용이 절대적으로 필요하다는 문제의식이었다.

이후 정부는 정보화 초기인 2005년까지는 전 국민을 대상으로 인터넷 교육을 제공하고, 이후 정보화가 성숙함에 따라 취약계층을 집중적으로 지원하는 방식의 정보화 정책을 진행해 왔다. 그런데, 최근 국민의 디지털 이용환경에 상당한 변화가 생기고 있다. 가장 큰 것은 코로나19로 인한 비대면 온라인 사회의 개막이다.

기본적으로 코로나19는 무인·비대면 중심의 디지털 전환(digital

transformation)을 일상생활 전반으로 확산시키고 있다. 코로나19로 인해 2020년 4월 기준으로 오프라인 유통점 결제액은 28.6% 감소하고 온라인 쇼핑 거래액은 25% 증가하였고 국내 기업의 화상회의 시간은 코로나19 사태 이전 대비 29배 급증하고 있다. 코로나19 이후 전개되는 비대면 사회로의 이행은 디지털 격차가 일상생활 속 불편을 감수하는 차원을 넘어 전반적인 사회생활에서 배제되어 사회·경제적 기회 차별과 불평등을 심화시킬 우려를 낳고 있다. 특히 위의 사례와 같이 고령층·장애인 등은 일상생활 전반에서 소외될 가능성도 있다.

마침 정부는 2020년 6월 22일 종합적인 디지털 포용 전략을 발표했다. 그 내용을 보면 우선 누구나 쉽게 디지털 교육을 받을 수 있도록 주민센터, 도서관, 과학관 등 근처 생활 사회 간접 자본(SOC, social overhead capital)인 '디지털 역량센터'(가칭)를 설치한다. 생활 SOC에 접근하기 어려운 중증장애인 등을 위해서는 찾아가는 1:1 방문 교육을 확대한다. 환경 조성도 강화한다. 2022년까지 전국의 주민센터나 마을회관 등 공공장소 41,000곳에 공공와이파이를 신규 설치하고 도서·벽지 등 인터넷 이용이 어려운 농어촌 마을 1,300여 지역에도 초고속인터넷망을 구축한다. 디지털 이용을 보장하기 위해서 고령층·장애인 등에게는 스마트기기와 통신료를 지원한다. 또한 정부의 디지털 격차 해소 의무, 디지털 포용 관련 정책·사업의 추진체계 마련 등을 내용으로 한 '디지털 포용 법률'(가칭) 제정도 추진하기로 하였다.

크게 보면 정부계획은 국민의 디지털 환경에 대한 접근권 강화와 교육을 통한 디지털 역량 제고를 두 축으로 하고, 여기에다 이런 정책 추진을 위한 법적 기반을 갖추는 것으로 이루어져 있다. 타당한 방향으로 평가된다. 다만 아쉬운 것은 그동안 정부 정책이 거대한 마스터

플랜으로 집대성되는 경우는 많았지만, 정책이 현장에서 시행되고 시행 후 평가가 이루어지고 이 평가가 다시 환류되는 과정은 거의 보지 못했다는 것이다. 또한 대부분의 정책이 양적 목표만을 지니고 있어 국민의 만족도와 같은 질적 목표에는 무관심한 경우가 많았다는 점이다.

이제 디지털 포용은 특정 계층의 문제이기도 하지만 워낙 급속히 발전하는 디지털 기술로 인해 전 국민의 필수 관심사이기도 하다. 이런 점에서 디지털 포용은 더 이상 성장과 대립되거나 성장과의 사이에서 선택할 수 있는 사항이 아니라는 점을 유의하면서 디지털 뉴딜 정책이 내실 있게 추진되기를 기대한다.

이동전화번호는 유한한 국가자원

많은 사람들에게 추억으로 남아 있는 때와 장소를 가리지 않는다는 스피드 011 등 국내 최초 이동전화서비스인 2G 서비스가 종료된다. KT가 2012년 2G 서비스를 종료했고 SK텔레콤은 2021년 6월 말 2G 서비스를 종료한다. 이런 2G 서비스 종료는 정부의 2011년 '010 번호 통합정책'의 시행과 함께 시작되었다. 011·017 같은 이동통신사 식별번호가 브랜드화하고 독과점 현상이 심해지면서다. 이를 모두 010으로 통합하여 통신사 간 경쟁을 활성화하는 것은 물론 010 번호통합이 이뤄지면 전 국민이 8자리만 눌러 통화할 수 있는 편익을 주는 것을 목표로 한 것이다. 또한 현실적으로 2G 장비 노후화와 부품 부족으로 서비스가 갑자기 멈추는 경우 2G 서비스 이용자들에게 생기는 불편을 조기에 막자는 의미도 있다.

그러나 010 통합에 반대하는 010통합반대운동본부의 인터넷 카페에는 "20년 전 돌아가신 아버지가 사용하던 번호를 받았다"는 애틋한 사연도 있고 "번호를 바꾸면 영업손실이 상당해 폐업도 고려하고 있다"는 생계형 사연도 있다. 이동전화번호는 개인별로 부여되어 개인을 식별하는 정보에 해당하고 사례에서처럼 경제적 가치 있는 자산으로서의 성격도 가지는 것인데, 정부가 이를 내 동의 없이 임의로 회수하는 것은 부당해 보인다. 과연 이런 주장은 얼마나 타당한 것일까.

전기통신번호는 통신망, 통신사업자, 가입자, 서비스 단말기 및 이용자 위치 등을 구분하여 식별하고 교환시스템 간의 통신회선 구성, 고객관리 및 통화요금 산정 등을 위해 제공되는 기본정보이다. 이는 정보의 소통을 가능하게 하는 사회의 기초자원으로서 서비스 제공 국가, 통신망, 단말기, 이용자 간의 중복이 없어야 한다. 그런데 전기통신번호는 무한히 부여될 수 있는 자원이 아니라는 점, 여타 통신정책과 연계되어 하나의 정책수단이 될 수 있는 점 등에서 정부 차원의 관리체계가 중요하다.

이에 전기통신번호는 주파수와 마찬가지로 통신서비스 제공을 위해 필수적으로 요구되는 통신자원으로서 국가가 직접 관리하고 있다. 또한 국제적인 소통을 위해 한 나라의 번호체계는 국제적 차원에서의 번호관리에 대한 가이드라인(지침)인 ITU(국제전기통신연합)의 권고안의 범위 내에서 운영되어야 한다.

이처럼 전기통신번호는 국유의 자원으로서 관리통제권은 국가에 부여되어 있으며 개인은 이런 국가의 권리의 범위 내에서 일시적인 사용권만 가진다고 볼 수 있다. 마치 주파수의 경우도 국유의 자원으로서 주파수 할당을 받은 자는 일정 기간 주파수를 이용할 배타적 권리를 가지는 것과 같은 이치다.

010통합반대운동본부 소속 회원 633명은 2G 서비스 종료 후에도 본인들의 번호를 그대로 쓸 수 있게 해 달라며 소송을 냈지만 2020년 6월 24일 법원은 “이동전화번호는 유한한 국가자원이고, 정부의 번호이동 정책에 대한 재량권이 인정된다”며 “소송을 제기한 010통합반대운동본부 소속 회원들의 구체적 권리가 도출되지 않는다”고 밝혀서 이런 입장을 확인한 바 있다. 앞서 2013년에도 번호통합정책이 국민 권리 침해라는 헌법소원이 있었지만 당시 헌법재판소는 “이동전화번호를 구성하는 숫자가 개인의 인격 내지 인간의 존엄과 관련성을 가진다고 보기 어려우며, 이동전화번호는 유한한 국가자원으로서 가입자들의 번호이용은 사업자와의 서비스 이용계약에 관한 것일 뿐, 번호통합정책으로 인해 가입자들의 인격권, 개인정보 자기결정권, 재산권이 제한된다고 볼 수 없다"면서 헌법소원을 받아들이지 않았다.

다만, 전기통신번호는 주파수가 사업자에게 부여되는 것과 달리 개별 이용자의 통신서비스 이용환경에 직접적으로 노출되고 통신요금 등에 대한 정보를 포함하고 있기 때문에 번호체계의 변경은 이용자 혼란 등의 사회적 비용을 초래할 수 있다. 따라서 번호체계의 변경은 최대한 기존 이용자를 보호하면서 이루어져야 한다.

〈전기통신사업법〉도 기간통신사업의 휴업·폐업으로 인하여 별도의 이용자 보호가 필요하다고 판단하면 해당 기간통신사업자에게 가입 전환의 대행 및 비용 부담, 가입 해지 등 이용자 보호에 필요한 조치를 명할 수 있다고 규정하고 있다. 2020년 6월 1일 기준 약 38만 4,000명의 잔존 2G 가입자에 대해서는 정부는 2G 폐지 승인의 조건으로 휴대전화 교체를 무료로 지원하고, 011 등 번호는 2021년 6월 말까지 1년 더 쓸 수 있도록 했다.

다만, 택시사업면허, 주파수 이용권과 같이 공법에 근거하여 민간에 부여된 권리는 양도, 임대가 허용되고 주파수 이용권의 경우에는 주파수 회수, 재배치에 따른 손실도 보상하고 있다. 번호자원은 위 권리와 같이 사인이 대가를 납부하거나 신청을 해서 국가에 의해 부여된 공법상 권리는 아니지만 일정한 경제적 가치를 지닌다는 점은 부인할 수 없다. 이 점에서 향후 국가정책에 따른 번호체계의 변경에 대해서 한층 투명하고 구체적인 이용자 보상 규정을 마련할 필요가 있을 것이다.

보편적 서비스로서 우정사업 역할 강화해야

코로나바이러스감염증-19(코로나19) 사태가 장기화하면서 우체국 갈 일이 종종 생긴다. 주로 중요한 서류를 등기우편으로 보내는 경우다. 가끔은 우체국 택배로 오는 상품도 있다. 하지만 대부분 이메일이나 민간 택배 회사를 이용한다. 그래도 우체국은 국가가 운영한다는 점에서 믿음이 가는 것은 물론 요금도 저렴해서 좋다. 어린 시절 손편지나 우표 수집 같은 추억도 아련하다.

그런데 디지털 대전환 시대에 우체국의 역할과 관련해 논란이 일고 있다. 카카오 등을 통한 모바일 전자고지가 시행되면서 공과금 고지 우편 물량이 크게 감소하고 있다. 최근에는 우체국이 없는 지역에 우편 서비스를 제공하기 위해 세워진 별정우체국의 국장 세습, 친인척 채용 문제가 불거지고 있다. 2019년 7월에는 사상 초유의 집배원 총파업이 발생했고 과중한 업무로 인한 집배원 사망 사건도 발생했다. 한편 재난 상황에서 국가 역할이 강조되는 가운데 마스크 판매, 라돈 침대 수거, 재해 지역 지원 등 우체국의 공적 역할이 부각되고 있다.

이처럼 우정사업은 정부 정책이나 민간과의 경쟁으로 수익은 줄고 있는데 공적 의무 수행에 대한 기대는 높은 딜레마에 빠져 있다. 그동안 정부는 이런 문제에 대응해 정원 감축, 우체국 통폐합 등 인력과 시설을 축소하는 비용절감형 대응을 해 왔는데 그 결과 오히려 노인·장애인 및 농어촌 인구의 우체국 접근성이 낮아지는 문제가 발생하고 있다. 요금 인상이나 구조조정 등 경영효율화를 위한 노력이 우정서비스의 공공성과 충돌하고 있는 셈이다.

일반 통상 우편의 경우 2010년 44억 통에서 2018년 30억 4,000만 통으로 30.9% 감소하고, 국내 택배 시장에서 우체국 택배의 물량 비중은 2012년 8.9%에서 2018년 8.4%로 줄었다. 이에 따른 경영수지 적자는 2011년 439억 원에서 2019년 1,115억 원으로 증가하는 등 사실상 적자개선이 어려워 보인다. 이제 우정사업 전반의 원칙과 방향을 재설정할 시점이다.

우선 보편적 서비스로서 공공성 유지를 우정사업의 제1원칙으로 고려해야 한다. 보편적 서비스는 모든 이용자에 대해 영역 내의 모든 지역에서 쉽게 이용할 수 있는 요금과 일정한 품질을 가진 서비스다. 원래도 우정사업은 도시를 중심으로 네트워크를 구축하는 민간기업과 달리 전국적인 읍면동까지 네트워크를 구축해 커뮤니케이션으로부터 소외된 사각지대에 있는 국민에게 국가 차원의 보편적 서비스를 제공해 왔다.

그동안 정부는 우정사업에 대해 공익사업으로서 독립채산제를 강조하면서 효율성과 공공성의 조화를 추구해 왔지만 이제는 한계에 이른 효율성이나 시장 논리 대신 보편적 서비스 제공이라는 공공성을 우선적 원칙으로 삼을 필요가 있다는 것이다. 물론 내부적으로 경영혁신을 통해 비효율적 요소를 제거하기 위한 노력은 계속돼야 하겠지만 요금인상 등 국민에 대한 부담 증가나 서비스 축소로 적자를 메우려는 계획은 재검토할 필요가 있다.

구체적 방향으로 우선 적자 우체국 유지에 따른 경영손실에 대해서는 일반회계로부터 지원받는 방안을 생각해 볼 수 있다. 현재 우편 사업은 특별회계로 자체 수입으로 지출을 충당하게 돼 있다. 특별회계는 세출을 효율적으로 운영해 자체 수입만으로 그 기능을 충분히 수행할 수 있는 분야에 적용하는 것이 타당한데 우편 사업의 현실은 여기에 해당하지 않는다.

다음으로 조직과 관련해 현재 우정사업은 정부 부처 산하 사업본부로 운영되고 있고 1급 상당 공무원이 본부장으로 있다. 보편적 서비스로 우정 서비스의 공공성을 강화하는 한편 자체적이고 독립적인 의사결정 역량을 높이기 위해 외청으로 승격시키는 방안을 검토할 필요가 있다. 1884년 우정총국 설치 이래 가장 오래된 공공서비스인 우정 서비스가 국민의 믿음과 사랑을 받는 보편적인 커뮤니케이션 서비스로 역할을 강화해 주기를 기대한다.

5

4차 산업혁명과 신산업의 발전

4차 산업혁명은 인공지능(AI), 사물인터넷(IoT), 로봇기술, 드론, 자율주행차, 가상현실(VR) 등이 주도하는 차세대 산업혁명을 말한다. 이 용어는 2016년 6월 스위스에서 열린 다보스 포럼(Davos Forum)에서 포럼의 의장이었던 클라우스 슈밥(Klaus Schwab)이 처음으로 사용하면서 이슈화됐다. 당시 슈밥 의장은 "이전의 1, 2, 3차 산업혁명이 전 세계적 환경을 혁명적으로 바꿔 놓은 것처럼 4차 산업혁명이 전 세계 질서를 새롭게 만드는 동인이 될 것"이라고 밝힌 바 있다.

4차 산업혁명은 1784년 영국에서 시작된 증기기관과 기계화로 대표되는 1차 산업혁명, 1870년 전기를 이용한 대량생산이 본격화된 2차 산업혁명, 1969년 인터넷이 이끈 컴퓨터 정보화 및 자동화 생산시스템이 주도한 3차 산업혁명에 이어 로봇이나 인공지능(AI)을 통해 실제와 가상이 통합돼 사물을 자동적·지능적으로 제어할 수 있는 가상 물리 시스템(Cyber Physical System)의 구축이 기대되는 산업상의 변화를 일컫는다.

4차 산업혁명의 핵심적 특성은 연결, 탈중앙화/분권, 공유/개방을 통한 맞춤시대의 지능화 세계를 지향한다는 것이다. 이 지능화 세계를 구축하기 위해 빅 데이터, 인공지능, 블록체인 등의 여러 가지 기술들이 동원된다. 맞춤시대의 지능화를 위해 현실세계의 모든 내용을 가상세계로 연결한 다음, 가상세계에서 빅 데이터/인공지능 분석을 통해 예측과 맞춤을 예상하고 이를 현실세계에 적용하면 되는 것이다. 결국 AI 기술이 종래 IT, 데이터 운용 기술로서 범용적으로 사용되면서 인간의 정신노동까지 대체되는 사회가 될 것이다.

이러한 4차 산업혁명의 다양한 기술로는 5G 등 초연결 네트워크, 블록체인, 인공지능, 스마트 시티, VR/AR, 드론, 혁신모빌리티, 자율자동차 등이 있다. 이들 기술이 가지는 특징과 관련된 법규제, 정책에 대한 제언이 이 "4차 산업혁명과 신산업의 발전" 편에 담겨 있다.

4차 산업혁명 인프라 '인터넷 고속도로'

2019년 2월 정부 발표에 따르면 2018년 기준 만 3세 이상 인구 5,039만 3,000명 중 인터넷 이용자, 즉 최근 1개월 내 인터넷을 이용한 사람의 비율은 91.5%(4,061만 2,500명)에 이른다. 이제 인터넷은 우리 생활의 필수재가 됐다. 그런데 우리가 4차 산업혁명이라는 목적지를 향해 인터넷이라는 자동차를 운행하기 위해서는 자동차가 달릴 인터넷 고속도로, 즉 인터넷망이 효율적으로 구축돼 있어야 한다. 도로가 국가 및 지방자치단체 등 여러 주체가 구축·관리하면서 연결돼 있는 것처럼, 인터넷망도 여러 사업자가 구축·관리를 하면서 서로 거미줄처럼 연결돼 있다. 인터넷망은 어떻게 연결되고 있고, 어떤 기술적·경제적 이슈가 있는 것일까.

원래 인터넷(Internet)은 어원에서와 같이 네트워크의 네트워크로서 전 세계의 컴퓨터를 연결해 놓은 네트워크의 총합이라고 할 수 있다. 한국의 특정 통신사의 인터넷 가입자가 다른 통신사에 연결돼 있는 인터넷 사이트에 접속하는 경우나 미국에 서버가 있는 인터넷 사이트에 접속하기 위해서는 인터넷망 간 상호접속이 이뤄져야 한다. 인터넷망의 상호접속이란 인터넷에 접속하는 서비스를 제공하는 ISP(Internet Service Provider의 약자로 통신·케이블방송사가 이에 해당) 간 인터넷트래픽 교환을 위해 인터넷망을 연동하는 것을 의미한다. 이를 통해 이용자들은 하나의 ISP에만 가입하면 전 세계에 산재한 콘텐츠나 다른 ISP 가입자와 접속이 가능해져 인터넷의 보편적 연결성이 실현된다.

국내 인터넷망은 유선 메이저 3사인 KT, SKB, LGU+가 백본사업자로서 상호 연동이 돼 있고, 이들이 해외사업자와도 접속돼 있다. 이동통신사는 각 유선사업자와 직접 연동이 돼 있으며, 케이블을 비롯한 중소유선 ISP는 메이저 3사와 연동해 인터넷 서비스를 제공하고 있다. 포털 등 CP(Contents Provider)는 메이저 3사의 전용회선 등을 통해 연결돼 있으며, 이들은 사업자 간 상호접속이 아닌 최종 이용자로서 망사용료를 지불하고 있다.

그런데 상호접속을 하게 되면 ISP 간에 인터넷망 사용에 대한 접속 대가를 정산하게 된다. 현재 한국은 메이저 3사와 같이 네트워크 규모가 큰 사업자 간에는 트래픽 양에 따라 발신사업자가 착신사업자에게 접속료를 상호정산하고 있다. 중소유선 ISP와 같은 하위 계위 사업자는 상위 계위 사업자에게 접속료를 지불하는 일방정산을 하고 있다. 접속료는 '접속통신요율×트래픽' 공식에 따라 산출된다. 트래픽이 많아질수록 접속료가 오르는 구조라 중소유선 ISP는 트래픽이 많아지면 더 많은 접속료를 메이저사에 내야 한다. CP의 경우에도 영향이 있을 수 있다. A통신사가 네이버나 카카오 같은 CP에 전용회선을 제공한다고 가정하면 CP에서 트래픽이 발생해 다른 B통신사로 넘어갈 경우 A가 B에게 접속료를 지불해야 한다. 트래픽이 많아질수록 A가 부담하는 접속료도 늘어나는데, A는 이 비용을 CP에 전가할 수 있다.

2016년부터 도입된 이런 인터넷망 상호접속 제도로 인해 중소유선 ISP와 CP들은 접속료 상승에 따른 어려움을 호소하고 있다. 통신사는 과열경쟁으로 지나치게 저가화됐던 망사용료가 정상화돼 가는 과정이라고 보고 있으며, 이제는 통신사들의 망 투자비를 수익이 늘어난 CP도 부담해야 한다고 보고 있다. 한편 CP들은 자신들은 통신사에 망 사용 대가를 정당하게 내고 있는 반면 글로벌 정보기술(IT) 기업은 망사용료를 내지 않아 역차별이 발생하고 있다는 입장이다.

이러한 여러 이슈를 해결하기 위해 과학기술정보통신부는 인터넷망 상호접속 제도 개선작업을 진행하고 있고, 방송통신위원회도 CP와 ISP 간 망 이용 대가 기준 및 절차를 정하기 위한 가이드라인 작업을 진행하고 있다. 최종 소비자의 저렴하면서도 고품질의 인터넷 이용, 통신사의 네트워크 투자, CP의 경쟁력 강화, 국내 사업자의 글로벌 CP와의 협상력 강화라는 때로는 충돌되는 이해관계를 조정하는 합리적인 논의를 통해 인터넷 생태계의 건전한 지속발전이 가능한 제도 개선이 이뤄지기를 기대한다.

블록체인 얼마나 유용할 것인가

월 사용자 23억 명인 전 세계 1위 소셜플랫폼 업체 페이스북이 2020년 1분기를 목표로 자체 가상화폐를 출시해 결제와 송금시장에 진출한다고 한다. 2018년 300만 원대까지 하락한 가상화폐 비트코인이 2019년 5월 다시금 1,000만 원까지 폭등하는 움직임을 보이고 있다. 이런 가상화폐의 기저가 되는 기술이 최근 몇 년간 인공지능(AI)과 함께 가장 관심을 집중시킨 블록체인이다. 그럼 블록체인은 무엇이고, 어디에 활용되며, 얼마나 유용할 것인가.

블록체인은 일정 주기로 데이터가 담긴 블록을 생성한 후 이전 블록에 체인처럼 연결하는 구조로 이뤄져 있다. 한마디로 데이터를 분산 저장하는 기술이다. 거래 데이터를 중앙집중형 서버에 기록, 보관하는 기존 방식과 달리 참가자 모두에게 공유해 분산하는 것이다. 여기서 분산은 나눠 둔다는 것이 아니라 모든 참여자가 중복해 보관한다는 의미이다.

이런 블록체인 기술은 다음과 같은 특성이 있다. 탈중앙화이다. 참여자가 공동으로 정보 및 가치의 이동을 기록, 검증, 보관, 실행함으로써 제3의 중개자 없이도 신뢰 확보가 가능하다. 이어 보안성과 투명성이다. 동일한 데이터가 여러 참여자에 중복해 저장되므로 해커가 저장된 데이터를 함부로 위변조하기 어렵다. 또한 참여자는 모든 거래 내역을 볼 수 있으므로 투명성이 확보된다. 결국 블록체인은 탈중앙화를 통해 신뢰를 확보하는 기술이다.

이런 블록체인의 특성으로 인한 문제점도 있다. 확장성의 한계이다. 기존 데이터베이스(DB)에 비해 단위시간 내에 처리할 수 있는 거래의 수가 작고 처리속도가 느리다. 참여자가 많으면 이 문제가 더 심각해진다. 공유된 정보에는 영업비밀이나 개인정보도 포함되기 때문에 이에 대한 보호가 소홀해질 수 있다. 하지만 이 설명은 누구나 DB에 접근이 가능한 퍼블릭 블록체인에 관한 것이다. 한편 비트코인과 같은 퍼블릭 블록체인의 경우 참여자들은 블록이 생성될 때마다 발행되는 일종의 가상화폐를 지급받음으로써 컴퓨터 감가상각비, 전기료 등의 비용을 보상받기에 가상화폐가 없으면 블록체인은 유지되기 어렵다. 다만, 가상화폐의 투기적 성격으로 생기는 피해가 블록체인 규제의 쟁점이 되고 있다.

퍼블릭 블록체인의 문제를 해결하기 위해 승인받은 자만이 DB에 참여할 수 있는 것이 프라이빗 블록체인이다. 이는 중앙조직이 참여자의 데이터에 대한 접근권한을 세밀하게 정하기 때문에 영업비밀, 개인정보도 저장할 수 있다. 또 허가받은 자만 참여할 수 있어 처리속도를 개선할 수 있다. 다만, 탈중앙화와 투명성이라는 블록체인의 핵심가치가 훼손된다.

어쨌든 이제 비트코인과 같은 퍼블릭 블록체인은 물론 프라이빗 블록체인도 활성화되고 있다. 예컨대 위변조의 가능성으로 인해 도입이 어려운 온라인 전자투표에 블록체인을 활용함으로써 후보자·참관인 등 이해관계자가 모든 투표내역을 공유해 투개표 과정과 결과를 검증, 신뢰할 수 있게 됐다. 부동산 거래에도 블록체인을 활용해 토지대장을 국토부·지자체·금융결제원이 공유해 부동산 담보대출 시 은행 방문만으로 처리가 가능하게 됐다.

다만, 블록체인 도입 시 중요하게 고려할 사항은 효율성, 경제성의 문제이다. 이미 중앙집중식 정보시스템이 잘 갖춰져 있고 효율적인 서비스사업자가 존재하는 상황에서 블록체인의 도입은 이득보다는 비용이 클 수도 있다. 또한 가상화폐와 관련해서는 주요국의 동향을 감안해 규제정책을 설정하되 정부와 민간의 공동규제 거버넌스를 구축할 필요가 있다. 법령상 근거를 두고 협회 등 민간에 규제를 위임하되 상세 규제는 민간에서 시행하는 것이다. 가상화폐를 둘러싼 현실과 향후 전망은 여전히 논쟁거리이지만 중요한 것은 소비자 피해방지와 경제성을 고려하면서 블록체인 기술의 경제적, 사회적 유용성을 극대화하는 규제전략의 선택이다.*

* 2021년 3월 25일부터 〈특정 금융거래정보의 보고 및 이용 등에 관한 법률〉(이하 특금법) 개정안이 시행된다. 〈특금법〉 개정안은 국내 암호화폐 거래사이트 등(가상자산 사업자)을 '금융회사'로 보고 암호화폐를 이용한 자금세탁과 테러 자금 조달 규제를 마련해야 한다는 내용을 골자로 한다. 이제 전 세계적으로 암호화폐가 법 테두리 안에 들어갈 준비를 하면서 '규제 공백'이 메워지는 분위기다. 이와 함께 기업과 기관이 암호화폐 산업으로 진입할 수 있는 기반이 마련되면서 업계의 기대감도 커지고 있다.

스마트시티 시대가 온다

지능형 폐쇄회로(CC) TV와 스마트 가로등이 설치된 골목에서 비명소리가 들리고 거동 수상자가 인식되자 바로 경찰이 현장에 출동해 범인을 검거한다. 길가에 갑자기 쓰러진 보행자가 인식되자마자 119가 출동해 환자를 병원에 후송한다. 예전 같으면 피해자나 목격자의 신고가 없다면 가능하지 않은 일이다. 이 사례는 '스마트시티'가 제공하는 생활체감형 서비스 중 하나이다.

스마트시티는 정보통신기술(ICT) 기반으로 도시 문제를 해결하면서 도시 경쟁력과 삶의 질을 향상시키는 도시를 말한다. 〈스마트도시법〉에 따르면, 도시의 경쟁력과 삶의 질의 향상을 위해 건설·ICT 등을 융·복합해 건설된 도시기반시설을 바탕으로 다양한 도시서비스를 제공하는 지속가능한 도시이다. 이의 구성요소는 인프라, 데이터, 서비스다. 인프라는 도시기반시설과 ICT네트워크, 데이터는 사물인터넷(IoT)과 빅 데이터를 통해 수집·분석되는 정보, 서비스는 행정·교통·복지·환경 등 도시 주요 기능을 말한다. 이 중 데이터는 도시 인프라를 연결하고, 각종 스마트 기능을 서비스로 구현하는 핵심 역할을 한다. 결국 스마트시티의 핵심기술은 IoT, 빅 데이터, 인공지능(AI)이라고 할 수 있다.

IoT는 사물에 센서를 부착해 실시간으로 데이터를 인터넷으로 주고받는 기술이다. IoT를 구현하기 위해선 센서·상황 인지 기술, 통신·네트워크 기술, 칩 디바이스 기술, 자율적·지능형 플랫폼 기술, 보안·프라이버시 보호 기술 등 다양한 형태의 기술이 필요하다.

빅 데이터는 유럽연합(EU)의 정의에 따르면 '사람, 기기 또는 센서와 같은 다양한 종류의 출처로부터 생성된 다양한 유형의 큰 분량의 데이터'를 가리킨다. 빅 데이터 분석에는 기존 통계학과 전산학에서 사용되던 기술, 즉 데이터에서 가치 있는 정보를 추출하는 데이터 마이닝, 경험적 데이터를 기반으로 학습과 예측을 수행하고 스스로의 성능을 향상시키는 머신러닝, 인간이 쓰는 언어를 컴퓨터에 인식시켜서 처리하는 자연언어 처리 등이 이용된다.

AI는 IoT를 통해 수집된 대량의 데이터에 대한 분석과 대안의 제시를 인간이 아닌 컴퓨터가 하는 경우를 말한다. 인간의 학습능력, 추론능력, 지각능력, 자연언어 이해능력 등을 컴퓨터 프로그램으로 실현하는 기술이다.

이처럼 4차 산업혁명의 핵심기술이 도시에 적용되는 것이 스마트시티이다. 기존 개별 컨트롤 타워에 의해 운영되는 기존 도시와 다르게 도시가 하나의 플랫폼으로서 물리적 시설 및 공간에 대한 정보와 서비스를 제공하는 도시이다. 이런 통합적 데이터 플랫폼이라는 성격은 스마트시티의 미래에 부정적인 측면으로 자리매김할 수 있다.

살펴보면 먼저, 정보보호의 문제이다. 스마트시티에서는 모든 정보가 플랫폼으로 집중되기 때문에 정보가 해킹되는 경우 큰 사회혼란을 야기할 수 있다. 단 블록체인이 적용되면 스마트시티 내 정보를 IoT기기 간에 직접 주고받게 돼 보안성이 크게 제고될 수 있다. 다음으로 스마트시티는 도시에서 벌어지는 모든 활동을 대상으로 하는 것이어서 엄청난 재원을 필요로 한다. 이를 지방자치단체가 모두 부담하기 어렵다. 이에 시민과 기업이 참여하면서 수익과 비용을 분담하는 민·관 파트너십이 필요하다. 이어 빅 브라더(Big Brother)*의 문제이다. 즉, 정부나 기업이 스마트시티 플랫폼의 운영 주체가 되면서 수집·분석된 정보를 가지고 시민의 일상생활을 모두 파악하고 이를 오남용할 우려가 있다. 스마트시티에서 시민의 참여와 견제가 필요한 또 다른 이유이다.

한국도 5년 이내 세계 최고 수준의 스마트시티를 건설한다는 목표로 세종 5-1 생활권과 부산 에코델타시티를 국가시범도시로 지정해 구축 사업이 한창이다. 정부도 관 주도 도시계획에서 탈피해 민간이 주도하는 지속가능한 생태계를 조성할 계획이다. 정부의 계획대로 스마트시티가 혁신성장을 견인하는 지속 가능한 도시, 기업과 시민 등 다양한 수요자가 참여하는 사람 중심의 열린 도시가 되기를 기대해 본다.

* 영국의 소설가 조지 오웰의 소설인 〈1984〉에서 처음 등장한 말로, 정보의 독점을 통해 사회를 통제하는 권력을 말한다. 이는 사회를 돌보는 보호적 감시라는 긍정적 의미와 권력자들의 사회통제 수단이라는 부정적 의미를 동시에 지니고 있다.

실감형 콘텐츠 기술의 현재와 미래

통신사들이 5세대(5G) 핵심 서비스인 실감형 증강현실(AR)·가상현실(VR) 시장을 잡기 위한 경쟁에 앞다퉈 나서고 있다.

최근 한 스마트폰 광고에서는 스마트폰 카메라로 사물이나 건물을 비추면 그와 관련된 이미지나 정보가 나타나는 것을 보여 준다. 다른 광고에서는 야구장에 가지 못하는 사람이 헤드셋을 쓰고 실제 야구장에 와 있는 것 같은 환경에서 야구 응원을 하는 모습을 보여 준다.

전자는 실제 환경에 가상의 이미지를 결합해 추가적인 정보를 제공하는 증강현실(AR) 기술이다. 후자와 같이 특수한 기기를 통해 실제가 아닌 상황을 실감 나게 체험할 수 있도록 해 주는 기술이 가상현실(VR)이다. AR가 현실에 부가적인 정보를 보여 주는 것이라면, VR은 디지털 기술을 통한 완전한 가상세계의 구성이다. 실생활에 밀접하게 연계하며 보조적인 역할을 극대화할 경우 증강현실이 유리하고, 시간과 공간을 초월하는 가치를 제공하는 콘텐츠들은 가상현실이 유리하다. 이렇듯 AR, VR 등 몰입감, 상호작용, 지능화의 특징을 통해 높은 현실감과 경험을 제공하는 콘텐츠를 실감형 콘텐츠라고 부른다.

실감형 콘텐츠 구현을 위해서는 C(콘텐츠)−P(플랫폼)−N(네트워크)–D(디바이스) 가치사슬 중 디바이스와 플랫폼을 중심으로 주요 기술이 요구된다. 콘텐츠는 실감형 콘텐츠 기술이 적용 가능한 분야로 게임, 스포츠 행사, 군사훈련, 교육 등이 여기에 해당한다. 네트워크는 속도와 안정성이 주요하기 때문에 초고속, 초연결, 초저지연이 특성인 5G 통신망이 필수적이다. 디바이스에 대해서 보면 AR은 투시형, VR은 폐쇄형을 활용한다. AR는 안경 형태의 디스플레이에 가상 정보를 투사하는데 스마트폰 연동형은 저렴한 가격과 휴대성으로 영상 재생에 주로 사용되고, VR는 외부 시야를 폐쇄한 채 좌·우안의 영상을 별도로 출력해 입체효과를 나타내는 방식이다.

그런데 이처럼 AR, VR 기술을 구현하는 핵심 기반은 하드웨어다. 여기에는 첫째, 소비자가 착용하는 헤드셋 형태의 헤드마운트디스플레이(HMD), 둘째, 컴퓨터(PC), 게임 콘솔, 모바일을 포함하는 호스트시스템, 셋째, 사용자·사물의 움직임을 추적하는 트래킹시스템, 넷째, 신체의 움직임 등 외부 정보를 입력하는 컨트롤러시스템이 포함된다. VR에서 상대적으로 중요도가 높은 하드웨어 기기는 HMD다. HMD의 성능은 사용자 경험의 완성도 및 VR산업 대중화를 결정짓는 요소다. 플랫폼은 콘텐츠가 유통망과 네트워크를 거쳐 디바이스를 통해 최종 이용자에게 전달되도록 하는 역할을 한다. 콘텐츠·디바이스 제작업체, 유통·서비스, 통신·방송사업자 등 다양한 주체가 플랫폼 기능을 하고 있다.

2012년 출시된 구글 글래스, 2013년 오큘러스 DK1 출시는 각각 AR와 VR산업의 야심찬 출발을 알렸다. 하지만 그동안 고가의 장비, 소비자 안전의 문제, 과도한 개인정보 수집 문제로 예상보다는 AR, VR산업의 성장이 더딘 상황이다. 다만, 최근 미국이 페이스북, 구글, 애플 등 민간 기업을 중심으로 연구개발(R&D)을 추진하고 있고,

유럽과 중국 등이 정부 지원을 통해 활발한 연구를 진행하고 있다. 한국의 경우도 세계 최초의 5G 서비스 개시를 계기로 실감형 콘텐츠를 10대 전략산업의 하나로 육성할 계획이다.

실감형 콘텐츠를 이용하면 로마 시대의 시장 거리를 활보할 수도 있고, 원하는 주택을 가보지 않고도 그 구조를 확인할 수 있다. 이처럼 실감형 콘텐츠의 특성은 비현실의 영역이라는 것이다. 사용자는 주로 시각을 통해 공간과 시간에 대한 제약을 극복해 실제와 다른 세계를 경험할 수 있다. 인터넷이라는 가상공간이 2차원의 평면적인 체험공간이라면, 실감형 콘텐츠는 입체적으로 비현실을 체험하게 되는 것이다. 따라서 적용 분야도 무궁무진하며 향후 기술 및 산업의 영향력도 엄청날 것으로 예상되므로 정부와 업계의 만반의 준비가 필요하다.

자율비행체로 진화하는 드론

2019년 9월 14일 사우디아라비아의 국영 석유회사인 아람코의 석유 시설 2곳이 드론 공격을 받아 가동이 중단되고 이에 따라 전 세계 유가가 폭등하는 현상이 일어났다. 1년 반 전인 2018년 평창 동계올림픽 개막식에서는 1,218개의 드론이 군집 비행하는 아름다운 모습을 만들어 내기도 했다. 드론을 통한 방송촬영 등 우리의 실제 생활에도 드론은 이미 깊숙이 들어와 있다. 이처럼 드론은 한편으로는 인간의 생명, 신체에 위협이 되는 군사기술이기도 하고 다른 한편으로는 인명구조, 물류 등 인간의 생활을 이롭게 하는 기술이기도 하다.

드론은 2019년 4월에 제정된 〈드론 활용 촉진 및 기반조성에 관한 법률〉에 따르면 '사람이 탑승하지 아니한 채 항행할 수 있는 비행체'로 정의된다.* 한마디로 무인항공기라고 할 수 있다. 드론은 크게 보면 세 가지 기술을 기반으로 한다.

첫째는 비행 제어 기술이다. 롤(Roll), 피치(Pitch), 요(Yaw)라고 불리는 3축 모멘트가 작용하는데, 이는 각각 좌우 수평이동, 전후방 이동, 좌우 회전하는 방향을 의미한다. 세 가지 모멘트를 제어해 제자리에서 비행하는 호버링, 전진, 후진, 좌·우측 등 자유롭게 비행할

* 드론의 영어식 표기는 'drone'인데 이는 '벌들이 웅웅대는 소리'라는 뜻을 가지고 있다. 작은 항공기가 비슷한 소리를 내면서 날아다니는 것을 보고 붙여졌다.

수 있다. 둘째는 센서 융합 및 영상 처리 기술이다. 비행 제어 기술이 드론의 균형을 잡는 역할이라고 하면, 카메라나 센서 정보는 주변 환경을 인식하는 눈의 역할을 한다. 비행체에는 카메라를 이용해 획득한 사진 정보를 영상 처리를 통해 가공하거나 센서 정보를 획득해 필터링과 같은 제어 기법을 사용한 후 제어 명령을 내리는 센서 융합 기술이 사용된다. 대표적인 센서인 위성항법 장치(GPS) 센서는 인공위성으로부터 GPS 수신기에 위치를 알려 준다. 셋째는 무선통신 시스템이다. 무선통신을 통해 원격 조종기나 지상관제 시스템이 드론을 제어하고 통제하는 명령을 내린다. 블루투스, 와이파이(Wi-Fi), 셀룰러, 위성 통신 등이 사용된다.

한편 드론의 군사무기화에 대응해 드론 탐지를 위한 안티드론 기술도 사용되고 있다. 허가받지 않은 특정 구역을 침범한 드론을 교란 전파나 레이저를 쏘아 격추하거나, 주파수를 해킹해 공격용 드론을 원하는 곳으로 유도한 뒤 착륙하도록 하는 기술 등이 이용된다. 많이 사용되는 레이더 방식은 전파를 쏴서 드론에서 반사돼 오는 전파를 찾아낸다. 방향 및 거리 측정이 용이하지만 저공비행하는 드론을 찾기 어려운 문제가 있다.

처음에는 폭격이나 정찰 등 군사용으로 개발된 드론이 다양한 분야에서 각광받는 이유는 원격조종이 가능하고 드론에 부가장비를 부착해 다양한 정보를 수집할 수 있기 때문이다. 장비들은 온도나 조도 센서, 산소 및 이산화탄소 농도 센서를 비롯해 GPS, 카메라, 초음파 장비까지 다양하다. 게다가 아마존은 드론 택배, 우버는 드론 택시를 계획하고 있는 등 드론은 이제 모빌리티 수단으로까지 발전하고 있다. 지상에서는 자율주행 자동차가, 하늘에서 자율비행 드론이 인간의 이동수단이 될 날이 다가오고 있는 것이다.

현재 드론 시장은 중국의 DJI가 상업용 드론 시장의 70%를 차지하고 있고 그 외 미국, 프랑스가 뒤를 잇고 있지만 한국의 경우 아직 갈 길이 멀다. 최근 정부가 다양한 분야에서 규제를 선제적으로 개선해 드론 신산업 창출에 노력하고자 한 점은 다행이다. 향후 우리가 강점이 있는 군사용 드론 산업을 집중 육성하는 것은 물론 상업용 시장의 경우에도 무선통신 및 반도체 등 정보기술(IT) 경쟁력을 이용할 수 있는 분야에 대한 선택과 집중이 필요하다.

사실 드론은 추락이나 충돌로 인한 비행 안전성 확보와 영상 수집에 따른 프라이버시 보호를 위한 규제의 필요성이 상당히 인정되는 분야이다. 4차 산업혁명의 어떤 기술보다 규제와 진흥의 조화가 필요하지만 과도한 규제로 인해 진흥이 희생되지 않도록 유의해야 할 것이다.

미래 신기술의 대표주자, 자율주행차

2019년 1월 미국 라스베이거스에서 열린 세계 최대 가전·정보기술(IT) 전시회 'CES 2020'에서 최고의 화제는 단연 인공지능(AI)과 모빌리티였다. 특히, 자율주행차를 중심으로 하는 모빌리티 분야는 가전, IT 업체 외에 자동차 제조사, 통신업체까지 참여하면서 4차 산업혁명을 이끌 총아로 자리매김했다.

삼성전자는 5세대(5G) 기반의 차량용 통신장비 기술을 이용해 주행 중에도 고화질 콘텐츠를 다운로드 하고, 화상회의나 게임을 즐기는 상황을 시연했다. 현대자동차는 자율주행차를 넘어 소위 플라잉카(flying car) 즉 도심 항공 모빌리티를 선보였고, SK텔레콤은 5G 실감형 미디어 콘텐츠를 차량 내에서 즐길 수 있는 통합 차량 엔터테인먼트 시스템을 선보였다. 바야흐로 자율주행차를 중심으로 하는 모빌리티 분야가 4차 산업혁명 기술의 경연장이 되고 있다.

그럼 과연 자율주행차란 무엇이고, 어떤 기술이 사용되고, 언제쯤 실현될 것인가. 우리에게 이득은 무엇이고, 위험은 없는가. 그리고 무엇을 준비해야 하는 것일까. 자율주행차는 운전자의 조작 없이 스스로 움직이는 자동차이다. 다만 여기에도 단계가 있는데, 국제자동차기술자협회(SAE International)는 레벨 1–5로 나누고 있다.

레벨 1은 속도 또는 방향 중 하나만 자동제어하는 단계, 레벨 2는 정해진 구역 내 속도·방향 동시제어가 가능한 단계, 레벨 3은 고속도로 등 정해진 구역 내 자율주행 즉 속도·방향·차로 변경이 가능하나, 기상이변 같은 경우에 운전자 개입이 필요한 단계, 레벨 4는 정해진 구역 내 자율주행이 가능하고 운전자 개입이 불필요한 단계, 레벨 5는 모든 상황에서 운전자 개입이 불필요한 단계이다.

자율주행차 기술은 크게 보면 인지·판단·제어라는 3가지 원리로 구성돼 있다. 인지 단계에서 차량에 장착된 레이더, 라이다, 카메라, 위성항법 장치(GPS)으로부터 주변 환경에 대한 정보를 수집한다. 다음 정밀 위치를 계산하고 조향·속도·방향을 정하는 판단 단계인데 이때 AI와 빅 데이터가 사용된다. 이후 사물인터넷(IoT) 등을 활용해 차량을 운행하면서 돌발상황 등에 대비해 조향와 속도를 조절해 안전운행을 가능하게 하는 제어 단계이다. 인지 단계에서 가장 중요한 기술이 라이다로 빛 탐지 및 범위 측정 기술이다. 이는 펄스 레이저를 목표물에 방출하고 빛이 돌아오기까지 걸리는 시간 및 강도를 측정해 거리, 방향, 속도, 온도, 물질 분포 및 농도 특성을 감지하는 기술이다. 한마디로 자율주행차의 눈 역할을 한다.

그렇다면 자율주행차는 언제 실현될 것인가. 2018년 10월 발표된 정부의 미래 자동차산업 발전전략에 따르면 2027년 전국 주요 도로에서 완전자율주행 레벨 4가 세계 최초로 상용화될 계획이며, 2019년 7월부터는 세계 최초로 레벨 3 수준의 자율주행차의 출시·판매가 허용된다. 2040년 이후에는 운전자의 개념이 필요 없는 5단계가 가능할 것으로 전망된다.*

---

* 다만, 2021년 1월 정부 발표에 따르면 2027년 레벨 4 수준의 완전자율주행차 상용화 목표는 그대로이지만 1월 현재 자율주행기술은 운전자의 주행을 보조해 주는 레벨 2 수준이며, 운행 가능 영역에서 조건부 자율주행(비상시 운전자 개입 필요)이 가능한 레벨 3

자율주행차가 상용화되면 자동차 사고가 대폭 감소해 인명 피해가 줄어들며, 고령자나 장애인과 같이 운전이 어려운 사람의 이동권이 보장된다. 또한 운전을 하지 않는 시간에 다양한 여가활동이 가능해진다. 다만, 차량과의 통신이 가능한 환경으로 인해 해킹을 통한 사고나 프라이버시 침해 위험이 있고, 사고 발생 시 제조업체·소유자 간 책임 귀속을 두고 문제가 생겨 피해자에 대한 배상이 소홀해질 수 있는 문제도 있다.

향후 정부는 계획대로 인프라와 법제도를 정비해 자율주행 기술 진보를 뒷받침해야 한다. 우선 운전자라는 사람을 중심으로 설계된 〈자동차관리법〉, 〈도로교통법〉 등의 체계를 AI 운전자를 염두에 두고 개선해야 하며, 정보수집 시 사전동의 원칙의 완화, 차량 보안 강화를 추진해야 한다. 다만, 이러한 업무가 국토교통부, 산업자원부, 경찰청, 과학기술정보통신부 등 전형적인 다부처 업무라는 점에서 상호이해와 조정이 매우 중요하다는 점을 간과해서는 안 될 것이다.

자율주행차는 향후 1–2년 내 출시될 예정이라고 한다.

모빌리티 혁신과 소비자 선택권

소위 '불금'이라고 불리는 금요일 밤 강남에서 집으로 가기 위해 한참 동안 택시를 기다렸던 기억, 비가 오거나 눈이 오면 더욱 택시 잡기 힘들었던 기억이 누구에게나 한 번 이상은 있을 것이다. 이런 틈새 수요를 겨냥해 나타난 것이 '타다'와 같은 승차공유 서비스이다. 그러나 타다를 무허가 택시영업으로 간주하고 분신자살 등 완강한 반대를 보인 택시업계와의 갈등의 골은 깊어 갔다. 이 문제를 해결하기 위해 정부는 2019년 7월 17일 〈혁신성장과 상생발전을 위한 택시제도 개편방안〉을 발표했다.

이에 따르면 정부는 타다와 같은 플랫폼 사업자에게 운송면허를 내주고 이들 서비스를 합법화하기로 했다. 플랫폼 택시는 규제혁신형, 가맹사업형, 중개사업형 등 3가지 운송사업 형태로 허용된다. 규제혁신형은 택시 면허 총량 범위 내에서 플랫폼 택시를 허용하고 운행 대수를 관리하는 방식이다. 정부는 매년 1,000개 이상 면허를 매입해 택시 허가총량을 관리하기로 했다. 플랫폼 사업자는 운송사업 허가를 받는 대가로 운영 대수나 운행 횟수에 따른 수익의 일부를 사회적 기여금으로 내야 한다. 승객 안전 확보를 위해 운전자도 택시기사 자격을 보유하도록 제한했다. 이 과정에서 성범죄·마약·음주운전 경력자는 배제된다. 가맹사업형은 기존 법인·개인택시가 가맹사업 형태로 플랫폼과 결합해 서비스를 제공하는 형태다. 현재 영업 중인 웨이고 블루, 마카롱 택시 등이 이에 해당한다. 중개사업형은 카카오T 택시처럼 중개 앱(app)을 통해 승객과 택시를 중개하는 방식으로, 허가제가 아닌 신고제로 운영한다.

이번 대책은 기존 택시와 승차공유 업계 간의 갈등이 일단 봉합되었다는 점과 소비자의 안전을 고려한 내용이 포함되었다는 점에서 긍정적 측면이 있다. 다만 이 대책이 사업자 간 이해관계를 적절히 조정한 것을 넘어 과연 모빌리티 혁신을 유도해 사업자 간 경쟁을 활성화하고 궁극적으로 소비자의 편익을 증진시킬 수 있는 방안이 될 수 있을지는 의문이다. 우선 기존의 렌터카를 이용한 영업에 대한 대책이 빠져 있다. 또한 플랫폼 운송사업을 하려면 기존 택시면허를 사야 하는데 이렇게 되면 전체 택시면허 중 일부가 또 다른 사업자가 운영하는 택시가 될 뿐 택시가 아닌 모빌리티는 사라지게 된다. 게다가 기여금과 차량 구입비용 탓에 서비스 요금이 인상될지도 모른다. 자금력이 부족한 스타트업은 이 시장에도 진출하기 어려울 수 있다.

한 조사에 따르면 소비자들이 지금까지 택시를 이용하면서 가장 불편했던 경험으로 '기사와의 불필요한 대화'(38.0%)를 꼽았고 다음으로 '과속, 끼어들기 등 난폭운전'(35.4%), '승차거부'(34.2%), '담배 등 거북한 냄새'(32.4%), '목적지 돌아가기'(25.6%) 등이 뒤를 이었다. 결국 소비자가 승차공유 서비스를 이용하는 이유는 요금이 비싸더라도 이런 택시 이용의 불편함이 없기 때문이다. 이번 대책은 이런 소비자의 니즈를 수용한 승차공유 서비스를 기존 산업의 테두리에 포함시킴으로써 모빌리티 혁신 서비스를 사실상 택시화하는 방안을 담았다. 과연 기득권을 인정받은 택시업계가 소비자 이익을 위해 혁신을 도모할 것인지, 택시화된 혁신 모빌리티가 소비자에게 지금과 같은 편익을 제공할 것인지 염려된다.

혁신에 대한 규제정책은 기존 산업의 기득권을 보호하는 것이 아니라 신·구산업 간 경쟁의 촉진을 통한 소비자의 선택권 확대로 소비자 편익과 삶의 질을 향상시키는 것을 목표로 삼아야 한다. 이번 대책은 혁신 모빌리티 사업자와 기존 택시 사업자 간 경쟁 촉진이 아니라 혁신 모빌리티를 제도권으로 수용하는 대신 기존 택시의 기득권을 인정한 타협안의 성격이 짙다. 2019년 8월 플랫폼 택시 도입을 위한 실무기구가 출범한다고 한다. 정책과 법안의 세부적 검토 과정에서 소비자 편익 확대를 위한 더욱 진전된 대안들이 나오기를 기대한다.*

---

* 2020년 5월 '타다 금지법'으로 불렸던 〈여객자동차운수사업법〉 개정안의 후속 조치인 기여금 산정 방식 등 하위 법령 개정안에 대한 논의를 위해 '모빌리티 혁신위원회'가 출범하였다.

메타버스의 실체와 가능성

2021년 새롭게 등장한 ICT 분야의 화두는 단연 블록체인 기반 가상자산과 메타버스이다. 블록체인이 비트코인 등의 가격 상승에 따라 다시 주목을 받은 것이라면, 메타버스는 올해에 처음 광범위하게 사용되는 낯선 개념이다. 개념적으로 초월을 뜻하는 'Meta'와 우주를 의미하는 'Universe'가 결합된 것으로 경제·사회·문화 등 현실세계와 상호작용하는 가상세계를 의미한다. 즉, 개념적으로는 현실세계가 아닌 가상세계를 의미하는 것이지만 여기에 그치지 않는다.

가상세계로 끝나는 것이 아니라 현실과 상호작용을 한다는 점에서 기존 가상세계보다 진일보한 것이다. 현실의 물리적인 제약에서 벗어나 인간과 사회의 기능을 확장하는 또 다른 세계로 작동할 수 있다는 것이다. 예를 들어, 기존의 가상공간과 달리 이용자는 메타버스 내에서 자신의 아바타를 통해 다른 이용자와 상호작용할 수 있을 뿐만 아니라, 스스로 창작한 콘텐츠 등을 이용해 경제활동을 영위할 수도 있다. 이런 면에서 메타버스는 확장된 가상현실(Extended VR)이라고 할 수 있다.

비영리 기술 연구 단체 ASF(Acceleration Studies Foundation)는 메타버스를 다음 4가지 유형으로 구분하고 있다. 첫째, 증강현실(Augmented Reality)은 현실공간에 2D 또는 3D로 표현되는 가상의 물체를 겹쳐 보이게 하면서 상호작용하는 환경을 의미하며, 포켓몬고(Pokémon GO)

가 대표적이다. 둘째, 라이프로깅(Lifelogging)은 사물과 사람에 대한 일상적인 경험과 정보를 캡처하고 저장하고 묘사하는 기술이다. 예컨대 센서가 부착된 스포츠 웨어를 네트워크와 연결하여 달린 거리, 소비 칼로리 등의 정보를 저장하고 공유하는 등의 행위가 그 예이다. 셋째, 거울세계(Mirror Worlds)는 실제 세계를 가능한 한 사실적으로 있는 그대로 반영하여 보여 주는 가상세계이다. 전 세계의 위성사진을 보여 주는 구글 어스가 대표적이다. 넷째, 가상세계(Virtual Worlds)는 현실과 유사하거나 혹은 완전히 다른 대안적 세계를 디지털 데이터로 구축한 것이다. 이렇게 보면 증강현실, 라이프로깅, 거울세계는 현실과 가상이 공존하는 것이고 가상세계는 현실과 분리되어 존재한다. 메타버스는 가상세계와 완전히 분리된 현실세계를 제외한 가상과 현실세계의 공존 및 단독의 가상세계를 합친 개념이라고 할 수 있다.

대표적인 메타버스인 로블록스(Roblox)는 미국 청소년들의 대표 게임으로서 사용자가 직접 게임을 프로그래밍하고, 다른 사용자가 만든 게임을 즐길 수 있는 플랫폼이다. 블록으로 구성된 3D 가상세계에서 아바타로 구현된 개인들이 소통하며 노는 공간인데, 미국 Z세대의 55%가 로블록스에 가입했으며, 하루에만 4천만 명의 이용자가 로블록스에 접속한다.

네이버가 만든 제페토(Zepeto)는 얼굴 인식과 증강현실 등을 이용해 아바타와 가상세계를 만드는 플랫폼으로 글로벌 누적 이용자 수가 2억 명에 달한다. 제페토는 전체의 80%가 10대이고 90%가 글로벌 이용자이다. 제페토는 유명 연예인들의 팬 플랫폼으로서 작용한 점과 아바타로 가상세계에서 소통할 수 있는 특성이 있다. 블랙핑크의 가상 팬사인회에는 전세계 4,600만 명 이상이 참여해 블랙핑크 아바타와 함께 인증 사진을 찍고 사인을 받았다. 또한 Z세대는 대부분 자신이 원하는 모습을 아바타에 반영하는데, 이상적인 아이돌 화장법부터 명품의상, 신발 등을 아바타에 적용해 대리만족을 느낀다. 이에 고가의 아이템들을 사기 위해 지갑을 열면서 브랜드 광고효과가 발생하고 있다. 구찌가 10대가 가장 선호하는 브랜드가 된 것도 제페토 덕분이다. 또한 내가 꾸민 아바타를 주인공으로 드라마도 제작하는 등 사용자가 자유롭게 콘텐츠를 창작하고 공유하기도 한다.

메타버스를 가능하게 하는 기술은 무엇일까. 증강현실, 가상현실, 블록체인, 인공지능, 5G 등이 주요한 기술이다. 보통 새로운 ICT 트렌드는 신기술을 기반으로 하는 것이 일반적인데 메타버스는 사실 특별히 새로운 기술을 이용하지 않는다. 기존 가상현실, 증강현실이 좀 더 발전되어 적용되고 있는 것이다. 다만, 블록체인 기술인 NFT(Non-Fungible Token)가 게임 아이템에 적용되면서 메타버스는 블록체인을 포섭하게 된다. NFT란 토큰에 일종의 일련번호를 부여해 그림과 같은 작품의 무분별한 복제를 막을 수 있고, 블록체인 기술을 활용, 발행 내역을 장부에 기록해 위변조를 어렵게 한다. 게임 아이템은 물론 부동산, 스포츠까지 모든 자산을 블록체인에서 토큰화해 디지털 자산을 생성할 수 있다. NFT는 메타버스에서 창작한 재화의 희소성과 가치를 현실에서도 인정받을 수 있게 하는 역할을 함으로써 현실과 메타버스를 연결하는 역할을 한다. 결론적으로 메타버스 자체는 고유의 기술을 포함하지 않는다는 점에서, 이는 인터넷이라는 가상공간이 출현한 이후 꾸준히 가상과 현실이 교류하면서 발전해가는 과정을 특정화, 범주화한 것으로 볼 수 있다.

종래와 비교해 보면 아바타라는 제2의 자아(自我)가 등장하는 것이 메타버스 개념의 특성이라고 할 수 있다. 소위 멀티 페르소나(multipersona) 시대를 연 것이다. 사실 메타버스에 대한 청소년들의 몰입은 망가진 현실에 대한 도피라는 측면이 있다. 아바타라는 제2의 자아를 이용해 대리만족을 추구하는 것이다. 다만, 이런 대리만족이 현실 도피에 머무르는 것이 아니라 이용자 스스로 새로운 콘텐츠를 창작하는 주체적인 역할을 하기도 한다는 점에서 제2의 자아는 제1의 자아와 분리되는 것이 아니라 확장되고 발전하는 것이라고 할 수 있다. 나아가 메타버스는 타인들과 사회적 관계를 형성, 유지하면서 SNS 플랫폼 역할도 하고 있다.

산업적으로 보면 이미 VR, AR 등 실감콘텐츠 기술이 각 분야에 적용되면서 메타버스가 확대되고 있다. AR을 이용한 의료 수술, VR을 이용한 부동산 가상 투어, VR을 이용한 유명 관광지 여행, VR을 이용한 조종사 교육 등 이미 여러 분야에서 메타버스가 적용되고 있다.

법제도적으로 보면 사실 메타버스의 이슈는 실감콘텐츠 기술의 이슈와 다르지 않다. 지식재산권 이슈가 대표적인데, 현실 세계를 VR화하면 저작물 무단 복제 또는 전송의 문제와 가상현실 서비스 내에서 제작한 저작권은 누구에게 귀속되는지가 문제될 수 있다. 증강현실의 경우에도 가시화된 정보에 저작권으로 보호받는 저작물이 포함되어 있는 경우 저작권 침해가 문제될 수 있다. 다른 신기술과 마찬가지로 메타버스에서도 콘텐츠의 공유, 확산을 통한 산업 발전을 위해 저작권을 제한할 필요성이 있다. 그 외 가상세계의 불법행위 내지 범죄에 대한 단속, 플랫폼의 책임 범위에 대한 논의도 기존 온라인 플랫폼과 크게 다르지 않다.

현재 게임, 미디어 플랫폼으로서 메타버스는 주로 10대들의 온라인 놀이터다. 이들의 취향이 대단히 가변적이며 아직 소비자로서 구매력이 없다는 점에서 메타버스의 미래는 아직 유동적이라는 평가가 가능하다. 다만, 메타버스의 다른 산업적인 활용은 중요한 과제이다. 메타버스는 이용자들에게 보다 실감나는 경험과 편리함을 제공한다는 점에서 신산업으로서 가능성이 무궁무진하다. 특히, 한류 콘텐츠 창작 능력과 3D 콘텐츠 제작 기술 등에서 우위를 가진 한국으로서는 메타버스 산업발전을 위해 지속적인 노력을 해야 할 필요가 있다.

판결문 공개와 리걸테크(Legal Tech)

인간 만사 모든 분쟁의 최종적 해결은 법원이 담당하는 것이 법치주의 기본이다. 법원의 지혜와 판단이 담긴 판결문은 당사자에게 판결의 내용을 정확하게 알려줘 그 판결에 대해 불복할지 여부를 결정할 수 있도록 한다. 그 외에도 입법, 행정 등 다른 국가기관의 결정을 구속하거나 결정의 선례가 되고, 변호사 등이 다른 사건에서의 판결 결과를 예측하는 수단이 된다. 한편으로는 법학 연구자들의 법리 연구의 대상이 되기도 하고 리걸테크 업체들의 판결분석 및 예측 서비스를 가능하게 하기도 한다. 이처럼 여러 측면에서 판결문을 공개하는 것은 중요한 의미가 있다.

헌법 제109조는 "재판의 심리와 판결은 공개한다. 다만, 심리는 국가의 안전보장 또는 안녕질서를 방해하거나 선량한 풍속을 해할 염려가 있을 때에는 법원의 결정으로 공개하지 아니할 수 있다"고 규정하고 있다. 따라서 심리는 비공개로 정할 수도 있지만, 판결은 원칙상 반드시 공개하여야 한다. 그렇다면 모든 판결이 공개되고 있는 것일까. 판결문 공개와 관련된 현황은 어떠하며 어떤 이슈가 있을까.

현재 판결서는 다음 3가지 방법으로 공개되고 있다. 첫째, '판결서 인터넷열람' 서비스를 이용하여 확정된 민·형사사건의 비실명처리된 판결서를 인터넷을 통하여 검색, 열람할 수 있다. 2013년 1월 1일

이후 확정된 형사판결서 및 2015년 1월 1일 이후 확정된 민사·행정·특허·선거 판결서를 임의어 검색을 통하여 검색, 열람할 수 있다. 둘째, '판결서 사본 제공' 서비스인데, 이는 대법원 및 하급심 사건의 판결서 사본을 이메일, 방문, 우편, 모사전송의 방법으로 제공하는 제도이다. 제공받고자 하는 판결서의 법원 및 사건번호를 특정하여 신청하며, 법원은 판결서 제공신청이 접수되면 비실명처리를 완료한 후 제공한다. 셋째, 법원도서관 '특별열람실 방문열람' 서비스이다. 법원도서관의 특별창구에서 법원 내 종합법률정보시스템과 판결문 검색시스템을 이용하여 판결문을 직접 검색·열람하도록 하는 제도이다. 다만, 이런 다양한 판결문 공개제도에도 불구하고 실제 여러 제한이 있으며, 이런 제한이 타당한 것인지가 논란이다.

첫째, 판결문 공개의 범위에 관한 것이다. 2013년 이전 확정된 형사판결서, 2015년 이전 확정된 민사판결서의 경우 대부분 공개되지 않고 있다. 또한, 확정판결만 공개하고 있는 것에 대해서도 비판이 있다. 작년 11월 〈민사소송법〉 개정안을 의결해 2023년 1월 1일부터는 민사·행정·특허 사건은 미확정 판결서까지 공개될 예정이지만 형사사건에 대해서는 여전히 확정판결만 공개하고 있다. 미확정 형사판결문의 비공개 이유는 '여론에 의한 재판 독립 침해', '무죄추정 원칙 위반 우려', '여론에 의한 양형 판단에 영향' 등으로 '형사피고인의 공정한 재판을 받을 권리를 침해'할 수 있다는 점이 제시되고 있다. 다만, 판결 확정 전이라도 법원의 공식적 판단이 기록된 판결문은 소송의 중요한 자료가 될 수 있으며, 피의자, 피고인, 변호인 등이 이를 활용할 수 있어야 오히려 제대로 된 방어권을 행사할 수 있다는 반론이 있다.

둘째, 판결문 공개 방법에 관한 것이다. 2019년 1월 1일부터 공개하는 모든 판결서에 임의어 검색 기능을 허용하고 있으나, 임의어 검색을 이용하여 선택한 판결서를 다운로드할 경우 다운로드 된 파일은 이미지 파일 형태로 제공되어 기계 판독(수정, 변환, 추출, 검색)이 불가능하다. 이는 해당 판결문을 편집하여 악용할 우려가 있다는 것이 그 이유인데, 이에 따라 리걸테크의 판결문 활용이 어렵다. 다만, 2023년 1월부터는 TEXT PDF 형태로 판결서를 제공하도록 하는 내용의 민사소송법이 시행될 예정이다.

셋째, 판결문 공개 시 비실명처리에 관한 것이다. 검색·열람이 되는 판결서에 대하여는 열람·복사에 앞서 판결서에 기재된 성명 등 개인정보가 공개되지 않도록 보호조치를 하여야 한다. 비실명처리 대상은 판결서 등에 나타난 '자연인', '법인', '단체'로서 개인정보를 보호할 필요가 있는 자는 전부 비실명처리의 대상이 되며, 비실명처리 방식은 현재 알파벳 대문자로 치환하는 방법을 취하고 있다. 우선 비실명 처리는 개인정보 보호법 상 익명 처리 또는 가명 처리가 아니라 〈개인정보보호법〉 제29조의 안전조치로 이해하는 것이 타당하며, 비실명 처리의 대상은 제도의 취지에 맞게 축소할 필요가 있다는 의견이 있다. 예컨대 자연인이 아닌 법인, 단체는 비실명처리 대상에서 제외할 필요가 있다는 것이다. 다음으로 현재의 알파벳 대문자보다는 가독성이 있는 방식으로 비실명처리가 이루어질 필요가 있으며, 지능형 비실명처리 솔루션을 도입하여 법원의 비실명 업무 처리 부담을 낮추는 것이 필요하다는 의견도 있다.

넷째, 판결문 공개 시 수수료에 관한 것이다. 인터넷 열람 대상 판결문들은 비실명처리가 완료되어, 제공에 추가적인 인력, 실비가 필요치 않은 판결문들임에도 불구하고 전문 열람에 1건당 1,000원의 수수료를 부과하고 있다. 이에 따라 판례 분석이나 연구를 위해 수

십, 수백 건의 판결문을 입수하기 위해서는 상당한 비용이 들어 결국 판결문 정보의 접근에 대한 중대한 제한이 되고 있다는 비판이 있다.

판결문 공개와 관련 외국의 경우는 어떨까. 판례가 법원이 되는 영미법계와 그렇지 않은 대륙법계 국가 간 차이를 보인다. 미국은 판결문의 전면 공개는 물론 소송 기록까지 전면 공개하는 것을 원칙으로 하며 공개 시 실명을 원칙으로 한다. 독일은 공개할 이익이 명백한 판결만 선별하여 검색 가능한 형태로 온라인 공개하고 있으며, 공개 시 사건관계인은 비실명처리하되 판사, 검사, 변호사는 실명을 공개하고 있다.

판결문이 데이터로서 기초자원이 되는 리걸테크는 빅 데이터, 인공지능 등 디지털 신기술을 법률 분야에 접목하는 것을 의미하는데, 변호사 등에게 단순 반복업무나 리서치 부담을 줄이는 것은 물론 국민에게는 고도화된 법률서비스를 제공한다. 판결문을 전면 공개하고 있는 미국의 경우 소송 결과 예측 등 다양한 서비스가 등장하고 있으나, 한국은 아직 이런 단계에 이르지 못하고 있다. 리걸테크의 발전을 위해서도 판결문 공개 확대 등이 필요한 상황이다.

결론적으로 국민의 알 권리, 당사자의 방어권, 학문적 연구수행, 리걸테크 지원을 위해 판결문의 공개 확대의 필요성이 인정됨에도 불구하고 부정한 목적으로의 악용 가능성, 개인정보 보호의 문제, 비실명처리 비용 부담 문제 등으로 인해 만족할 만한 진전이 없다. 이런 우려를 해소할 수 있는 방안을 마련하기 위한 지혜를 모으는 것이 필요하다.

다만, 근본적인 인식 전환이 필요한 것은 아닌지에 대한 고민도 필요하다. 즉, 판결문 비실명화는 필요한 상황에만 제한적으로만 요구하고, 기본적으로는 판결문을 비실명화 처리 없이 공개하기 위한 논의를 진행할 필요가 있지 않느냐는 것이다. 헌법상 판결을 공개하기로 한 이상 판결문을 비실명화하는 것이 원칙이 될 필요는 없는 것 아닌가 하는 것이다.

6

ICT와 만난 금융의 혁신

금융이란 금전을 융통하는 일, 즉 자금의 수요 공급에 관계되는 활동이다. 경제 생활 중 은행, 증권 또는 보험업자가 시장주체(예를 들어 예금자, 증권 투자자 또는 보험자 등)로부터 자금을 모집하고, 기타 다른 시장주체에 빌려주는 역할을 한다. 보편적으로, 정부, 개인, 기관 등의 시장주체가 자금 모집을 통하여, 자금을 배합하고 사용하여 생산하는 모든 자본 유동을 모두 일컬어 '금융'이라고 한다.

그런데 금융이 ICT를 만나면서 급속한 변화가 이루어지고 있다. 첫 시작은 오픈뱅킹이다. 모바일 앱을 통해 송금과 결제가 가능해지더니 이제 은행권의 모바일 앱에서는 계좌이체는 물론 주식 투자까지 간편한 인증으로 손쉽게 이루어지고 있다.

둘째, 금융규제 샌드박스를 통해 핀테크, 플랫폼 기업이 기존 금융규제를 피해 금융 서비스를 제공하는 한편 기존 금융사는 비대면 본인 확인의 허용으로 소비자에 대한 접근성을 확대하고 있고 겸영, 부수 업무의 예외 인정을 받아 기존 업무의 범위를 벗어나 새로운 시장으로 진출하고 있다.

셋째, 금융사, 핀테크, 플랫폼 기업 모두 관심을 보이고 있는 본인신용정보관리업(My data)은 다양한 기관에 흩어져있는 개인의 데이터를 수집, 분석해서 통합조회, 자산관리 등의 서비스를 제공한다.

이처럼 각각 오픈뱅킹, 금융규제 샌드박스, 마이데이터가 우리의 금융 생활에 획기적 변화를 가져오고 있다. 원래 금융과 ICT의 만남은 전자금융거래로부터 시작되었다. "전자금융거래"는 금융기관 또는 전자금융업자가 전자적 장치를 통하여 금융상품 및 서비스를 제공하고, 이용자가 금융기관 또는 전자금융업자의 종사자와 직접 대면하거나 의사소통을 하지 아니하고 자동화된 방식으로 이를 이용하는 거래를 말한다.

이처럼 금융에 ICT를 적용하는 의미의 전자금융거래가 정보통신 네트워크, 스마트폰, 빅 데이터, AI 기술이 금융산업에 활용되면서 금융상품 및 서비스 거래가 디지털화, 비대면화 되는 현상인 디지털 금융으로 발전하고 있는 것이다. 최근 코로나19에 따른 온라인 거래 선호 경향, 금융회사의 재택·유연근무 확대 등은 금융의 디지털화, 비대면화를 심화시키고 있다.

"ICT와 만난 금융의 혁신" 편에서는 오픈뱅킹, 전자증명, 디지털 화폐, 공급망 금융, 마이페이먼트 등 다양한 금융혁신의 사례와 시사점을 살펴보고자 한다.

금융결제망 개방으로 촉발될 핀테크 혁신

이제 스마트폰 터치 몇 번으로 쇼핑이 가능할 정도로 편리한 세상이 되었다. 대금결제도 비밀번호 입력만으로 가능하고 보안카드 없이 비밀번호, 지문 등 간편 인증수단을 이용한 송금도 가능하다. 이런 서비스를 제공하는 비은행사업자를 핀테크 기업이라고 하는데 이들이 지급결제시장의 혁신을 주도하고 있다.

핀테크 기업이 송금, 결제서비스를 제공하기 위해서는 기존 금융결제망과의 접속이 필요한데, 두 가지 방법이 이용된다.

첫째, 펌뱅킹(firm banking)인데 이는 핀테크 기업이 금융결제망을 이용하는 은행과 제휴를 맺는 것이다. 핀테크 기업으로서는 수수료(건당 300–500원) 부담이 높고 기술요건이 상이한 모든 은행과 제휴를 맺어야 하는 불편이 있다. 둘째, 금융결제원의 오픈 API(Application Programming Interface)를 이용하는 것이다. 이에 가입한 핀테크 기업은 1개 은행과 대표 제휴를 체결하고 표준화된 방식으로 모든 은행의 결제망을 이용할 수 있다. 다만, 가입 대상이 중소 핀테크 기업으로 한정되어 있고 이용 수수료도 펌뱅킹과 비슷하여 활성화가 안 되고 있다. 이처럼 핀테크 결제산업 활성화를 좌우하는 핵심 요인은 핀테크 기업이 금융결제망에 비차별적인 접근(non-discriminatory accessibility), 즉 적정한 이용대가를 내고 차별 없이 금융망에 접속할 수 있느냐는 것이다. 이를 통신에서는 망 중립성이라고 한다. 통신사는 모든 콘텐츠 트래픽에 대해 망접속을 허용하는 것은 물론 이를 내용, 유형 등에 관계없이 동등하게 처리해야 한다는 것이다. 통신망은 인터넷 생태계에 필수적인 공통 인프라로서 공공성이 있기 때문에 중립적이어야 한다는 것이다.

금융결제망은 은행법에 따른 인가를 받은 특허사업자인 은행들을 사원으로 하는 비영리법인인 금융결제원이 운영하는 금융망으로서 이용자의 지급결제 편의와 금융산업 활성화를 위해 공공성이 강하게 요청되는 인프라이다. 따라서 금융결제망에 대해서도 비차별적인 접근성 확보라는 중립성 의무가 부과될 수 있다. 금융결제망이 통신사의 통신망에 해당하고 지급결제서비스가 콘텐츠 사업자의 데이터에 해당한다.

때마침 정부도 2019년 2월 금융결제 인프라 혁신 방안을 통해 금융결제망을 은행 간과 핀테크 기업 등에 개방하겠다고 밝혔다. 1단계로 2019년 중 합리적 비용으로 금융결제망을 개방하고 2단계로 전자금융거래법을 개정하여 오픈뱅킹을 법제화한 후 중장기적으로 핀테크 기업이 직접 금융결제망에 참가하도록 할 계획이다. 이제 금융결제망의 중립성 의무가 구체화되는 것이다.

이에 따라 오픈 API*에 대형 결제사업자도 참여할 수 있을 뿐 아니라 은행도 자기 고객 외 타 은행 고객 결제도 처리할 수 있게 된다. 스타트업이나 중소 결제사업자들도 저렴한 비용으로 은행결제망을 이용하고 고객도 핀테크 기업이나 은행이 제공하는 앱 하나만 있으면 모든 은행 계좌로의 송금이나 잔액 조회를 할 수 있게 된다. 다만, 정

* 오픈 API(Application Programming Interface)의 설명은 이어지는 〈오픈뱅킹이 선도하는 핀테크 혁신〉을 참조.

부는 공정한 경쟁 환경 조성에도 신경을 써야 할 것이다.

기득권을 과감히 양보한 은행의 핀테크 기업에 대한 출자규제 완화 등을 통해 이들에게도 혁신의 기회를 제공하고 또한 중소 핀테크 기업의 경쟁력을 지원하기 위해 대형 핀테크 기업과 차등적인 수수료 도입도 검토해야 할 것이다.

그동안 우리 사회 어떤 분야에서도 찾아보기 어려운 일대 혁신이 금융 분야에서 진행되고 있다. 기득권 사업자에 대한 혁신 사업자의 도전을 포용하기 위해 기존 인프라를 개방하고 이를 기반으로 소비자의 선택을 받기 위한 신구 사업자 간 무한 경쟁이 이루어지고 있는 것이다. 금융 분야가 선도하는 혁신의 물결이 사회 전 분야로 확대되기를 기대한다.

오픈뱅킹이 선도하는 핀테크 혁신

2019년 10월 30일부터 모바일 금융 앱 하나로 국내 18개 은행의 모든 계좌를 조회·이체할 수 있는 '오픈뱅킹'이 시범 시행되고 있다. 여러 은행의 앱을 설치할 필요 없이 앱 하나로 다른 은행 계좌를 이용할 수 있게 된 것이다. 한마디로 A은행 고객이라고 하더라도 자사 앱에서 B은행과 C은행 간의 계좌이체 업무를 처리할 수 있게 됐다.

이처럼 오픈뱅킹이란 하나의 모바일 금융 앱으로 모든 은행의 금융정보에 접근해 자금이체 등의 서비스가 가능한 생태계를 의미한다. 원래 오픈뱅킹은 2019년 2월 정부의 〈금융결제 인프라 혁신방안〉 발표 이후 은행권과 금융결제원 등 유관기관이 핀테크(금융+기술) 기업과의 상생을 위해 노력한 결과인데, 세계 최초로 은행과 핀테크 기업이 공동 플랫폼 형태로 조회, 자금이체 등을 제공하는 사례라고 할 수 있다.

오픈뱅킹의 기술적 기반이 되는 것은 오픈 응용프로그램인터페이스(API)와 금융공동망이다. API는 응용 프로그램이 운영체제나 데이터베이스 관리시스템과 같은 시스템 프로그램과 통신할 때 사용되는 언어나 메시지 형식을 말한다. 즉, 응용 프로그램 개발자들이 애플리케이션을 만들 때 운영체제에서 동작하는 프로그램을 쉽게 만들 수 있도록 화면 구성이나 프로그램 동작에 필요한 각종 함수를 모아놓은 것이다. 음식 주문을 위해 주방에 직접 가지 않아도 메뉴판을 보고 주문이 가능한데, 이때 메뉴판이 API인 셈이다. 오픈 API란 인터넷 이용자가 직접 응용 프로그램과 서비스를 개발할 수 있도록 공개된 API를 말한다. 일반적으로 웹 서비스 형태로 공개하므로 특정 플랫폼에 종속되지 않는 특성이 있다.

금융에서 오픈 API는 핀테크 기업이 직접 응용프로그램과 서비스를 개발할 수 있도록 공개된 프로그램 도구로서 잔액 조회, 거래내역 조회, 계좌실명 조회, 송금인 정보 조회, 입금이체, 출금이체 등 6개의 서비스 API와 인증·관리 API가 제공되고 있다. 종래 핀테크 기업은 서비스 출시를 위해서는 은행과 개별적으로 협약을 맺어야 하는 것은 물론 표준이 다른 은행과는 호환에 어려움이 있었다. 이제 핀테크 기업은 오픈 API와 테스트 베드를 활용해 기존 금융 서비스에 새로운 정보기술(IT)을 접목시킨 다양한 핀테크 서비스를 편리하게 출시할 수 있게 됐다.

오픈뱅킹의 또 다른 기반인 금융공동망은 금융기관이 전기통신설비와 전자계산조직을 활용해 정보를 처리·보관하거나 전송하는 정보통신체제를 말하는데, 핀테크 기업이 이 공동망에 접속할 수 있도록 하는 것이 오픈뱅킹의 필수조건이다. 은행이 출자한 비영리기관인 금융결제원이 금융공동망을 구축·운영하고 있고, 핀테크 기업은 금융결제원의 오픈뱅킹 센터에 오픈 API를 통해 접속하면 이미 금융공동망과 연결돼 있는 은행과 간접 접속하게 된다.

이러한 오픈뱅킹은 4차 산업혁명에 따른 우리의 대응과 관련해 중요한 몇 가지 시사점을 제공한다. 우선 고객이 원하는 경우 제3자의 고객계좌에 접근을 허용하는 것이 오픈뱅킹의 핵심 내용인데, 이는 결국 데이터를 활용한 혁신적인 금융상품 출시를 촉진하는 등 데이터 경제의 출발점이라는 것이다. 또한 기득권 사업자인 은행에 대한 혁신 사업자인 핀테크 기업의 도전을 포용하기 위해 기존 금융인프라를 개방한 후 소비자의 선택을 받기 위한 신·구 사업자 간 무한 경쟁이 이루어지고 있다는 점이다. 모빌리티 혁신을 비롯한 신기술과 기존 전통산업의 갈등 해결원칙은 기득권의 보호를 위한 이해관계 조정이 아니라 신·구 산업 간 소비자 선택을 받기 위한 경쟁조건의 형성이라는 점을 보여 준다.

이에 오픈뱅킹을 비롯한 데이터 공유·활용을 위한 필수조건으로서 '데이터 3법'(〈개인정보보호법〉, 〈신용정보보호법〉, 〈정보통신망법〉)의 조속한 국회 통과가 시급하다 할 것이다.

핀테크, 금융의 판도가 바뀐다

핀테크(FinTech)는 금융(Financial)과 기술(Technology)의 합성어로, 금융과 IT의 융합을 통한 금융 서비스 및 및 산업의 변화를 통칭하는 개념이다. 2019년 5월 4일자 《이코노미스트(Economist)》의 핀테크 특집기사의 제목은 은행에 대한 기술의 습격(Tech's raid on the banks)이었고 그 핵심은 손안의 은행(A bank in your pocket)으로 묘사되어 있다. 이 기사와 같이 한마디로 모바일(mobile) 기술을 이용하여 금융 서비스를 쉽고 저렴하게 구현하는 것이 핀테크의 핵심이라고 할 수 있다.

물론 기존에도 금융권은 전산화, 정보화, 온라인화를 통해 금융산업의 효율화, 비용 절감을 추진해 왔지만, 2000년대 중반 이후 스마트폰의 출현, 초고속무선통신기술의 발전, 다양한 애플리케이션 서비스의 등장은 금융 분야에 일대 변화를 가져오게 된다. 그 변화의 핵심은 IT기업 등 비금융기업의 금융 서비스 제공이다. 비금융기업, 즉 핀테크 기업이 금융 서비스(송금, 결제, 클라우드 펀딩 등), IT 관련 서비스(금융 SW, 플랫폼 등), 데이터 분석 (자산관리, 거래분석, 로보 어드바이저 등) 서비스를 제공하게 된 것이다. 핀테크 기업은 모바일 결제, 빅 데이터 이용 신용평가 등을 통해 기존 금융 서비스의 효율화 및 비용 절감을 이루어내기도 하고 로보 어드바이저 자산관리, 클라우드 펀딩 등과 같이 금융분야에 신규 서비스를 창출하기도 한다.

최근 핀테크 산업은 이제 핀테크를 넘어서 빅테크(Big Tech) 내지 테크 자이언트(Tech Giant)의 시대로 변모하고 있다. 빅테크는 구글, 마이크로소프트, 페이스북, 아마존 등 인터넷 플랫폼을 기반으로 한 거대 정보기술 기업을 가리키는 용어인데, 이들이 막대한 가입자 기반을 수단으로 금융업에 침투하고 있는 것이다. 예를 들어, 아마존은 고객이 무인상점 아마존 고에서 필요한 물품을 집어들고 매장 밖으로 나가면, 미리 등록된 신용카드로 자동결제가 이뤄지는 서비스를 제공 중이다. 기존 금융권은 은행보다 규모가 더 큰 빅테크 기업이 금융 분야로 진출하고 있는 것에 대해 큰 우려를 나타내고 있다. 그렇다면 최근 핀테크 서비스 및 정책 동향 중 가장 큰 이슈가 되고 있고 향후 파급효과가 큰 것은 어떤 것이 있을까.

첫째, 오픈뱅킹이다. 이제 스마트폰 터치 몇 번으로 쇼핑이 가능할 정도로 편리한 세상이 되었다. 사전에 신용카드를 등록해 놓으면 대금결제도 비밀번호 입력만으로 간편하게 할 수 있다. 또한 보안카드 없이 비밀번호, 지문 등 간편 인증수단을 이용한 송금도 가능하다. 이처럼 비은행사업자들이 간편결제, 송금을 통해 은행의 영역이었던 지급결제 시장에 참여하면서 오픈뱅킹이 시작되었다. 또한 2019년 10월 30일부터 모바일 금융 앱 하나로 국내 18개 은행의 모든 계좌를 조회·이체할 수 있는 '오픈뱅킹'이 시범 시행되고 있다. 여러 은행의 앱을 설치할 필요 없이 앱 하나로 다른 은행 계좌를 이용할 수 있게 된 것이다. 예컨대, A은행 고객이라고 하더라도 자사 앱에서 B은행과 C은행 간의 계좌이체 업무를 처리할 수 있게 되었다. 이처럼 오픈뱅킹이란 은행 간 그리고 은행과 핀테크 기업 간 하나의 모바일 금융 앱으로 모든 은행의 금융정보에 접근하여 자금이체 등의 서비스가 가능한 생태계를 의미한다. 이처럼 오픈뱅킹은 세계 최초로 은행과 핀테크 기업이 공동 플랫폼 형태로 조회, 자금이체 등을 지급결제 시장에서 경쟁을 하는 사례라고 할 수 있다.

둘째, 마이데이터 사업 도입이다. 내가 금융 서비스에 가입하기 위해서는 이름, 전화번호, 주소 등 나의 개인정보를 해당 사업자에게 제공하여야 한다. 만약 개인이 내 개인정보를 열람하거나 다른 금융 사업자에게 제공하고 싶어도 사업자가 협조하지 않는 경우 어떻게 할 수 있을까 이런 문제를 해결하기 위해 〈신용정보법〉 개정안에 새로 도입하려는 제도가 소위 "마이데이터(My Data)"이다. 내 데이터를 내가 사용한다는 의미로서 〈신용정보법〉에는 "개인신용정보이동권"으로 구체화되어 있다.

이 권리는 본래 2018년 5월부터 시행된 유럽의 〈일반 개인정보보호법〉 제20조에 규정된 개인정보이동권(Right to Data Portability) 개념에서 유래된 것이다. 정보 주체인 개인이 본인의 정보를 보유한 기관에게 그 정보를 제3자 또는 자신에게 이동시키도록 요구할 수 있는 권리다. 예를 들어 개인신용평가와 관련해서 보면 개인이 해당 기관에게 본인의 사회보험료, 통신료 납부실적을 신용정보회사, 금융회사에 제공하도록 요구하여 신용평가 상 가점을 수취할 수 있다. 또한 내 거래정보를 본인 신용정보 관리업자에게 이전하도록 하여 내 금융정보를 통합적으로 한 번에 조회하고 소비행태나 위험성향 등에 대한 분석을 바탕으로 맞춤형 금융상품 추천이나 자문서비스를 받을 수 있다.

마이데이터는 기본적으로 동의 절차를 거쳐 정보처리자에게 위임하였던 개인정보의 처리 권한을 개인이 다시 회수한다는 개념으로써 그동안 정보처리자의 권한으로 오해되어 왔던 개인정보의 자기통제권, 자기결정권을 원상으로 회복한다는 의미를 가진다. 또한 소수의 거대 기업이 독점해 온 개인정보를 고객의 요청에 따라 제3자에게 이전함으로써 새로운 데이터 기반의 다양한 비즈니스를 촉발하게 된다. 특히, 다양한 데이터 간 결합이 용이해지면서 데이터 산업이 크게 성장할 가능성이 있다.

결국 마이데이터는 개인정보의 자기결정권을 강화하는 동시에 데이터 활용을 촉진하는 두 마리 토끼를 잡을 수 있는 대안으로 평가된다. 우리 정부도 마이데이터 정책을 “특정 기업이 보유한 개인정보를 해당 개인의 동의하에 다른 기업에게 제공해 맞춤형 서비스 개발에 활용하는 것을 지원”하는 제도로 정의하고 있다. 〈신용정보법〉 개정안은 마이데이터 산업으로 본인신용정보관리업을 신용정보조회업과는 별도로 신설하고 있다. 이 업의 고유업무는 본인 신용정보 통합조회서비스 제공인데 이는 1) 정보 주체의 권리 행사에 기반하여 2) 본인 정보를 보유한 금융회사 등으로부터 신용정보를 전산상으로 제공받아 3) 본인에게 통합조회 서비스를 제공하는 업(業)으로 정의하고 있다.

셋째, 은행을 대신한 자금중개 플랫폼의 등장 및 자산관리, 위험분석에 로보어드바이저 등 인공지능이 본격 사용되고 있는 점이다. 보통 자금중개는 투자자와 대출자가 원하는 자금 규모, 이자율 등 여러 조건이 일치할 경우 성립되는데, 대기업의 경우 금융시장을 통해 직접 유가증권을 발행하여 조달하지만 개인이나 중소기업은 금융기관을 통해 간접금융으로 자금을 조달한다. 만약 투자자와 대출자의 조건을 간편하고 저렴한 비용으로 매칭시킬 수 있다면 개인이나 중소기업도 직접금융을 통한 자금조달이 가능하다.

IT의 발달로 정보수집, 처리비용이 대폭 감소함에 따라 P2P 대출 플랫폼, 크라우드 펀딩 플랫폼이 등장하여 금융 수요자와 공급자를 매칭시켜 주는 역할을 하고 있다.* 이에 따라 그동안 공급자 중심의 자금중개서비스가 고객 중심으로 변화하고 있다. 한편 위험관리와 자산관리의 문제는 인공지능 알고리듬으로 해결할 수 있다. 구체적으로 보면 '로보 어드바이저'가 활성화되고 있다. 이는 '로봇(Robot)'과 전문 자산운용가를 의미하는 '어드바이저(Advisor)'의 합성어다. 컴퓨터 인공지능으로 이루어진 소프트웨어 알고리듬으로, 투자자가 맡긴 자산을 대신 운용하거나 투자자 자산운용을 자문해 주는 서비스다. SNS가 만들어 내는 대량의 정보을 가지고 빅 데이터 분석을 하여 기존 금융회사의 신용분석보다 비용이 저렴하고 정확도가 높은 서비스를 제공하고 있다.

넷째, 금융과 IT산업의 결합에 관한 것이다. 주로 핀테크가 IT기업의 금융업 진출을 의미하는 것이지만 기존 금융권의 IT서비스 진출 역시 주목할 필요가 있다. 금융위원회는 2019년 9월 금융회사의 핀테크 산업 진출을 지원하기 위하여 금융회사의 핀테크 투자 가이드라인을 발표하였다. 이에 따르면 금융회사가 출자 가능한 핀테크 기업의 업종을 확대하는 것은 물론 열거 업종 외에도 네거티브 방식으로 업종을 확대할 수 있게 하였다.

금융업과 직접 관련이 있거나 효율적 업무수행에 기여할 것으로 인정되는 핀테크 업종을 출자 대상으로 확대하였는데, 정보통신기술

---

* 크라우드펀딩(Crowd funding)은 온라인상에서 다수의 투자자로부터 자금을 조달하는 제도를 말한다. 군중을 뜻하는 영어 단어 '크라우드'와 재원 마련을 뜻하는 '펀딩'이 합쳐져 만들어졌다. 잡지나 음반, 영화, 아이디어 상품 제작 비용을 크라우드펀딩으로 모아 실제로 만들어지는 사례도 나온다. 크라우드펀딩에서 한 방식인 대출은 개인과 개인 사이에 이루어지며, 개인 간 직거래 방식 금융 서비스(Person to Person 금융)라고 해서 'P2P 대출'이라 부른다. P2P 대출은 금융기관을 통하지 않고 온라인으로 직접 금융거래를 하는 방식이다.

등을 활용하여 금융산업에 기여할 것으로 예상되는 업종을 다수 열거하면서 이에 준하는 업종도 포함하였다. 또한 열거된 업종이 아니더라도 금융위원회가 인정하는 업종에 대해서는 출자 가능하도록 규정하였다. 즉, 정보통신기술 그 밖에 디지털 신기술을 활용하여 금융산업이나 소비자에게 기여하거나 기여할 것으로 예상되는 사업을 하는 기업으로서 금융위원회가 인정하는 기업에 대해서는 투자를 허용하기로 했다. 둘째로 금융회사가 출자 가능한 핀테크 업종에 대해서는 직접 부수업무로도 영위할 수 있다는 원칙을 제시하였다.

다음으로 핀테크 투자 실패 시 임직원 면책 조건을 마련하였다. 금융회사의 임직원이 핀테크기업 투자 업무를 고의·중과실 없이 처리한 경우 〈금융기관 검사·제재 규정〉 제23조 제1항의 제재 감경·면제 사유를 적극 적용하기로 하였다. 신한은행의 경우 AI 전문 자회사를 설립하는 등 적극적으로 핀테크 투자에 나서고 있으며, 여타 은행 등도 해외송금, AI업체 등에 직접 투자를 준비 중이다.

다섯째, 위에서 살펴본 핀테크 산업의 혁신을 위한 법제적 지원방안으로 시행되고 있는 규제 샌드박스에 관한 것이다. 2014년 영국에서 핀테크 산업 육성을 위해 도입된 규제 샌드박스가 한국에서도 실현되고 있는 것이다. 샌드박스는 어린이들이 자유롭게 뛰노는 모래놀이터처럼 규제가 없는 환경을 의미한다. 규제 샌드박스란 기존 규제에 의해 보호되지 않거나 포섭되지 않는 새로운 기술, 서비스 모델에 대해 실험장(testing ground)을 제공하는 것이다. 한마디로 일정 기간 기존 규제의 적용을 면제해 주는 것이다. 규제 샌드박스가 등장하게 된 근본적 이유는 규제가 과학기술의 눈부신 발전을 따라가지 못하는 규제지체(time lag) 현상 때문이다. 규제지체 현상에 따른 규제의 불확실성을 해소해 적은 비용으로 시장에 접근하여 혁신적인 제품 출시를 가능토록 하는 것이 규제 샌드박스의 목적이다. 금융 분야의 경우 2019년 4월 1일 금융규제 샌드박스를 시행한 이후 2019년 11월까지 총 68건의 혁신금융서비스를 지정하여 과학기술정보통신, 산업융합 등 타 분야와 비교해서도 가장 활발한 활동을 벌이고 있다. 구체적인 사례를 보면 국민은행의 알뜰폰 사업의 은행 부수사업 승인으로 금융의 통신업 진출 허용, 신한카드의 신용기반 송금서비스 등 다양한 혁신 서비스가 도입되고 있다.

이러한 몇 가지 핀테크 사례에서도 확인되는 것과 같이 이제 금융업은 데이터가 가장 중요한 자산이 되는 산업으로 변화하고 있다. 월터 리스톤(Walter Wriston) 전 시티은행 회장은 돈에 대한 정보는 돈 그 자체만큼 중요해졌다라고 언급한 바 있다. 그만큼 핀테크 시대에서 데이터가 중요하다는 점을 설파한 것이다. 지금까지 금융업은 촘촘한 법적 규제를 통해서 금융거래의 신뢰성, 금융소비자 보호, 건전성 유지를 주요 기반으로 하고 있었다. 그러나 핀테크는 소셜 네트워크, 빅 데이터 등을 통하여 정보 비대칭성을 줄이면서 상호 신뢰를 형성하고 있다. 이제 소비자의 다양한 데이터를 분석하여 의미 있는 정보를 만들어 내는 것이 금융업의 핵심 경쟁력이 되고 있다. 금융업이 이런 변화를 수용하여 기존의 기득권에 안주하지 말고 내부 혁신을 이루어내야 지속적인 성장이 가능할 것이다.

금융당국은 데이터 경제의 기반을 마련하고 혁신금융의 과실을 모든 소비자에게 배분하기 위해 혁신을 지원하는 규제, 소비자 보호를 위한 규제, 원칙 중심 및 사후규제 중심의 규제로의 전환을 서둘러야 할 것이다. 다만, 핀테크 산업에서 데이터 활용을 극대화하는 것의 전제로서 정보보안, 프라이버시 보호가 중요하다는 점도 잊지 말아야 할 것이다.

그동안 우리 사회 어떤 분야에서도 찾아보기 어려운 일대 혁신이 금융 분야에서 진행되고 있다. 기존 기득권 금융사업자에 대한 신규 핀테크 혁신 사업자의 도전을 포용하기 위해 기존 사업자의 인프라를 개방하고 이를 기반으로 소비자 선택을 받기 위한 신, 구 사업자간 경쟁이 이루어지고 있다. 이를 통해 금융소비자의 편익이 향상되고 우리 금융산업의 경쟁력이 도약하는 미래를 기대해 본다.

코로나 이후를 준비하는 핀테크 공급망 금융

이제 진정 국면에 들어간 것처럼 보이는 코로나바이러스감염증-19(코로나19) 사태는 장기간 지속되면서 전 산업에 충격을 주고 있지만, 특히 소비 부진으로 인해 소상공인, 자영업자들에게 심각한 타격을 입히고 있다.

이런 긴급 시를 포함해 소상공인 등은 주로 은행을 통해 금융문제를 해결하고 있지만 소득의 불안정성, 재무정보와 담보의 부족 등으로 차입이 쉽지 않다. 또한 이들이 이용할 수 있는 유동화 상품이나 신용대출은 높은 관리비용 등으로 할인율, 대출금리가 높다. 특히 소상공인이 물품 및 서비스 공급 후 대금 회수까지는 한 달 이상 소요되는 경우가 많은데, 그동안 운전자금이 없어 생산을 멈추기도 한다.

이런 문제를 해결하기 위해 등장한 것이 소위 공급망 금융(supply chain finance)이다. 이는 물품이나 서비스를 생산 또는 공급하는 과정에서 필요한 운전자금을 공급자에게 더욱 신속하게 제공하는 금융이다. 일종의 선정산 서비스로 매출채권을 담보로 현금을 선지급 받는 형태이다. 종래에는 대기업과 납품업체 간의 자금거래를 원활하게 하는 전자어음 할인, 외상매출채권 담보대출 등이 활용되었으나 최근에는 개인간거래(P2P) 플랫폼 또는 빅 데이터 분석 등 새로운 핀테크(금융+기술)를 활용한 공급망 금융이 활성화되고 있다.

공급망 금융은 매출채권의 현금화, 즉 선지급을 원하는 물품 등 공급자와 매출채권의 할인율에 투자하려는 자금공급자를 연결하는 사업이기 때문에 플랫폼 금융이라고 부르기도 한다. 전자상거래 업체, 카드사 등의 플랫폼이 가진 매출 내역, 판매자 평판 등 비금융정보를 활용해 담보나 보증이 부족한 소상공인의 신용도를 새롭게 평가해 자금 공급으로 연계하는 형태이다. 예컨대 우리은행, SK텔레콤, 11번가는 제휴를 맺고 온라인 마켓 판매자인 소상공인을 위해 SK텔레콤이 가진 소상공인의 비금융데이터를 활용해 공급망 금융상품을 출시할 계획이다. 이처럼 공급망 금융은 정부 주도가 아닌 핀테크 기업의 신용평가 시스템을 기초로 신속하게 자금을 공급한다는 점에서 시장원리에 충실하다는 장점이 있다.

이런 공급망 금융의 필수사항은 비금융, 비정형 데이터를 활용한 신용평가 업무를 비금융회사를 포함한 다양한 플랫폼이 수행할 수 있도록 하는 것과 신용도 평가를 위한 데이터의 개방과 공유가 가능하도록 하는 것이다. 정부도 이런 필요성을 인식하고 공급망 금융 활성화를 추진하고 있다. 우선 비금융회사도 비금융, 비정형 데이터를 활용한 신용평가 업무가 가능하도록 규제 샌드박스를 운영 중이며, 2020년 8월부터는 〈신용정보법〉을 개정해 이를 합법화하기로 했다. 또한 개정법은 가명 처리한 정보, 신용정보 주체가 소셜네트워크서비스(SNS) 등에 직접 또는 제3자를 통해 공개한 정보의 경우 동의 없는 활용이 가능하도록 해 데이터 공유를 확대했다. 또한 종래 대부업으로 규율되었던 P2P 금융의 법적 근거와 요건을 명시한 〈온라인투자연계금융업법 및 이용자 보호에 관한 법률〉을 제정하여 플랫폼 지위와 역할도 분명히 했다.

코로나19로 인해 금융 분야에서 우리가 배운 교훈은 그동안 우리가 노력해온 핀테크 기반의 비대면 거래의 중요성이 재인식되었다는 점과 위기에 취약한 소상공인을 위해 다양한 지원책을 마련해 두어야 한다는 것이라고 할 수 있다. 공급망 금융이 시장원리를 기초로 지속가능한 소상공인 지원 기능을 수행함으로써 혁신적 포용금융 사례로 자리 잡기를 기대한다.

빅테크(Big Tech)와 금융회사 간의 경쟁

국민 메신저 카카오톡과 국민 포털 네이버를 운영 중인 카카오와 네이버가 금융업 진출에 속도를 내고 있다. 이미 카카오뱅크라는 인터넷전문은행을 보유한 카카오는 자회사인 카카오페이를 앞세워 우선 지급결제시장에 진출했고 이후 2020년 2월 바로투자증권을 인수하여 카카오페이증권으로 사명을 변경하고 증권업에 진출했다. 네이버도 네이버파이낸셜이라는 자회사를 통해 금융업에 진출했다. 외국은 우리보다 훨씬 앞서 있다. 구글, 아마존, 등 글로벌 플랫폼은 브랜드 인지도, 엄청난 고객 데이터, 첨단 ICT 기술을 기반으로 금융시장에 진입하고 있다.

이처럼 인터넷 플랫폼을 기반으로 한 거대 정보기술(IT) 기업을 빅테크(Big Tech)라고 부른다. 핀테크(Fin Tech)가 주로 디지털기술을 갖춘 금융 서비스를 제공하는 것이라면 빅테크는 빅 데이터를 사업의 핵심으로 삼고 직접적인 금융 서비스를 제공하는 것이 특징이다. 이제 은행, 증권, 보험 등 금융업권 내 수직적 칸막이 속에서의 업권 간 경쟁이 아닌 금융회사와 빅테크 간 치열한 경쟁이 일어날 전망이다.

한국의 금융당국은 어떤 국가의 규제 기관보다 앞서 기존 금융시스템의 개방과 혁신을 통해 빅테크를 비롯한 비금융기관의 금융업 진출을 선도하고 있다.

먼저 2019년 말에 도입된 오픈 뱅킹(open banking)이다. 이는 은행이 보유한 결제기능 및 고객 데이터를 오픈 API 방식으로 은행 및 핀테크 업체 등에 공개하는 것이다.

다음 개정 〈신용정보법〉에 따라 이루어지게 될 마이데이터(My Data)와 데이터 이동권이다. 마이데이터는 소비자가 여러 기관에 산재한 본인의 개인정보를 능동적으로 통합 관리, 활용하는 것으로 개정 신용정보법상 신용정보 주체의 신용정보를 일정한 방식으로 통합하여 본인에게 제공하는 행위를 영업으로 하는 '본인신용정보관리업'이 여기에 해당한다. 데이터이동권은 개인이 직접 금융기관에 있는 자신의 개인정보를 제3의 업체에 전달해 새로운 서비스를 받도록 하는 것이다. 결국 마이데이터 사업은 데이터이동권을 수단으로 본인 신용정보의 통합적 관리를 지원하면서 소비패턴 등의 분석으로 개인의 신용관리·자산관리 서비스를 제공할 수 있게 된다.

마지막으로 〈전자금융거래법〉에 도입되는 마이페이먼트(My Payment)와 종합결제지급업이다. 마이페이먼트는 고객자금 보유 없이 금융기관에 지급지시(Payment Order)를 하는 사업으로 한 번의 로그인만으로 모든 은행의 자기계좌에서 결제·송금을 처리할 수 있다. 종합결제지급업은 은행과의 제휴 없이 독립적으로 계좌를 발급·관리하고 이를 통해 결제·정산할 수 있는 사업이다.*

이처럼 빅테크 기업의 금융업 진출은 기존 금융기관 데이터의 개방과 공유의무를 기반으로 하고 있다. 이미 엄청난 가입자 정보를 보유 중인 빅테크로서는 금융데이터의 확보를 통해 기존 금융사 대비 강력한 경쟁상 우위를 지닐 수 있게 된다. 향후 빅테크가 강력한 IT

* 2020년 11월 27일 윤관석 더불어민주당 의원이 위 내용을 담은 〈전자금융거래법〉 개정안을 대표 발의했다.

플랫폼을 바탕으로 금융소비자를 대거 유치한다면 은행과 같은 기존 금융사의 입지는 상당히 줄어들게 될 것이다. 벌써 역차별이니 기울어진 운동장이라는 우려가 금융기관에서 나오고 있다.

사실 이와 같은 신산업과 구산업의 경쟁과 갈등은 금융만의 현상이 아니다. 멀리 보면 마차와 자동차 가까이는 택시와 혁신모빌리티의 경우에도 유사한 갈등과 경쟁이 있었다. 원론적으로 보면 정부는 신산업의 혁신을 지원하기 위해 기존 규제를 허무는 한편 구산업을 위해 규제를 완화하여 혁신을 도모할 유인을 제공하는 것이 바람직하다.

한편 다른 중요한 문제는 글로벌 빅테크 기업의 국내 금융업 진출 가능성에 대한 준비이다. 이미 미디어 콘텐츠 분야는 국내 시장의 상당 부분을 넷플릭스, 유튜브 등 글로벌 IT 기업이 석권하고 있다. 이런 안타까운 현상이 반복되지 않도록 널리 지혜를 모아야 할 때이다.

새로운 역사를 여는 한국의 디지털 금융

금융권의 변화가 심상치 않다. 모바일 앱을 통해 송금과 결제가 가능해지더니 이제 은행권의 모바일 앱에서는 계좌이체는 물론 주식 투자까지 간편한 인증으로 손쉽게 이루어지고 있다. 금융규제 샌드박스를 통해 핀테크, 플랫폼 기업이 기존 금융규제를 피해 금융 서비스를 제공하는 한편 기존 금융사는 비대면 본인 확인의 허용으로 소비자에 대한 접근성을 확대하고 있고 겸영, 부수 업무의 예외 인정을 받아 기존 업무의 범위를 벗어나 새로운 시장으로 진출하고 있다. 금융사, 핀테크, 플랫폼 기업 모두 관심을 보이고 있는 본인신용정보관리업(My data)은 다양한 기관에 흩어져 있는 개인의 데이터를 수집, 분석해서 통합조회, 자산관리 등의 서비스를 제공한다. 각각 오픈뱅킹, 금융규제 샌드박스, 마이데이터가 우리의 금융 생활에 획기적 변화를 가져오고 있다.

이처럼 정보통신 네트워크, 스마트폰, 빅 데이터, AI 기술이 금융산업에 활용되면서 금융상품 및 서비스 거래가 디지털화, 비대면화되는 현상을 디지털 금융이라고 한다. 최근 코로나19에 따른 온라인 거래 선호 경향, 금융회사의 재택·유연근무 확대 등은 금융의 디지털화, 비대면화를 심화시키고 있다.

크게 보면 디지털 금융은 다음 두 가지 방향으로 진행되고 있다.

하나는 기존 금융사의 디지털화 촉진이다. 대내적 업무 프로세스는 물론 대외적인 고객서비스 제공을 디지털화하는 것이다. 다른 방향은 디지털 기술로 무장한 핀테크, 플랫폼 사업자의 금융 분야 진출이다. 다만, 양자는 디지털 방식의 결제·송금·중개 등에서 신기술과 결합한 금융플랫폼으로 진화하면서 결국은 플랫폼 간 경쟁이라는 방향으로 진행되고 있다.

정부는 최근 디지털 금융의 법제도적 기반을 갖추기 위해 〈전자금융거래법〉을 전면개정하는 작업을 시작하였다. 동법은 2006년 제정되어 주로 기존 금융기관의 전자적인 금융거래를 기술적으로 지원하기 위해 전자금융업이라는 별도의 업을 두는 것과 비대면으로 이루어지는 전자금융거래의 안정성과 신뢰성을 보장하기 위한 규제를 주요 내용으로 하고 있다. 정부는 금융규제 샌드박스, 오픈뱅킹, 마이데이터로 이어진 디지털 금융 혁신정책의 완성을 위해 디지털 방식의 지급결제 산업을 혁신하고 디지털 금융의 이용 규모 확대에 따른 이용자 보호와 금융보안을 강화하는 것을 주요 내용으로 하는 법개정안을 마련하게 된 것이다.

주요 내용을 보면 현행 7개의 전자금융업의 종류를 이용자에게 제공되는 전자지급거래에 관한 업무의 기능별로 구분하여 자금이체업, 대금결제업, 결제대행업의 3개 업종으로 간소화하였다. 또한 지급지시전달업(My Payment)과 종합지급결제사업자(Payment account)를 도입하였다. 전자는 이용자의 결제·송금 지시, 즉 지급지시를 받아 금융회사 등에게 이체를 실시하도록 전달하는 업이고 후자는 이용자에게 결제기능을 수행하는 계좌를 발급하여 자금이체, 대금결제, 결제대행 등을 수행하는 업이다.

또한 이용자의 선불전자지급수단 충전 잔액이 부족한 경우 대금

결제업자·종합지급결제사업자가 그 부족분에 대하여 가맹점에게 선결제하고, 이용자로부터 대금을 후불로 지급받을 수 있는 후불결제 업무를 도입했다. 전체적으로 동법 개정안으로 인해 핀테크, 플랫폼 기업의 전자금융업 진출이 활성화되고 전자금융거래에 있어 이용자 보호가 강화되는 효과가 기대된다.

이런 〈전자금융거래법〉 개정안에 대해 기존 금융권은 소위 '기울어진 운동장'이라는 불만과 함께 '동일기능 동일규제'의 필요성을 주장하고 있다. 정부는 일정 부분을 이를 수용하면서 빅테크의 금융업 진출에 따른 공정경쟁 환경 조성을 위한 규제체계 정비를 진행하고 있다. 2020년 12월 디지털금융협의회는 세부 과제별로 규제정비 방안을 발표하였다. 소위 규제차익을 해소하는 방안으로 빅테크들이 플랫폼을 기반으로 다양한 서비스를 제공하는 데 대응하여 은행도 금융·생활 플랫폼으로의 변화를 추구하도록 규제완화를 추진하기로 했다. 또한 신용카드사가 종합지급결제업을 영위할 수 있도록 하고 오픈뱅킹 관련 빅테크, 핀테크 기업도 오픈뱅킹망 운영비용을 일부 분담하도록 하였다.

정부가 디지털 금융의 활성화를 위해 글로벌 수준의 금융산업 혁신을 도모하고 거래규모 확대에 따른 이용자 보호와 보안 리스크를 대응하는 한편, 금융회사와 빅테크의 규제 형평성을 제고하려는 방향은 타당한 것으로 평가된다. 다만, 몇 가지 유의사항이 있다.

첫째, 타 산업 분야와의 데이터 결합 분석을 위한 부처 간, 기관 간 협조에 관한 것이다. 데이터 경제의 성패는 데이터의 결합 그것도 이종 데이터 간의 결합에 있다고 해도 과언이 아니다. 다양한 데이터의 결합이 전제되어야 데이터의 가치가 빛나게 된다. 그런 점에서 보험산업에 필요한 건강보험공단의 건강정보의 개방 등 공공분야 데이터의 개방이 원활히 이루어질 수 있도록 노력할 필요가 있다.

둘째, 규제차익 해소에 관한 것이다. 원래 규제차익거래(regulation arbitrage)란 기업이 보다 유리한 규제가 있는 국가를 선택해서 거래를 하는 등의 방법으로 이익을 극대화하는 것이다. 정부가 말하는 규제차익은 핀테크, 플랫폼 기업의 금융 서비스에 대해 기존 금융사와 같은 규제를 적용하지 않음으로써 반사적으로 이들이 얻는 이익을 의미하는 것으로 보인다. 다만, 이를 일종의 정부의 시혜로 보고 이해관계자의 이의제기가 있으면 즉각 철회 가능한 것으로 보는 것은 적절하지 않다. 스타트업의 혁신을 조장하고 이를 지원하는 정부의 역할은 당연한 것이며, 이들의 발전을 위해 당분간 규제를 하지 않거나(Wait and see), 규제를 최소화하는 전략은 필수불가결한 것이다. 규제차익, 규제형평성의 개념보다는 핀테크, 플랫폼 기업의 책임 강화라는 측면에서 접근하는 것이 타당하다.

끝으로 지속적으로 과감한 규제혁신이 필요하다는 것이다. 최근 마이데이터 사업 신청 기업의 10% 이상의 대주주가 금융 관계 법령을 위반한 사례가 있으면 해당 금융사가 마이데이터 사업을 할 수 없다는 규정이나, 금융사 대주주에 대한 법적 소송이나 사정기관의 조사 및 검사, 금융당국의 제재 등이 진행되고 있으면 종료 때까지 인허가나 대주주 변경승인 심사절차를 잠정 중단하는 심사중단 제도가 과연 4차 산업혁명 시대, 데이터 경제 시대에도 여전히 유효하고 타당한 것인지 의문이다. 더욱이 매우 촘촘한 법 규정과 엄격한 법 집행의 현실을 고려하면 기업에게 가혹한 규정이 아닐 수 없다. 요건을 축소하거나 심사에서 재량으로 참고할 수 있는 사항 정도로 하는 것도 가능할 것으로 보인다.

마이데이터 등 디지털 금융 분야는 우리가 세계시장을 선도하는 퍼스트 무버가 될 가능성이 높은 분야이다. 아무쪼록 정부, 기업이 힘을 모아 2021년 올해가 금융혁신을 통해 디지털금융 강국으로 가는 첫해가 되기 바란다.

디지털 금융 법제, 업그레이드 해야

최근 2년째 계속되는 코로나19에 따른 온라인 거래 선호 경향, 금융회사의 재택·유연근무 확대 등은 금융의 비대면화, 디지털화 경향을 심화시키고 있다. 이제 스마트폰 하나로 결제, 송금은 물론 예적금, 보험, 증권 가입 등 거의 모든 금융거래가 가능해지고 있다. 이처럼 정보통신 네트워크, 스마트폰, 빅 데이터, AI 기술이 금융산업에 활용되면서 금융상품 및 서비스 거래가 디지털화, 비대면화 되는 현상을 디지털 금융이라고 한다.

이런 디지털 금융과 관련된 법제가 2006년 제정된 〈전자금융거래법〉이다. 전자금융이라는 표현을 통해 알 수 있듯이 동법은 스마트폰이 생기기 훨씬 전에 만들어진 법으로 주로 기존 금융기관의 전자적인 거래를 법제도적으로 지원하기 위한 것이었다. 그러나 동법은 간편송금, 간편결제 등 오픈뱅킹의 도입, 네이버, 카카오 등 이용자 및 빅 데이터를 기반으로 하는 대형 금융플랫폼의 등장, 기존 금융권의 디지털화 촉진 등 4차 산업혁명의 거대한 흐름을 뒷받침하지 못하는 아날로그식 규제에 머물러있다.

이에 작년 11월 지급결제산업을 혁신하고 디지털 금융의 이용 규모 확대에 따른 이용자 보호와 금융보안을 강화하는 내용을 담은 〈전자금융거래법〉 개정안이 발의되었지만, 아직 국회 문턱을 넘지 못하고 있다. 여기에는 다음 몇 가지 이슈가 있다.

첫째, 기존 금융권과 핀테크, 금융플랫폼 간의 시각 차이가 있다. 기존 금융권은 법이 개정되면 빅테크와 같은 비금융사업자가 소액 후불 결제와 계좌개설, 선불지급을 할 수 있어 기존의 은행, 카드 등 금융사들과 비슷한 업무를 하게 되나, 기존의 금융기관이 받던 규제는 받지 않아 동일행위 동일규제 원칙에 위반된다고 한다. 그러나 마이페이먼트(My Payment), 스몰라이선스(Small License) 도입 등을 통해 혁신적 아이디어에 기반한 핀테크 기업의 창업이 활발해지고, 이들이 글로벌 수준의 디지털 금융 유니콘으로 성장하도록 기회의 사다리를 제공하는 것은 정부의 본연 혁신정책이라는 점을 고려할 필요가 있다. 또한 카드사의 계좌개설 허용, 빅테크의 〈금융소비자보호법〉 적용 등 규제 형평도 고려하고 있음을 참고할 필요가 있다.

둘째, 빅테크의 외부청산 의무화 이슈이다. 은행과 달리 빅테크를 통한 거래는 외부 기관(금융결제원)을 통한 청산 절차를 거치지 않기 때문에 고객이 빅테크에 맡긴 선불충전금이 실제로 어떻게 사용되고 처리됐는지 확인할 수 없는 문제를 해소하고자 동 규제가 도입되었다. 이에 대해 한국은행의 고유 기능인 지급결제제도를 침해하는 것을 물론 고객의 결제정보가 집적되면서 빅 브라더 문제가 생길 수 있다는 비판이 있다. 그러나 빅테크도 금융안정과 소비자보호의 조화를 위한 안전장치로서 외부청산이 필요하다고 봐야 하나, 그렇다고 은행과 같은 규제를 도입하면 혁신을 저해할 수 있기 때문에 외부청산이 절충적인 선택이라고 할 수 있다. 또한 빅테크의 외부청산 의무화는 궁극적인 소비자 보호나 편익 차원에서 현재의 개인정보보호와의 갈등을 용인할 수 있는 사안이라고 볼 수 있다.

그간 금융부문은 어떤 분야보다 모범적으로 혁신지원과 규제개혁을 통해 소비자 편익을 확대해 왔다. 이는 기존 금융권의 이해와 자기혁신 노력, 핀테크 기업의 혁신 노력, 규제샌드박스 등 정부의 유연한 규제완화 정책의 합작품이라고 할 수 있다. 첫 술에 배부를 수 없다는 속담이 있다. 소모적인 긴 논란으로 큰 흐름을 놓치지 말고 양보와 이해를 통해 조속히 디지털 금융 법제가 마련되기를 기대한다.

7

디지털 경제 시대 거버넌스 혁신

거버넌스(governance)란 용어는 사회 내 다양한 기관이 자율성을 지니면서 함께 국정운영에 참여하는 통치 방식을 말하며, 다양한 행위자가 통치에 참여하고 협력하는 점을 강조해 '협치'라고도 한다. 오늘날의 행정이 시장화, 분권화, 네트워크화, 기업화, 국제화를 지향하고 있기 때문에 기존의 행정 이외에 민간 부문과 시민사회를 포함하는 다양한 구성원 사이의 네트워크를 강조한다는 점에서 생겨난 용어다.

다만, 그 경우에도 국가행정조직이 어떻게 구성될 것인지가 제일 중요하다고 할 수 있다. 국민에게 행정은 공무원의 행위로 나타나지만 실제로 해당 공무원은 복잡하게 얽힌 행정조직을 통해 행정업무를 수행한다. 즉, 행정조직의 이론은 기본적으로 행정기관의 업무범위, 행정기관 간 상호간의 관계를 정하는 행정 내부의 업무에 관한 것이지만, 국민의 권리의무와 관련된 행정의 내부적 의사결정과정과 그 결정의 집행은 단순히 행정 내부적 문제로 볼 수 없다.

〈행정조직법〉의 기본원칙으로는 법률유보, 능률성, 민주주의를 제시할 수 있다. 첫째, 종래에는 행정조직의 구성은 행정 내부의 문제이므로 인격주체간의 관계에서 적용되는 법률유보의 원리가 적용되지 않는다고 보았다. 그러나 행정조직이 국민의 생활에 미치는 영향을 고려하면 행정조직의 구성, 업무범위는 입법자의 직접적인 관심사항이 아닐 수 없다. 이에 따라 헌법 제96조(행정각부의 설치·조직과 직무범위는 법률로 정한다)에 의해 '행정조직 법정주의'가 적용된다.

이러한 조직법정주의의 근본적인 취지는 행정조직 간 임무 배분의 명확성을 통해 행정의 책임소재를 명확하게 하고 이를 통해 국민에게 예측가능성을 보장하며, 국가행정조직에 대한 의회의 통제권의 실효성을 보장하기 위한 것이다. 둘째, 행정조직의 경우에도 직무 범위를 효율적, 체계적으로 설계하여 중복이나 비효율이 없도록 하는 것이 중요하다는 점에서 능률성의 원리도 중요한 원칙이 되고 있다. 셋째, 행정권 행사의 민주적 정당성의 확보, 행정권 행사에 대한 민주적 통제의 확보라는 측면에서 민주주의 원리도 적용된다고 본다.

정부조직 중에도 ICT 부문은 그동안 ICT 기능의 집중과 분산을 반복해 왔다. 현재는 과학기술정보통신부, 방송통신위원회의 이원적 구조를 가지고 있으며 각각 ICT 산업 진흥과 규제 업무를 분담하고 있다. 그러나 최근 개인정보보호위원회가 방송통신위원회와 행정안전부의 개인정보 관련 업무를 통합하여 수행하고 있는데, 데이터청 신설 등 데이터 거버넌스에 대한 논의가 이어지고 있는 ICT, 데이터 거버넌스에는 상당한 변화가 예상된다.

그럼에도 지속적인 글로벌 경제위기, 첨단산업의 국제경쟁력 약화, 대중소기업 간·세대 간·지역 간 격차의 확대, 청년실업 문제의 심화 등 한국이 직면하고 있는 위기상황을 극복하기 위해 스마트한 정부의 역할이 요구되고 있다. 스마트 시대의 기업은 'fast-follower'가 아닌 'first-mover'가 되어야 하고 ICT 부처는 디지털 생태계 전반의 조정자·촉진자·후원자로서 환경조성과 공정한 경쟁규칙 정립에 주력하여야 할 것이다.

이 모든 과제를 달성하기 위한 첫째 수단이 바로 스마트 시대에 적합한 ICT 거버넌스 설계라는 점을 인식할 필요가 있다. 이 점에서 "디지털 경제 시대 거버넌스 혁신" 절에서는 규제 샌드박스, 4차산업혁명위원회, 과학기술정보통신부, 개인정보보호위원회, 방송통신위원회 등 여러 거버넌스의 이슈와 제언을 다루고 있다.

과학기술 실용화의 디딤돌, 규제 샌드박스

2019년 2월 14일 과학기술정보통신부 신기술·서비스 심의위원회는 첫 정보통신기술(ICT) 규제 샌드박스 사업으로 손목시계형 심전도 장치를 활용한 심장관리 서비스와 행정·공공기관 고지서의 모바일 전자고지 서비스에 대해 각각 실증특례와 임시허가를 부여했다.

지금까지 손목시계형 심전도 장치 등 웨어러블 기기를 통해 측정한 환자 상태를 보고 의사가 환자에게 내원이나 타 의료기관 방문을 안내하는 것은 의료법상 근거가 불분명했다. 그러나 실증특례 허용으로 환자는 상시 심전도 측정을 할 수 있게 됐고, 병원에 가지 않고도 이상 징후 시 내원 안내를 받거나 증상 호전 시 1, 2차 의료기관으로 전원하도록 안내받을 수 있게 됐다. 또한 심의위원회는 행정·공공기관이 메신저, 문자 등 모바일을 통한 전자고지 서비스를 할 수 있도록 본인 확인기관이 주민번호를 연계정보(주민번호를 단방향 암호화한 정보로서 원래의 입력 값으로 복원이 불가능하며, 주민번호 대신 온라인 본인확인에 활용)로 일괄 변환할 수 있는 임시허가를 부여했다. 법령에 따르면 본인확인기관은 개인정보 수집·이용에 관해 이용자에게 동의를 받아야 해서 사실상 연계정보 변환처리를 할 수 없었다. 우편고지를 모바일고지로 대체함으로써 2년간 약 900억 원 규모의 사회적 비용이 절감된다.

2014년 영국에서 핀테크 산업 육성을 위해 도입된 규제 샌드박스가 한국에서도 실현되고 있는 것이다. 샌드박스는 어린이들이 자유롭게 뛰노는 모래 놀이터처럼 규제가 없는 환경을 의미한다. 규제 샌드박스란 기존 규제에 의해 보호되지 않거나 포섭되지 않는 새로운 기술, 서비스 모델에 대해 실험장을 제공하는 것이다. 한마디로 일정 기간 기존 규제의 적용을 면제해 주는 것이다.

규제 샌드박스가 등장하게 된 근본적 이유는 규제가 과학기술의 눈부신 발전을 따라가지 못하는 규제지체 현상 때문이다. 규제지체 현상에 따른 규제의 불확실성을 해소해 보다 적은 비용으로 시장에 접근하여 혁신적인 제품 출시를 가능토록 하는 것이 규제 샌드박스의 목적이다. 특히 신청기업 90% 이상이 중소벤처, 스타트업인 점을 감안하면 규제 샌드박스가 창의와 도전의 분위기 확산을 통한 혁신 성장에 중요한 역할을 하고 있다.

다만 웨어러블 기기에 대한 심전도 측정 허용을 원격의료 허용으로 보고 반대하는 의료계나 전자고지로 인한 우편물량 감소를 우려하는 우체국의 반대와 같이 규제 샌드박스가 기존 경제, 산업질서에 영향을 주기도 한다. 기존 제도의 변경 없이 한시적 시험적인 허용으로 혁신의 과실을 극대화하려는 규제 샌드박스의 취지를 이해하려는 자세가 필요하다. 또한 블록체인 기반 해외송금 서비스에 대한 부처 간 의견차에서 보는 바와 같이 관계 부처는 이해관계자 간 균형이라는 기존 틀에서 벗어나 혁신과 성장을 이끌 수 있도록 규제 샌드박스에 대한 적극적 자세를 견지할 필요가 있다.

규제 샌드박스 도입이 많이 필요하다는 것은 달리 말하면 현행 규제와 과학기술 간의 부정합, 갈등이 많다는 것을 의미한다. 이에 오히려 규제 샌드박스 도입 이후가 더 중요하다. 최대 4년인 일시적 규제 유예기간 동안 새로운 진입규제를 도입하거나 기존 규제를 폐지해 신기술, 서비스를 합법화하기 위한 노력이 필요하다. 대부분 이해관계자 간 갈등이 첨예해 합의에 이르기 어려운 이슈이므로 규제 샌드박스 허용 이상의 정성과 노력을 기울여야 할 것이다. 허용된 신기술, 서비스와 관련된 개별 법제도별로 법제도 개선, 정비를 위한 사회적 협의체를 구성하는 것도 고려해 봄직하다.

혁신성장과 경제활력을 원하는 간절한 바람에도 기존 질서를 보호하는 규제의 공고한 벽 앞에서 과학기술의 실용화는 번번이 좌절됐다. 이제부터라도 규제 샌드박스가 과학기술 혁신을 실용화하는 디딤돌 역할을 함으로써 규제가 과학기술의 위험을 예방하는 것 외에 과학기술의 혁신을 선도하고 지원할 수 있다는 점을 보여 주기 바란다.

ICT 정부 조직이 바로 서야 하는 이유

최근 미래창조과학부,* 방송통신위원회 등 정보통신기술(ICT) 정부 조직과 구성원인 공직자들이 연일 뉴스에 등장하고 있다. 단말기유통법상 지원금 상한 폐지를 둘러싼 해프닝, 모 통신기업의 케이블 기업의 인수와 관련된 부처 간 정책 엇박자에다 일부 미래부, 방통위 공무원의 부적절한 처신이 문제가 되고 있다. 왜 이렇게 갑자기 여러 문제가 불거져 나오는 것일까. 우선 ICT 정책 역량의 부족이나 공직자 개인의 비위, 일탈이 이유겠지만 그 외에도 미래부가 창조경제의 중심 부처로서 이번 정부에서 가지는 상징성 때문에 국민과 언론의 관심과 기대의 대상이 돼 왔는데, 3년이 지난 이제 냉정한 평가가 이루어지고 있다고 볼 수도 있다.

2008년 출범한 이명박 정부는 ICT 전담 부처였던 정보통신부를 폐지하고 ICT 정책 기능을 여러 부처로 분산하는 분산형 ICT 정책 추진 체계를 채택했다. 다만 방송통신이 융합하는 시대에 대응하기 위해 정보통신부와 방송위원회를 통합해 방송통신위원회를 설립했다. 2013년 출범한 박근혜 정부는 분산형 ICT 정책추진 체계에서 나타난 ICT 산업성장 둔화 등에 대한 대책으로 여러 부처의 ICT 기능

* 문재인 정부 들어와 과학기술정보통신부로 명칭이 변경되었다.

을 총괄하는 집중형 독임제 ICT 부처의 필요성을 절감했고, 이는 결국 과학기술부와 옛 정보통신부의 기능이 합쳐진 미래부의 탄생으로 이어졌다. 한편 기존 방통위는 지상파, 보도, 종합편성 등 정책 및 규제업무 등을 수행하고 그 외 방송통신 정책 및 진흥 업무는 미래부로 이관했다.

ICT 정부 조직이 바로 서야 하는 이유는 당면하고 있는 고용 없는 성장, 청년 실업, 저출산·고령화 문제를 해결하기 위한 수단으로서 ICT가 가지는 유용성 때문이다. 우리는 ICT 네트워크, 디바이스, 콘텐츠에서 세계 최고 수준의 경쟁력을 가지고 있다. 스마트폰, SNS, O2O 등의 ICT 디바이스와 플랫폼을 통해 혁신적 기술과 창의적 아이디어를 상품화해 시장과 일자리를 만들어야 한다. 종국적으로는 경제 운영의 패러다임 모방·응용을 통한 추격형 성장에서 벗어나 국민의 창의성에 기반한 선도형 성장으로 전환하는 데도 ICT 역할이 절대적이라고 할 수 있다. 그간 ICT 산업은 수출 주력 산업으로서 경제성장을 주도했지만 최근 미국의 GAFA(구글·애플·페이스북·아마존)를 중심으로 한 세계시장 석권, BAT(바이두·알리바바·텐센트) 등 기술력 있는 중국 기업의 추격으로 위기감이 고조되고 있다.

이런 이유로 미래부와 같은 집중형 ICT 정책추진 체계의 필요성이 존재하는 것이다. 드론, 자율자동차, 원격의료, 인공지능 등의 신기술을 전통 부처에서 담당하는 경우 기술적 전문성 부족도 문제지만 같은 부처 소관의 기존 이해관계자들의 저항에 막혀 정책 타이밍을 놓치기 쉽다. 국가의 혁신과 성장을 견인하는 ICT 기반 신기술과 서비스에 대해서는 집중형 ICT 정책 기관이 정책, 예산의 주도권을 가지면서 관련 부처와 협력하는 거버넌스를 가져야 글로벌 무한경쟁이 벌어지고 있는 세계시장에서 살아남을 수 있다.

다만 ICT 정부 조직도 그간의 성과에 대한 냉철한 평가를 통해 새롭게 탈바꿈할 필요가 있다. 막대한 예산과 인허가, 과징금 부과 등 규제 권한을 가진 조직으로서 진정으로 국민과 기업의 목소리에 귀를 기울여 왔는지, ICT 산업 성장이나 국민의 만족도 제고 등 실질적인 성과는 있었는지에 대한 점검이 필요하다. 관할권 확대나 실적 쌓기용으로 다수의 진흥법제를 추진한 것은 아닌지도 살펴봐야 한다. 지금도 기술별, 산업별로 넘쳐나는 진흥법제는 당초의 좋은 의도에도 불구하고 규제가 포함되면서 실제로는 진흥이 아닌 규제법이 되는 경우가 많다. 따라서 신기술이나 서비스에 대해서는 정부의 비개입, 비법제화 원칙을 견지해 산업 활성화를 도모해야 한다. 법제화는 정부 정책의 최종 목표가 아니며, 오히려 기술, 시장, 산업, 정책의 영역을 확대하고 법의 영역을 축소할 필요가 있다. 여야 추천 위원으로 구성된 합의제 기관인 방통위가 방송의 공익성, 독립성이라는 가치와 ICT 산업 활성화라는 목표를 조화롭게 추구해온 것인지에 대한 검토도 필요하다. ICT 정부 조직은 우리의 미래를 계획하고 준비하는 부처다. ICT 정부조직이 흔들린다는 것은 우리의 미래 계획과 준비에 차질이 빚어지고 있다는 것이다.

'세종시대' 여는 과학기술정보통신부

2019년 7월 말부터 8월 초까지 과천정부청사에 있던 과학기술정보통신부가 세종시로 이전했다. 1948년 정부 수립과 함께 설치된 체신부와 그 뒤를 이은 정보통신부가 70여 년 만에 광화문, 과천시대를 마감하고 세종시에 둥지를 틀게 됐다. 바야흐로 외교, 안보 관련 부서를 제외한 전 경제, 사회, 행정 부처의 세종시 이전으로 세종시가 사실상 행정수도로 자리매김하게 될 전망이다.

사실 정보통신부만큼 파란만장한 변신과 이전의 역사를 가진 부처도 없다. 1948년 체신부로 시작된 통신 전담부서는 김영삼 정부 시절인 1994년 정보통신부로 변경되었다. 정보화와 정보통신산업 육성을 전담하면서 정보통신 강국의 신화를 만들어 가는 중에 2008년 이명박 정부는 14년 만에 정보통신부를 해체하고 이를 방송위원회와 통합해 방송통신위원회를 설치했다. 이때 정보통신부의 일부 업무가 행정자치부, 산업자원부, 문화관광부로 이관됐다. 2013년 3월 박근혜 정부가 출범하면서 타 부처로 이전된 업무를 다시 통합하고 교육과학기술부의 과학기술업무가 이관되어 미래창조과학부가 설치됐다. 문재인 정부 출범 후인 2017년 7월에는 미래창조과학부의 명칭을 과학기술정보통신부로 변경해 현재에 이르고 있다.

광화문 한복판 현 KT청사에 있던 체신부, 정보통신부는 1995년부터 3년간 서울 신문로 세안빌딩으로 이전했다가 다시 광화문 KT청사로 돌아왔다. 2013년 과천 시대를 맞게 되었지만 3년 뒤인 2016년 7월에 5동으로 이전했다가 이번에 세종으로 내려가게 됐다. 세종으로 내려가는 과기정통부는 민간건물인 임시청사에 2년 정도 머물고 2022년 신축되는 정부세종 신청사에 입주할 계획이다.

이처럼 정보통신 부처의 잦은 조직 변경과 청사 이전이 주는 시사점은 무엇일까.

우선 장기적 안목에서 국가경쟁력 강화를 위한 IT 연구개발과 산업정책을 시행하지 못한 우를 범한 것이다. 소재, 부품 분야의 취약성으로 인한 일본과의 갈등도 결국 긴 호흡으로 이를 챙기는 기관이 없었기 때문이다. 둘째, IT 분야에 대한 선택과 집중을 소홀히 함으로써 이제 네트워크와 디바이스만 우수한 2류 IT 국가로 전락할 위기를 맞고 있다는 것이다. 셋째, 새로이 들어서는 정부가 IT산업 부처에 대한 이해가 부족한 대신 기존 부처의 입장을 지지하는 경우가 많다는 것이다.

다만 정보통신 부처의 세종시 이전이 가지는 특별한 의미는 정부수립 이후 처음으로 정보통신부처가 기획재정부, 산업통상자원부 등 경제부처와 한곳에 위치하게 됐다는 것이다. 4차 산업혁명의 주관 부서로 과기정통부는 경제정책과 산업정책을 총괄하는 부서와 유기적 협력을 맺는 것이 중요하다. 또한 의료, 교육, 교통 등 ICT 기반 융합정책이 절실히 필요한 시점에서 기존 산업을 담당하던 부서와의 협력과 양해도 중요하다. 이번 이전을 계기로 ICT 기반의 경제, 사회, 산업 정책은 물론 4차 산업혁명을 선도하는 부서로서 과기정통부가 전통산업 담당 부처가 이해관계자와의 관련성으로 인해 머뭇거릴 수도 있는 혁신성장의 길을 뚝심과 혜안을 가지고 헤쳐 나가기 바란다.

서울에 있던 14개 행정부처 이전의 근거가 되는 〈신행정수도 후속 대책을 위한 연기·공주지역 행정중심복합도시 건설을 위한 특별법〉의 약칭이 〈행복도시법〉이다. 이제 과학기술정보통신부를 끝으로 대부분의 행정부처의 이전이 마무리된 상황에서 세종에 근무하는 모든 공직자 그리고 이들이 만들어 내는 정책으로 인해 모든 국민이 조금 더 행복해지기를 기대한다.

경쟁법적 규제와 산업규제·산업정책

종래 통신시장은 대체로 법률상 독점 내지 정부 규제가 지배하고 있었다. 1990년대 들어 경쟁체제가 도입되기 시작한 후에도 유무선 통신의 양대 영역에서 과점 구조는 유지되고 있다.

법률상 독과점 체제하에서 그 폐해를 인위적으로 시정하고 경쟁시장에 상응하는 시장성과를 담보하기 위한 산업규제가 독점 사업자의 경쟁제한 행위를 방지하고 효과적인 경쟁여건을 조성하기 위한 경쟁법적 규제와 병존하고 있다.

이처럼 양대 규제가 혼재하는 것은 민영화와 경쟁원리의 도입에도 여전히 독과점 사업자가 시장에서 압도적 지위를 차지하고 있는 반면 후발 사업자는 지배적 사업자와 경쟁할 만큼 자리를 잡지 못하고 있기 때문이다.

규제 당국으로서는 사전규제를 포기할 수 없다고 판단하는 반면 경쟁 당국으로서는 경쟁제한 행위에 대한 사후규제를 더 이상 늦출 수 없다는 입장이다. 지배적 사업자는 경쟁 사업자들에 비해 현저히 낮은 원가구조를 갖고 있다. 이런 경쟁조건 아래서 자유로운 가격경쟁이 도입되면 다른 경쟁 사업자는 시장에서 퇴출될 수밖에 없고 결국 독점시장으로 회귀할 가능성이 높다.

이런 이유로 세계 각국은 통신시장에 특유한 별도 규제체계를 마련하고 있다. 통신산업이 경쟁구조로 전환해 나가는 과정이나 통신산업의 경쟁력 강화가 필요한 시점에서 통신시장에 경쟁법을 지나치게 엄격하게 적용하면 오히려 통신시장의 경쟁 보호나 통신산업 육성에 저해되는 결과를 초래할 수 있다는 것이다.

유사한 사례로 2019년 2월 EU 경쟁당국이 세계 2위 철도차량 제조업체인 독일 지멘스와 3위 프랑스 알스톰의 철도사업 합병을 불허했다. 두 회사 간의 수평적 합병은 소비자의 선택권을 제한하고, 가격 상승, 혁신 감퇴 등 소비자 후생도 저해될 것이라고 보았다. 이에 독일과 프랑스의 재무부 장관들은 〈21세기 유럽연합(EU)의 산업정책을 위한 독일·프랑스 공동선언문〉을 발표했다. 주요 내용은 유럽 기업들이 합병으로 규모를 키울 수 있도록 합병 규제를 완화하는 것이다. 글로벌시장에서 미국·중국 기업에 맞서려면 유럽에서도 공룡 기업을 키우고 경쟁법적 규제를 완화할 필요가 있다고 판단한 것이다.

한국에서도 경쟁 당국은 산업규제, 산업정책과 일견 다른 입장을 보인다. 경쟁 당국은 IT 대기업들의 빅 데이터 수집 과정에서 후발주자의 시장 진입 저해 여부를 검토하고, 특히 인수합병(M&A)에 의한 데이터 독점 발생 시 빅 데이터 매각 등 시정조치 부과를 검토 중이다.* 최근에는 IPTV의 케이블 M&A와 관련해 각각의 대리점이 원래

---

* 2019년 2월 27일 공정거래위원회는 '기업결합 심사기준'을 개정, 시행했다. 그 내용은 혁신기반 산업에서의 M&A를 심사할 때 필요한 관련시장 획정방식, 시장집중도 산정방식, 경쟁 제한 효과 판단 기준 등을 명시함으로써 잠재적 경쟁기업의 인수 등을 통해 나타나는 혁신 저해 효과를 보다 효과적으로 심사하도록 했다. 특히, 정보자산 M&A 심사 시 고려할 심사 기준을 제시했다. 정보자산 M&A의 경우, 기존 심사 기준의 경쟁제한성 판단 기준 이외에도 M&A로 인해 대체하기 곤란한 정보자산에 대한 접근을 봉쇄하는지 여부와 정보자산과 관련한 서비스의 품질을 저하시키는 등 비가격 경쟁을 저해하는지 여부 등을 고려하도록 했다.

업무 외에 다른 상품까지 판매하는 것을 금하는 소위 교차판매 금지 조건을 검토 중인 것으로 알려졌다.

전자는 대규모 데이터의 수집·활용이 데이터 경제로 이행하는 데 보다 중요한 반면 아직 데이터 독점 폐해가 검증되지 않았다는 점에서 성급한 면이 있다. 후자 역시 교차판매 금지는 규모의 경제 달성을 통한 유료방송시장의 경쟁력 강화와 합병에 따른 시너지를 부정하는 것일 뿐 아니라 소비자의 선택권에도 중대 장애가 될 수 있다는 점을 도외시하고 있다.

한국 경쟁법의 선구자 권오승 교수는 규제와 경쟁은 모두 공통의 문제와 공통의 목표 실현을 염두에 두고 있는바, 이때 공통의 문제란 과도한 시장지배력과 그 남용가능성이고 이를 해결해 소비자의 후생을 증대시키는 것이 바로 공통의 목표라고 말한다.

따라서 경쟁 당국은 경쟁법적 규제 외에 산업규제와 정책 역시 동일한 목적을 위한 고유의 역할이 있다는 점을 인정하고 산업규제 및 정책의 필요성과 전문성을 존중할 필요가 있다. 한 국가의 전체적인 정책방향의 선택을 경쟁법이 독점해서는 안 된다. 여기에도 상호 존중과 이해를 바탕으로 한 협력과 경쟁이 필요하다.

범정부 태스크 포스 전성시대

2020년 초 정부는 범정부 협업을 통한 경제·사회 전반의 디지털 혁신에 박차를 가하기 위해 디지털 혁신 3대 전략 분야 범정부 TF를 구성·운영한다고 밝혔다. 데이터 경제 TF, 디지털 정부혁신 TF, 디지털 미디어 산업 TF가 그것이다. 이들은 D·N·A(Data, Network(5G), AI) 등 디지털 기술혁신의 효과가 국민 삶과 경제·산업 전반에 확실한 변화를 가져올 수 있도록, 각각 데이터 3법 개정에 따른 하위법령 정비 및 데이터의 안전한 활용, 데이터 기반 정부 서비스 혁신, 데이터·인공지능 기반으로 콘텐츠·플랫폼·네트워크 등 디지털 미디어 산업 전반의 혁신을 위한 과제들을 발굴하고 속도감 있게 추진할 예정이라고 한다.

여기서 TF는 태스크 포스(Task Force)의 약어인데, 원래 특수임무가 부여된 특별 편제의 기동부대라는 군사용어였으나, 현재는 특정한 목적을 달성하기 위해 임시적으로 설치된 조직이라는 의미로 사용된다. 프로젝트 팀이라고도 한다. 주요 특성을 보면, 첫째, 기존의 조직 구성에 구애됨이 없이 목표 달성을 위해 필요한 관련 전문가로 구성된다. 둘째, 일정한 성과가 달성되면 해산되는 임시적 성격을 지닌다. 셋째, 구성원의 직위의 권한보다는 지식과 능력을 발휘하여 성과를 달성한다. 미국의 행정학자 베니스가 말한 애드호크라시

(adhocracy)와도 유사하다. 이는 문제해결을 위한 다양한 전문적 지식이나 기술을 가진 사람들로 구성된 이질적 집단으로서 사회환경 변화에 적응력이 강한 임시적인 조직체제로 정의된다.

이번에 정부가 운영하는 범정부 3대 TF는 정책과제별로 관련 부처가 참여한다는 점에서 부처 간 정책협의체 성격을 지니고 있다. 예컨대, 데이터 경제 TF는 기재부 1차관(단장), 과기정통부 2차관(공동지원단장) 및 행안부, 복지부, 금융위 등 13개 부처로 구성되어 있다. 정책과제에 포함된 여러 세부과제를 실행할 부처들을 구성원으로 포함해서 정책의 조정력과 실행력을 높일 수 있을 것으로 전망된다. 여기에다 정부는 청와대에 디지털 혁신비서관을 신설하여 이 3대 TF에서 나온 정책과제를 조율하는 역할을 담당하도록 하였다.

다만, 몇 가지 우려 사항도 있다. 첫째, 이런 중요한 정책이 너무 성급히 마련되는 것이 아닌가 하는 것이다. 정부는 데이터 경제 활성화 계획안은 2월 중으로, 디지털 미디어 생태계 발전방안은 3월 중으로 마련한다고 밝히고 있다. 이미 오랜 기간 연구와 검토를 거쳐서 이제 마무리만 남은 단계라면 다행이겠지만 그렇지 않으면 기존 계획의 재편집이 되지 않을까 우려된다. 당장 시급한 것은 결론을 내려 시행하되 그렇지 않은 것은 충분한 숙의 과정을 거치는 것이 타당할 것이다. 둘째, 정책조정 관련 기재부, 과기정통부, 국무조정실 등이 이미 조정 역할을 중복적으로 하고 있고 그 위에 다시 디지털 혁신비서관이 있어 하마터면 옥상옥의 비효율이 될 수 있다는 것이다. 대통령제 국가에서 결국 대통령이 정치적, 행정적으로 최종 정책결정권자이자 책임자라는 측면에서 청와대의 조정권한이 존중받고 조정능력이 발휘될 수 있어야 할 것이다. 또한 조정부서 간에도 역할과 책임을 명확히 하여 집행부서에 과도한 부담이 되지 않도록 해야 할 것이다.

셋째, 태스크 포스의 성격에 맞게 부처 공무원 외에 다양한 민간 전문가가 참여할 수 있도록 하는 것이 바람직하다.

사실 3대 범정부 과제인 데이터 경제, 디지털 정부혁신, 디지털 미디어 산업은 각각이 데이터경제부, 디지털정부혁신부, 디지털미디어부라는 별도의 정부 부처 조직으로 둘 필요가 있을 정도로 국가적으로 중요한 과제이다. 단순히 태스크 포스에 머물 것이 아니라 향후 4차 산업혁명을 대비하는 영속적인 정부조직으로서의 편제도 검토할 필요가 있을 것이다. 아무쪼록 범정부 TF가 국민과 기업이 체감할 수 있는 실질적인 성과를 내기 바란다.

통합 개인정보보호위원회에 바란다

2020년 8월 5일 개정 〈개인정보보호법〉, 〈신용정보법〉 등 데이터법이 시행됨과 동시에 행정안전부와 방송통신위원회의 개인정보 정책과 규제 기능을 이관받은 통합 개인정보보호위원회가 총리 소속 중앙 행정기관으로 출범했다. 이 위원회는 단순한 정부조직 개편을 넘어서는 의의가 있다. 향후 '대한민국호' 미래를 결정지을 수도 있다.

코로나 이후 '언택트' 경제를 대비해 정부는 향후 100년 먹거리를 준비하는 취지로 '디지털 뉴딜' 정책을 마련했는데, 이 핵심이 데이터 활용이다. 또 감염병 확산으로 개인에 대한 국가의 감시가 일상화될 가능성이 높은데, 이 점에서 프라이버시 보호가 어느 때보다 중요하다. 결국 인간의 삶을 윤택하게 하려는 데이터의 활용은 물론, 인간의 존엄을 지키기 위한 프라이버시 보호라는 두 가지 중차대한 과제가 위원회에 맡겨진 셈이다.

이 과제 달성을 위해 몇 가지를 당부드리고자 한다. 첫째, 민간과 소통을 강화해야 한다. 종래 위원회는 공무원을 고객으로 하는 행정안전부 소속 기관이라 국민과 소통하는 데는 아쉬운 면이 있었다. 데이터 활용과 보호 모두 고객은 민간이며 이들이 원하는 바가 무엇인지를 파악하고 이를 충족하는 것이 위원회 기본 임무다. 형식적 의견청취 이후 검토하겠다는 식이나 애로 사항을 민원으로 치부하는 방식은 곤란하다. 작은 애로 사항 하나라도 적극적으로 해결하려고 노력하고 공통 애로 사항은 제도나 정책 개선으로 연결돼야 한다. 투명성과 공정성을 지키는 범위 내에서는 민간과 많이 소통할수록 좋다.*

둘째, 법령에 대한 유권해석 기능을 활성화해야 한다. 기업들이 가명 처리나 데이터 결합 등 개정법에 새롭게 도입된 제도에 따라 업무를 처리하는 경우 가장 큰 난관이 이게 과연 적법한지 따지는 일이다. 각종 법령 해설서나 가이드라인도 도움이 되지만 개별 상황에 이르면 여전히 아리송한 점이 많다. 따라서 위원회 차원에서 업무 처리의 적법·타당 여부에 대한 유권해석을 활성화하는 것이 필요하다. 이렇게 되면 기업은 안심하고 데이터를 활용하는 것은 물론 정부도 데이터 남용을 방지할 수 있다. 다만, 공무원은 법 해석이 문서화되는 것에 부담을 느껴 유권해석을 꺼리는 경향이 있다. 이에 민간 전문가로 구성된 별도 전문 위원회에 1차적인 해석권을 부여하는 것을 고려할 수 있다.

셋째, 공공 분야에 대한 감독 강화다. 공공 부문의 개인 정보 활용은 대부분 법령 규정에 따라 이루어지기 때문에 일단 법령이 제정, 시행되면 사후 통제가 쉽지 않은 특징이 있다. 종래 감독 기구였던 행정안전부 역시 동급의 다른 기관을 통제하는 것이 현실적으로 어려웠다. 이제 독립된 중앙 행정기관의 지위를 가지게 된 위원회가 적극적으로 국가 CPO(Chief Privacy Officer)로서 공공 부문의 데이터 활용에 대한 감시자 역할을 할 필요가 있다.

넷째, 제재 시 대심(對審)적 기능의 강화다. 개정법은 법령 위반에

---

* '개인정보 톡톡릴레이'는 개인정보보호위원회가 각계각층의 시민, 전문가 등 50명과 50분간 데이터 시대의 개인정보 정책방향에 대해 나누는 대화인데 소통의 좋은 사례라고 할 것이다.

대해 전체 매출의 3%에 해당하는 과징금을 부과할 수 있게 하는 등 제재를 강화하고 있다. 이런 제재를 시행하는 과정에서 피심인에게 충분한 소명 기회를 주는 등 방어권을 보장해야 한다. 그래야 제재의 수용성, 실효성이 높아지고 위원회에 대한 신뢰도 확보할 수 있다. 이미 대심적 기능을 구현하고 있는 공정거래위원회나 방송통신위원회가 좋은 선례가 될 수 있다.*

이제 법 시행으로 데이터 활용의 전기가 마련되고 이 덕분에 데이터 산업이라는 새로운 산업이 본격화되면서 데이터 경제 시대가 열릴 것이다. 이 시대 위원회가 데이터 경제 선도자이자 인간 존엄 지킴이로서 역할을 성공적으로 수행하길 기대한다.

---

* 개인정보보호위원회는 2020년 11월 25일 제7회 위원회 회의를 개최하여 6년간, 당사자 동의 없이 개인정보를 다른 사업자에게 제공한 페이스북(Facebook)을 대상으로 67억 원의 과징금을 부과하고 수사기관에 고발하는 처분을 내렸다. 이번 조치는 2020년 8월 5일 개인정보위 출범 후 첫 번째 제재이자, 해외사업자를 대상으로 한 첫 고발 사례다.

5기 방송통신위원회에 바란다

2020년 8월 국회 추천 상임위원 2인이 임명되면서 이제 제5기 방송통신위원회가 본격 출범했다. 방통위는 2008년 방송과 통신의 융합이라는 시대적인 변화의 요구를 수용하기 위하여 당시 민간기구였던 방송위원회와 행정기관이었던 정보통신부가 통합하여 새롭게 탄생했다. 즉, 방송과 통신의 융합 환경에 능동적으로 대응하기 위해서는 방송과 통신규제기구의 통합이 필수적이라는 것이 출범의 배경이었다.

이에 따라 방통위는 방송, 통신, 전파, 개인정보 전반에 관한 정책과 규제 기관으로 출발했다. 그러나 2013년 방송·통신의 융합·진흥 및 전파관리, 정보통신산업에 관한 사무를 미래창조과학부(현 과기정통부)로 이관하면서 중대한 변화를 맞게 된다. 유료방송을 제외한 방송정책, 방송·통신·개인정보 규제중심의 기구로 변했다. 2020년 8월에는 개인정보보호 업무를 개인정보보호위원회로 이관하면서, 7월 현재 1처 3국 1관 20과에 288명 정원의 미니 부처가 되었다.

현행 〈방송통신위원회의 설치 및 운영에 관한 법률〉에 따르면 방통위의 설치 목적은 방송의 자유와 공공성 및 공익성 확보, 방송·통신의 국제경쟁력 강화, 방송통신위원회의 독립적 운영, 국민의 권익보호와 공공복리의 증진이고 주요 운영원칙은 방송통신 이용자 복지

실현과 방송통신 사업자 간 공정한 경쟁환경 조성이다. 이제 방통위 역사는 10여 년을 넘고 있는데, 새로 구성된 5기 방통위는 3년간의 임기 중 새로운 정부를 맞이하게 된다. 이는 필연적으로 현재의 방통위의 성과와 문제점에 대한 진단을 기초로 한 방송통신 거버넌스 개편 논의로 이어질 것이다. 2013년 이후 현재까지 방통위의 공과는 무엇이며 5기 방통위는 어떤 방향성을 가지고 운영되어야 할까.

방통위는 최근 국내외 규제 역차별 해소 등 공정경쟁 환경조성과 이용자 보호 차원에서 성과를 보여 주고 있다. 2020년 올해 3년째 인터넷상생협의회를 운용하면서 주요 해외사업자에 국내 대리인 지정 의무 부과, 망 이용료 차별 해소를 위한 공정한 망 이용 계약 가이드라인 제정, 해외사업자의 불법 서비스에 대한 임시중지 명령제도 도입의 성과를 달성했다. 특히, 글로벌 IT 기업인 페이스북을 상대로 인터넷 접속 경로 변경에 따른 속도 저하라는 피해에 대해 시정명령과 과징금을 부과한 것은 이용자 보호에 대한 방통위의 강력한 의지를 보여 준 것은 물론 거대 다국적기업에 대한 국내 규제 기관의 권위와 자신감을 보여 준 것으로 사례로 평가된다.

그러나 이런 성과에도 불구하고 방통위의 기본적 문제는 방송통신위원회라는 명칭과는 달리 지나치게 방송업무에 치중되어 있다는 것이다. 최근 위원 구성에 있어서도 대부분 언론사 출신이나 정치인 출신으로 채워지면서 통신, 인터넷 분야의 전문성에 의문이 제기되고 있다. 더 문제는 실제 방통위의 업무 비중도 대부분이 방송 분야가 높다는 점이다. 방송 분야 중에서도 지상파 방송, 종편의 재허가가 이슈가 제일 논란거리이다.

이런 방송 편중 현상은 상당 부분 현재 과기정통부와의 업무분장으로 인한 것이어서 불가피한 측면이 있지만 어쨌든 이제 방송은 방통위, 통신은 과기정통부로 이원화된 것처럼 보인다. 기술적으로 방송, 통신, 인터넷의 융합을 넘어 이제 기업도 디지털 플랫폼 중심으로 방송, 통신, 전자상거래, 금융 등의 융합이 급격히 진행되고 있는데, 정부 부처는 거꾸로 가고 있으니 문제가 아닐 수 없다. 근본적으로는 조직 개편을 통해 문제를 해결해야 할 것이나 우선 부처 간 정책협의체나 상위 조정 기능을 활성화해야 할 것이다. 이와 관련 최근 융합 미디어인 OTT 정책을 두고 과기정통부, 방통위, 문체부 간 중복과 갈등이 있는 것으로 알려져 있다. 만약 특정 부처 주관이 어렵다면 정부 차원에서 별도의 TF를 만들어서 규제 방향 설정, 국내 OTT 지원책, 콘텐츠 산업 육성 등 정책을 종합적으로 추진하는 것을 고려해야 할 것이다.

다음 방통위 사무처의 전문성에 관한 문제이다. 현재 방통위 사무처는 원래 민간인이었던 방송위원회 출신과 정보통신부 등 직업공무원 출신이 혼재해 있다. 정치적 감각을 지닌 방송위원회 출신과 행정적 전문성을 지닌 직업공무원 출신의 조화가 이상적이지만 현실은 그렇지 않은 것 같다. 방통위가 여야 간 대립이 극심한 정치적 이슈를 다루면서 사무처 조직의 전문성이 약화되고 있다. 전문성을 보완하기 위해 미니 부처에 10여 개의 법정위원회는 물론 다수의 협의회, 연구반이 있다. 위원회 내에 이렇게 위원회가 많은 것도 이례적이지만 전문가 풀이 제한적이라는 것과 전문가 의존 현상이 줄지 않는 것이 문제이다. 사후규제 기관으로서 법학, 경제학에 관한 기본 지식을 바탕으로 방송통신, 행정규제, 경쟁에 관한 법과 정책에 대한 전문성을 확보해야 한다. 특히, 방송통신 사건 처리 과정에서 법률의견서, 경제분석서를 사실상 의무화하고 이를 치밀하게 검토하는 과정에서 전문성은 향상될 수 있다.

끝으로 방송과 인터넷 공간을 유리한 여론 조성의 수단으로 이용하려는 정치 영역의 개입으로 인해 과연 방통위가 독립적으로 운영되고 있는지도 살펴봐야 한다. 5기 방통위의 경우 전직 국회의원 중심의 위원 구성으로 인해 더욱 그런 우려를 증가시키고 있다. 합리적인 ICT 정책보다 정쟁의 장이 되지 않을까 하는 우려이다. 게다가 위원 구성에 있어서 2014년 3기부터 계속 상임위원 4인 중에 방통위 공무원 출신이 없어 부처 간 협력업무 등을 위한 행정 분야의 전문성, 책임성 부족은 물론 공무원들의 사기 진작에도 문제가 나타나고 있다.

최근 ICT 생태계는 넷플릭스, 유튜브 등 글로벌 IT 기업의 국내 시장 석권이 현실화되고 있다는 점과 네이버, 카카오 등 디지털 플랫폼 중심의 집중이 일어나고 있다는 점이 특징이다. 전통적인 방송, 통신 기업이 국내외의 도전 앞에서 얼마나 지속 가능할지 의문이며, 새롭고 다양한 형태의 방송통신 이용자 피해를 어떻게 대처할지도 문제이다. 5기 방통위를 비롯한 ICT 정책 및 규제 기관은 위 2가지 이슈에 집중해 해답을 준비하고 이를 실행해야 할 것이다. 위원회 제도의 장점과 존립 근거는 대표성, 독립성, 전문성의 확보라는 것을 잊지 말아야 할 것이다.

열심히 달려온 개인정보보호위원회 1년

2021년 8월 5일은 데이터3법이 시행되고 동시에 행정안전부와 방송통신위원회의 개인정보 정책과 규제 기능을 이관받은 개인정보보호위원회가 총리 소속의 중앙행정기관으로 출범한 지 1년이 되는 날이다. 나는 1년 전 위원회 출범에 부쳐 인간의 삶을 윤택하게 하려는 데이터의 활용은 물론 인간의 존엄을 지키기 위한 프라이버시 보호라는 두 가지 중차대한 과제가 위원회에 부여되어 있는데, 이를 위해, 특히 민간과의 소통 강화, 법령에 대한 유권해석 활성화, 공공부문에 대한 감독 강화, 제재 시 대심적 기능 강화 등을 주문했다.

지난 1년 위원회는 톡톡 릴레이, 개인정보 미래포럼을 통해 이해관계자, 전문가로부터 다양한 의견을 청취하고 실질적으로 정책에도 반영하는 한편, 〈전자상거래소비자보호법〉, 〈전자금융거래법〉 등 개정안에 대한 의견제시 사례와 같이 공공부문의 개인정보 침해예방에도 성과를 거두었다. 그 외에도 데이터 활용과 보호 차원에서 여러 성과가 있었다.

데이터 활용 차원의 성과로는 가명처리, 데이터 결합과 EU 적정성 평가가 돋보인다. 안전한 가명정보 처리 및 활용을 위해 가명정보 결합·반출고시, 가명정보처리 가이드라인, 공공기관의 가명정보 결합·반출고시 등 하위 법령 작업을 진행하였다. 또한 국민적 파급효과가 5대 분야 7개 과제에 대한 가명정보 결합시범 사례를 발굴하고 추진했으며, 가명정보의 안전한 결합업무를 수행하는 결합전문기관 지정도 진행하였다. 또한 지난 3월 말에는 EU 적정성 초기결정을 마무리함으로써 한국은 개인정보보호에 있어 EU 회원국에 준하는 지위를 부여받게 되어 EU로부터 한국으로의 자유롭고 안전한 정보 이전이 가능하게 되었다.

데이터 보호 분야에서도 수기명부에서 이름 삭제, 열화상카메라 개인영상 저장 금지, 개인안심번호 도입 등 코로나19 방역 관련 개인정보보호를 강화했고, 인공지능 서비스 기업인 이루다에 대한 조사·제재를 진행하면서 인공지능 서비스의 개발과 운영 시 발생할 수 있는 개인정보 침해를 예방하기 위한 개인정보보호 기준도 마련했다.

최근에는 개인정보전송요구권, 자동화된 의사결정에 대한 대응권 등 정보주체의 권리를 강화하고 동의 외 국경 간 정보이전 방식의 다양화 등을 내용으로 하는 〈개인정보보호법〉 개정안을 마련하여 입법 절차를 진행 중이다. 한마디로 위원회는 데이터 경제 선도자이자 인간 존엄 지킴이로서 숨가쁘게 열심히 1년을 달려왔다. 신생 조직으로서 인력, 예산 모두가 부족하지만, 차근차근 중앙행정기관으로서 면모를 갖추어 가고 있다. 다만, 아직도 과제가 적지 않다.

데이터 활용 관련해서 보면 아직 가명처리나 데이터 결합의 사례가 미미하다. 하위 법령작업에 시간이 걸린 것이 그 이유로 보이나, 제3의 결합전문기관을 통한 결합, 결합키 관리기관의 존재 등의 절차가 과도한 것은 아닌지, 위험의 크기에 따라 절차를 달리할 필요성은 없는지 검토해 볼 필요가 있다. 데이터 활용 정책을 담당할 별도 조직의 신설도 필요하다. 특히, 최근 위원회가 총괄, 조정 기능을 수행하게 된 마이데이터 사업에 대한 별도의 법제 제정도 필요해 보인다. 데이터 보호와 관련해서는 사업자 제재 과정에서 보다 면밀한 법 적용이나 대심적 운영의 확대도 필요하다.

향후에도 개인정보보호위원회가 개인정보보호를 위한 독립 규제기관으로서 고유한 역할에 더해 데이터 활용, 진흥을 위한 정책기관으로서의 역할도 충실히 수행함으로써 명실상부 우리 국민과 기업으로부터 신뢰받는 조직으로 계속 성장해 나가기를 기대한다.

8

합리적 균형 국가를 위한 제언

합리성은 좁은 의미로는 이성에 의한 분별력 혹은 이성에 의해서 획득되는 생각이나 믿음에 따라 행동하는 것이다. 즉, 충동과 같은 생리적 요구에 의한 반응이나 감각적 경험에 의해서 획득되는 생각과는 달리 이성의 작용에 의해서 분별되고 수용되는 인식의 내용이나 특징이다. 넓은 의미로는 어떤 생각이나 주장이 정당한 근거 혹은 이유를 가지고 있음을 나타내는 말로 단순한 감정의 표현이나 허망한 생각이 아니라, 객관화할 수 있는 증거 혹은 이유를 수반하는 주장·판단·신념의 특징이라고 할 수 있다.

한편 국가란 사람들이 모여 사는 곳에서 그들의 생활과 활동을 조직, 지도, 규제하는 강제력을 가진 사회조직으로 국가는 인류 역사의 시작과 함께 존재해 왔다고 할 수 있다. 사람들이 사회를 이루고 살게 되면서 공동의 이익에 따라 사회 전체를 통괄하고 지휘·통제해야 할 필요성이 대두되었고, 이에 부응하는 조직이 국가라는 형태로 출현하게 된 것이다.

국가는 고대, 중세, 근대, 현대로 이어지면서 시기와 지역에 따른 독톡한 역할을 요구받고 있다. 현대에 이르러 국가는 복지국가, 보장국가, 행정국가 등 다양한 형태의 의무를 부여받고 있다. 다만, 최근 이념, 세대, 지역, 계층 간의 극심한 대립과 갈등은 조정자, 중재자, 균형 유지자로서 국가의 역할이 강조되고 있다고 할 수 있다.

특히, 4차 산업혁명의 진전은 인터넷, 스마트폰, SNS 기술의 발전과 더불어 더욱 분절화되고 파편화된 사회와 인간을 양산하고 있고 게다가 코로나19로 인한 비대면 사회로의 전환은 인간의 고립과 우울을 증가시키고 있다. 이 점에서 국가의 갈등조정자로서의 역할이 어느 때보다 중요하다고 할 수 있다.

또한 국가와 시민사회 모두 특정 사안에 대해서 대화와 토론을 통한 합리적 접근을 할 필요가 있다. 많은 경우 한국은 비합리적, 감정적 접근으로 타협이 어려워지고 있다. 자신의 이해관계만을 고집하는 방식으로는 합의가 불가능하다. 국가는 공공선의 대변자로서 자기이익을 주장할 것이 아니라 국가와 국민에 대한 봉사자로서 역할을 해야 한다.

소위 유교에서 말하는 중용(中庸)에서 중(中)이란 지나치거나 미치지 못함이 없이 꼭 알맞은 것을 말하며, 용(庸)은 언제나 변함이 없이 바른 것을 말한다. 즉, 중용이란 덮어놓고 중간적인 것이 아니라, 인간 행위의 가장 참되고 불변하는 원리인 것이다. 충동과 욕망이 아니라 부족과 과도의 중용이 인간생활을 지배해야 한다는 것이다. 이런 중용의 덕이 국가사회의 지도원리로서 승인되고 실천되어야 할 것이다.

합리성, 균형, 중용의 도가 사회적 합의에 따라 문서화 된 것이 바로 법의 지배(rule of law), 법치주의이다. 정치, 행정, 법 3자가 서로 존중하고 상호 견제할 수 있을 때 합리적 균형국가의 비전을 달성할 수 있다. "합리적 균형국가를 위한 제언" 편에서는 이런 취지의 정치, 행정, 법, 규제, 사적 자치, 표현의 자유 등 다양한 이슈에 대한 제언을 담고 있다.

한국 정치와 행정에서 법의 역할

글의 제목은 20년 이상 공직과 로펌을 거쳐 2015년 가을 처음으로 학교에 몸담으면서 학부생을 대상으로 개설했던 강의인 '정치, 행정과 법'의 커리큘럼 중 하나다. 행정고시, 외무고시 등 공직으로의 진출이나 로스쿨 진학을 통해 법조인을 꿈꾸는 학부생들을 대상으로 정치학, 행정학, 법학개론, 헌법, 행정법의 기초 이론을 전달하고자 했으나 능력에 비한 과도한 욕심으로 만족스러운 강의는 되지 못해 아쉬움이 많이 남았다.

정치, 행정, 법은 기술, 경제, 문화 등을 제외하면 우리 사회를 움직이는 가장 중요한 직접적인 동인이니만큼 이들의 관계를 적절하고 조화롭게 구성하는 것은 우리네 삶에도 지대한 영향을 미친다. 원론적으로 보면 정치란 데이비드 이스턴(David Easton)에 따르면 사회의 가치들을 권위적으로 배분하는 것이고, 행정은 정치권력을 배경으로 공공정책 형성 및 구체화를 이룩하는 행정 조직의 집단행동이며, 법은 국가의 강제력이 수반되는 사회 규범이다. 3자의 관계를 보면 먼저 국가와 국민에게 중요한 정치, 행정 활동은 반드시 법률의 근거를 필요로 한다. 또한 정치, 행정 활동의 한계를 지어 주는 것도 법률이다. 결국 법은 정치, 행정조직의 설립 규범, 정치, 행정활동의 근거 규범, 정치, 행정 활동을 규제하는 한계 규범의 역할을 한다. 이러한 법의 역할을 법치주의라고 한다. 법치주의 또는 법의 지배의 목적은 국가 권력의 행사를 제한함으로써 국민의 자유, 평등을 비롯한 기본권을 보장하기 위한 것이다.

그러나 한국의 현실은 이런 이상으로부터 멀리 있는 것 같다. 최근 논란이 되고 있는 몇몇 법조인들은 자기들이야말로 최고의 엘리트로서 특별한 대우를 받는 것이 당연하다고 생각하고 있는 듯하다. 또한 어떤 법조인들은 사회 구성원의 행동양식을 변화시키는 데 법의 역할이 결정적이라고 믿는 것 같다. 반대로 정치, 행정은 법을 그들을 위한 도구쯤으로 생각하는 경향이 있다. 정치와 행정은 국회가 적법한 절차를 거쳐 법을 제정했다면 그 법의 목적이나 내용은 문제 삼지 않겠다는 생각에서 법을 만드는 일에 몰두한다.

최근 다른 측면에서 정치, 행정의 법 의존 현상이 나타나고 있다. 이것이 소위 '정치의 사법화(司法化)'라고 하는 것인데, 이는 신행정수도 건설, 김영란법 관련 헌법재판소의 위헌 여부 결정과 같이 사법에 의해 중요한 정치적, 사회적 현안들이 해결되는 현상을 일컫는 것이다. 이로 인해 정치 영역과 민주적 공론 영역에서 다루어져야 할 사안들이 소수 엘리트 법관들에 의해 결정됨으로써 민주주의 발전을 해칠 수 있다는 우려가 제기되고 있다.

무엇보다 한국이 처한 법 현실 중 가장 큰 문제는 비현실적으로 엄격한 법령과 행정의 재량권 확대로 인해 잠재적 처벌 대상이 무한정 확대되고 있다는 것이다. 법 집행이나 법 준수가 어려운 엄격한, 과도한 수준의 법령이 계속 제정되고 있다. 예를 들어 개인정보보호 관련 법령의 경우 보호와 이용의 조화가 아닌 보호에만 치중하면서 누구도 준수하기 어려운 법령이 되고 있다.

이런 경우 행정도 법 준수를 강요하기 어렵다는 것으로 알고 집행을 망설이다가 여론상 필요한 경우 제재에 착수한다. 수범자인 국민이나 기업은 어차피 법을 지키기 어려우니 단속을 피하면 되는 것으로 보다가 제재를 받게 되는 경우 제재의 형평성에 대해 불만을 가지게 된다. 또한 제재의 효과를 배가하기 위해 각종 행정규제법은 모두 형사처벌 조항을 두면서 과잉범죄화의 우려도 나타나고 있다. 한 조사에 따르면 한국 사회의 전과자 수는 2010년 기준 1,100만여 명으로, 15세 이상 인구 대비 비중이 26.5%에 이르고 있다.

정치, 행정, 법은 사회에서 조금은 다른 역할을 하고 있지만 국민의 행복한 삶의 보장이라는 공통의 목표를 이루기 위해 상호 의존하고 있다는 점에서는 동일하다. 한편이 다른 한편을 도구로 삼거나 그 자체가 목적이 돼서는 안 된다. 정치, 행정, 법은 모두 공공부문에 속해 공익을 추구한다는 측면에서 사익을 추구하는 민간 부문과는 달라야 한다. 그들에 주어진 권한은 특별한 사익을 추구하기 위한 것이 아니라 공익 추구를 위해 필요한 최소한의 기능을 보장하기 위한 것이다.

공정한 경쟁을 위해 필요한 규제

복면을 쓴 연예인이 노래 실력을 겨루는 〈복면가왕〉이라는 공중파 예능 프로그램이 인기를 끌고 있다. 시청자들은 복면을 쓴 사람이 누구인지를 맞추는 것에 흥미를 느끼지만 외모와 경력 등이 가려지고 오직 실력만으로 경쟁을 벌인다는 것에도 환호한다. 어떤 사람이든 선입견이나 편견 없이 공정하게 경쟁을 할 수 있다는 점이 매력적으로 보이는 것이다.

경쟁은 제한된 자원을 서로 먼저 많이 차지하려는 탈취행위라고 할 수 있다. 자원이 제한되고 이를 차지하려는 사람이 많은 경우 경쟁은 치열해지고 경쟁이 활발해질수록 효율성과 생산성이 향상돼 물질적인 풍요를 가져온다. 우리가 이만큼 잘살게 된 이유 중 하나는 자연자원이 없고 비좁은 국토에서 모든 국민이 오직 사람에 대한 투자만이 살길이라는 생각에서 교육에 대한 무한 열의를 가지고 있었기 때문이다.

그러나 성적 위주의 줄 세우기 경쟁 등 극심한 경쟁에 따른 피로감은 도를 넘어서고 있다. 한국의 자살률은 2003년 이후 10년 넘게 경제협력개발기구(OECD) 회원국 1위를 차지하고 있는데, OECD 회원국의 평균 자살률(인구 10만 명당 12.1명)의 2배가 넘는다.

살아남으려면 경쟁력을 갖추어야 하는데 경쟁력의 원천은 지식,

기술, 학력, 재력, 인맥 등 다양하다. 문제는 이런 경쟁력의 원천이 이미 불공정하게 배분돼 있다는 것이다. 소위 금수저, 흙수저 논란 등 지식이나 기술을 연마하기 위한 교육의 기회도 재력에 의해 제한되고 취업, 승진 등 사회에서의 성공도 인맥 등에 의해 제한되고 있다. 인생이라는 마라톤에서 이미 서로 출발 지점이 다른 것이다.*

이 대목에서 우리는 공정한 경쟁이 얼마나 중요한 것인지 알게 된다. 공정한 경쟁이란 공평한 경쟁을 의미하고 공평한 경쟁이란 어느 쪽에도 치우치지 않는 고른 경쟁, 즉 기회의 균등이 보장된 상황에서의 경쟁이라고 할 수 있다. 기회의 균등이란 경쟁을 위해 필요한 조건이 형성된 경우를 말한다. 공정한 경쟁을 위해서는 경쟁 자체만을 보호할 것이 아니라 경쟁을 위해 서로 다른 조건을 가진 경우 그러한 부족한 조건을 보완해 주는 역할이 필요한 것이다.

이 역할을 하는 것이 규제다. 경제학이나 경쟁법에서는 규제를 경쟁과 대립하는 불필요한 악으로 간주하기도 한다. 정부는 규제를 통해 공익을 추구한다고 하지만 정부의 실패로 인해 규제를 통한 공익 달성에 한계가 있다는 점을 지적하면서 시장의 자정 기능을 통한 비규제나 규제 완화의 필요성을 강조한다. 그러나 경쟁의 조건을 균등하게 확보하는 등 시장 실패를 교정하는 것은 물론 분배와 성장을 위해 필요한 범위 안에서 규제가 필수적이라는 점을 인정하지 않을 수 없다.

우리 헌법 제119조 제2항은 "국가는 시장의 지배와 경제력의 남용 방지, 경제주체 간의 조화를 통한 경제의 민주화를 위하여 규제와 조

* 2020년 하버드대 마이클 샌델 교수의 《공정하다는 착각 — 능력주의는 모두에게 같은 기회를 제공하는가(Tyranny of Merit: What's Become of the Common Good?)》에도 능력주의가 승자에게는 오만을 가져다주고 패자에게는 더 깊은 상실감을 준다고 지적하고 있다.

정을 할 수 있다"고 규정하고 있고, 동 제1항은 "대한민국의 경제 질서는 개인과 기업의 경제상의 자유와 창의를 존중함을 원칙으로 한다"고 규정하고 있다.

제1항과 제2항의 관계에 대해 종래의 다수 견해는 제1항이 원칙이고 제2항이 예외라고 보았다. 그러나 최근 대법원은 어느 한쪽이 우월한 가치를 가질 수 없는 협력적, 보완적 관계로 판시했다. 규제와 경쟁을 협력, 보완 관계로 보지 않고 이를 선택이나 갈등 관계로 보는 것은 미래창조과학부, 방송통신위원회, 금융위원회 등 전문 규제기관과 일반 경쟁 당국인 공정거래위원회와의 업무영역 다툼의 원천이 되기도 한다.

경쟁만을 강조하는 사회, 공익 추구를 위한 규제의 역할을 인정하지 않는 사회, 경쟁 활성화를 내세우면서 공익의 대변자로서 이해관계의 조정 등 정부의 역할을 방기하는 사회는 결코 바람직한 사회가 아니다. 오히려 진정 우리 모두의 공존을 위해서는 경쟁의 조건을 균등하게 만들어 주는 사회, 공익 추구를 위한 규제의 역할을 인정하는 사회, 나아가 경쟁에서 패배한 실패자들의 재기를 지원하는 사회를 만들어 나가야 한다. 다만, 규제가 공익을 빌미로 실제로는 규제자의 이익이나 몇몇 이해관계자의 이익에 포획되지 않도록 각별히 유의해야 한다.

표현의 자유에 대한 오해

최근 이른바 '미투(#MeToo)운동'으로 성범죄 피해사실을 공개적으로 표현하는 여성들의 움직임이 사회 전반에서 일어나고 있다. 이와 관련 가해자로 지목된 사람들이 피해 사실을 밝힌 여성들을 명예훼손죄로 고소할 가능성이 제기되는 등 2차 피해 문제가 나타나고 있다.

여기에서 사상과 의견을 자유롭게 표명하고 전파할 수 있는 기본권인 표현의 자유의 한계 상황이 나타난다. 헌법상으로 표현은 타인의 명예나 권리와 공중도덕이나 사회윤리를 침해해서는 안된다. 그 외에도 표현의 자유는 국가안전보장·질서유지·공공복리를 위하여 필요한 경우에 한해 본질적 내용을 침해하지 않는 범위 내에서 법률로써 제한될 수도 있다. 결국 표현의 자유는 타인의 권리는 물론 공익상 원칙과 지속적인 긴장관계를 가지게 된다.

예를 들어 최근 이슈가 되고 있는 네이버와 같은 포털의 임시조치(게시중단)를 보자. 인터넷상에서 명예훼손이나 사생활 침해를 당한 피해자는 해당 정보를 취급한 포털 등에게 침해사실을 소명하여 그 정보의 삭제 또는 반박 내용의 게재를 요청할 수 있다. 요청을 받은 포털은 지체 없이 삭제 등의 필요한 조치를 한다. 다만, 삭제요청을 받았으나 권리침해 여부를 판단하기 어렵거나 이해당사자 간 다툼이 예상되는 경우 게시물에 대한 접근을 30일 이내로 차단하는 임시조치를 취할 수 있다.

이에 따라 게시 중단을 요구하기만 하면 별도의 소명 절차 없이 임시조치가 이루어지고 있다. 2008년 9만 건이었던 임시조치 건수가 2016년에는 45만 건으로 5배 가까이 증가하는 등, 동 조치가 정보게재자의 표현의 자유에 중대한 제한이 될 수 있는 상황이다. 다만 이미 임시조치에 대해 2012년 헌법재판소가 명예나 사생활 등 인격권에 대한 침해 가능성을 차단하려는 공익은 매우 절실한 반면, 임시조치로 인해 침해되는 정보게재자의 사익은 그다지 크지 않으므로 표현의 자유를 침해하지 않는다고 판시하였다. 몰카 등 디지털 성범죄 피해의 신속한 피해 차단이라는 목적에서 보면 임시조치의 공익적 필요성도 인정된다.

다음 또 다른 표현의 자유와 관련된 논점이 표현의 자유가 언론기관인 신문, 방송사업자는 물론 포털, 인터넷 서비스 제공사업자(ISP)에도 인정될 수 있느냐는 것이다. 이는 콘텐츠에 대한 통제권을 누가 행사하는 것인가에 관한 문제이다. 전통적으로 통신사업자는 단순히 일대일 통신의 매개자에 불과하여 통신사업자가 아닌 이용자가 콘텐츠에 대한 통제권을 가지므로 이용자만이 표현의 자유의 주체가 된다. 그러나 신문, 방송사업자는 신문 편집 및 방송프로그램 편성, 포털사업자는 콘텐츠 선택과 공간적 편성을 통해 표현의 자유를 누린다. 인터넷 서비스 제공사업자의 경우에는 단순한 의사 전달의 기능 외에 인터넷 트래픽 통제권을 보유하고 있다는 측면에서 표현의 자유가 주체가 될 수 있다는 견해가 유력하다.

인간의 의사표현 행위는 인격의 발현으로서 인류 발전에 기본적인 요소이므로 이를 최대한도로 보장하는 것이 타당하다. 다만 표현 행위와 타인의 명예나 권리와의 균형, 표현 행위와 사업자를 포함한 타인이 가지는 표현 행위와의 균형을 잃지 않도록 해야 한다. 표현의 자유가 무한정 보장된다거나 표현의 자유는 나만이 가진다는 오해를 하지 말아야 하는 것이다.

이런 차원에서 임시조치에 대한 정보게재자의 이의제기권, 이의제기 시 제3자에 의한 분쟁 조정 등을 통해 조금 더 표현 행위와 타인의 권리 간 균형을 확보하는 절차를 도입하고, 사업자를 포함한 타인의 표현의 자유나 직업의 자유에 대한 배려 역시 중요하다는 점을 인정할 필요가 있다.

정부 조직을 도구로 삼는 욕심을 버려야

최근 세미나에서 만난 한 공직자는 1990년대 초 체신부에 입사한 후 정보통신부, 방송통신위원회를 거쳐 미래창조과학부에 근무하고 있다고 자신을 소개했다. 그러면서 사실 자신은 한 번도 부처를 옮긴 적이 없는데 부처 조직이 계속 변했을 뿐이라고 해서 웃었던 기억이 있다. 20여 년간 정보통신기술(ICT) 조직은 세 번의 큰 변화를 거듭했는데 새 정부의 구성을 앞두고 다시 ICT 거버넌스 개편에 관한 논의가 진행되고 있으니 가히 이렇게 변화무쌍한 조직이 또 있을까 싶다.

거버넌스(governance)는 통치, 지배를 의미하는 거번먼트(government)와 달리 사회 내 다양한 기관이 자율성을 지니면서 국정 운영에 참여하는 통치 방식을 말하며, 참여·협력을 중시해 '협치'라고 번역하기도 한다. 오늘날 행정에서는 상명하복, 분업 원리, 대국민에 대한 고권적 권한 행사와 같은 전통적 통치 원리가 적용되는 것이 아니라 사회 각 부문과의 유기적 협조를 통한 의사 결정 및 집행 방식이 중요해지고 있다는 점에서 거버넌스가 주목받고 있다.

이런 점에서 지능정보사회에서 정부조직을 변경하는 하드웨어적 접근은 더 이상 타당한 방법이라 보기 어렵다. 더구나 그동안의 정부 조직 성과나 문제점에 대한 분석 없이 막연히 이런 문제가 있으니 이렇게 가자는 식의 논의는 더 문제다. 4차 산업혁명을 대비해 정부조직을 변경한다고 하지만 4차 산업혁명의 핵심은 무엇인지, 정부의 역할은 무엇인지, 정부 역할에 필요한 변화는 무엇인지에 대한 분석은 찾기 어렵다. 대신 지난 정부의 흔적을 지운다거나 어떤 부처는 무조건 폐지해야 한다는 논의만 가득해 보인다.

지능정보사회는 모든 사물과 인간이 인터넷에 연결되는 초연결 기반과 수집·축적된 데이터를 토대로 인간과 사물의 사고 능력이 획기적으로 개선되는 사회다. 간단히 말해 기존의 정보통신에 인공지능(AI)이 결합되는 사회이고 그 기저에 데이터가 있는 사회다. 종전의 기술혁명과는 다른 엄청난 생산성 향상이 예상되는데, 이를 위해 정부는 신기술, 신산업 및 스타트업에 대한 지원을 강화해야 한다. 대량의 데이터 수집, 이용에 따른 프라이버시 침해, AI로 인한 정보격차의 심화, 일자리의 감소, 빈부격차 심화의 문제도 나타날 것으로 예상되는데, 이 문제를 시정하는 데 있어 정부의 역할도 중요하다.

더 중요한 것은 일하는 방식, 일하는 사람들의 의식과 행태다. 지능정보사회에는 더 이상 전통적인 정부의 지시 통제 방식이 유용하지 않다. 대부분의 진입, 영업 규제는 소비자 피해와 기업에 대한 불신 때문에 시행되지만, 최근 디지털 기술을 이용한 이용자 간의 자율적인 평가 시스템 등이 규제의 역할을 대신하기도 한다. 예컨대 우버 서비스 등의 이용 후기 제도는 소비자에 의해 기업의 진입 퇴출이 결정되는 등 '두 번째의 보이지 않는 손'으로 작용하고 있다.

결국 지식정보사회에서는 이해관계자나 막연한 소비자 피해의 가능성을 고려한 성급한 지시 통제 방식이 아닌 참여적, 개방적 거버넌스가 요구된다. 전문가, 이해관계자의 의견을 반영하고 이들이 들러리가 아니라 정책 개발의 한 축을 담당하도록 해야 한다. 또한 각 부

이러한 규제가 공통적으로 안고 있는 특성이 바로 칸막이식 수직규제 방식이라는 것이다. 이는 영역별로 세분화한 진입·영업 규제를 시행하는 것인데, 기술과 서비스가 등장할 때마다 새로운 영역을 규제에 포섭하면서 규제가 지속적으로 복잡해지는 특성이 있다. 예를 들어 카풀서비스를 택시사업 규제로 포섭하거나 규제를 신설하는 경우 기술발전에 따라 등장하는 뉴미디어별로 별도 진입규제를 만드는 경우 등이 이에 속한다. 칸막이식 수직적 규제체계는 기존 사업자들로 하여금 규제를 이용해 진입장벽을 구축하고 반경쟁적 행위를 하도록 유도한다. 수직규제가 지속되면 경쟁왜곡과 독과점이 심화하고 신기술에 대한 투자유인도 사라지게 되어 결국 이용자에게 피해를 준다.

칸막이식 수직규제의 대안으로 고려되는 것이 수평규제다. 영역별 특유의 규제가 아닌 영역 간 상호진입과 융합이 가능하도록 동일한 계층(layer)엔 동일한 규제를 하는 것을 의미한다. 예컨대 방송광고와 비방송광고에 대한 미디어렙의 진입을 영역별로 제한하는 것이 아니라 모든 미디어에 대한 광고가 가능하도록 칸막이를 허무는 경우, 통신이나 방송을 기술이나 전송방식이 아닌 콘텐츠와 네트워크라는 계층으로 통일하는 경우다. 수평규제를 시행하면 신규 내지 융합기술이나 서비스에 대한 유연하고 즉각적인 규제 적용이 가능해지고 새로운 기술과 서비스 도입을 촉진하는 것은 물론 경쟁 유도로 소비자 후생 증대를 가져올 수 있다.

정부가 추진 중인 포괄적 네거티브 규제 방식의 종류 중 개념을 넓혀 다양한 대상을 포섭하려는 '포괄적 개념정의'나 기타 유형을 포괄하는 혁신 카테고리를 신설하는 '유연한 분류체계'가 수평규제에 근접하는 것으로 볼 수 있다.

칸막이 규제를 개선해 수평규제를 도입하는 것은 기존 이해관계자의 기득권을 침해하고 이들에게 경쟁을 요구하는 것이기 때문에 성공하기 어렵다. 칸막이 규제 자체도 예측 가능성과 안정성이라는 장점이 존재한다. 그러나 융합, 공유, 협력, 개방이 필수인 시대, 칸막이 규제에 안주하는 사회에서 어떤 희망을 찾기는 어렵다. 새 술을 헌 부대에 담으려고 해서는 안 되며 새 술을 새 부대에 담는 경우에도 그것이 장벽이 되어 규제비용만을 높이는 것은 아닌지 고민해야 한다.

독립성과 체계성의 조화

사법권 독립과 같이 독립성(independency)은 우리 사회의 곳곳에서 일어나는 분쟁의 핵심 의제다. 독립성이 가장 많이 논의되는 영역이 조직의 독립성이다. 예를 들어 사법권의 독립성, 중앙은행의 독립성, 감사원의 독립성, 금융감독원의 독립성, 방송통신위원회 등 독립 규제 기관의 독립성이 그것이다. 다른 중요한 독립성 분야가 검사의 독립성, 법관의 독립성, 사외이사와 감사의 독립성 등과 같은 인적인 독립성이다. 인적 독립성이 조직 외부뿐 아니라 조직 내부로부터의 독립성도 포함하는 데 반해 조직의 독립성은 조직 외부로부터 독립성을 의미한다는 점에서 차이가 있다.

독립성이란 특정 기관이나 특정인이 전문성을 기반으로 이해관계에 얽매이거나 외부로부터의 부당한 영향력을 받음이 없이 독자적인 의사결정이 가능한 상태라고 정의할 수 있다. 예컨대 사법권의 독립은 누구의 간섭이나 지시 없이 헌법과 법률에 따라 심판하는 것을 말한다. 독립성이 필요한 이유는 해당 분야가 이해관계자들로부터의 중립적 영역이 확보되지 않으면 고유한 기능을 수행할 수 없기 때문이다. 즉, 독립성이 요구되는 분야에 독립성이 보장되지 않으면 그 분야 존재의 정당성이 없어진다. 예를 들어 경영진에 대한 감시를 목적으로 선임된 사외이사가 경영진으로부터 독립적이지 않으면 사외

이사 존재의 의미가 없게 되는 것이다. 또한 분쟁을 최종적으로 해결하는 법원이 당사자로부터 독립적이지 않다면 법원의 해결책을 당사자가 수용할 수 없고 결국 사법부는 정상적 기능을 할 수 없다.

다만 독립성만이 지고지순의 가치라고 할 수 있을까. 사법부의 독립은 국민과 국가의 요청으로부터 자유로운 것이라고 볼 수 있을까. 검사의 독립이 검찰이라는 조직 전체의 권한 행사 방향으로부터 독립적이어야 하는 것일까. 이 대목에서 체계성(system)이라는 가치가 등장한다. 체계성이란 일정한 원리에 따라서 개별 부분이 짜임새 있게 조직되어 통일된 전체를 이룬 특성이나 상태를 의미한다. 아무리 독립성이 강조되는 경우에도 상위 체계나 가치 아래에서 통제되지 않거나 동등한 계층으로부터 견제를 받지 않는 독립성은 해당 분야의 이기심 추구에 지나지 않을 가능성이 높다. 특히 공익 달성을 임무로 하는 정부, 공공기관이 독립성을 강조하면서 전체 국가정치행정체계로부터 이탈하는 것은 우리 사회 공적 영역의 붕괴를 가져온다.

예전 집에서도 많이 들었지만 아이들이 부모에게 가장 많이 하는 말 중 하나가 '알아서 하겠다'는 것이다. 결론은 부모 말을 듣는 것이 좋았다는 것이 대부분이지만 어찌 보면 독립의 요구는 인간 본성인지도 모르겠다. 독립과 자율의 욕구가 혁신을 유도하는 동력이 되거나 진정한 중립적 영역을 확보함으로써 공공선을 달성하는 수단이 되면 좋겠지만 혹시 이기심을 기반으로 끝없는 분쟁만을 야기하는 것은 아닌지도 돌아봐야 할 것이다.

전문성과 대표성의 함정

2018년 7월 정부는 국민연금의 스튜어드십 코드 도입과 동시에 외부로부터 주주권 행사, 책임투자 관련 독립성을 확보하기 위해 사용자, 근로자, 지역가입자, 연구기관, 정부가 추천하는 전문가로 '수탁자책임 전문위원회'를 구성했다. 이런 위원회는 의사결정의 합의성, 전문성, 대표성이 필요한 경우 구성된다. 합의성은 다수의 구성원간 일치된 의견을 정한다는 의미로 합의에 의한 의사결정이라는 위원회 본연의 기능이다. 대표성은 이해관계자들이 빠짐없이 자기 의견을 표출할 수 있어야 한다는 것이고 전문성이란 의사결정에 필요한 고도의 지식과 경험을 가지고 있다는 것을 의미한다.

흔히 노사정위원회가 각각의 이해관계를 대표하는 경우와 같이 대립하는 이해관계집단의 의사를 대변하는 경우 위원 구성은 대표성을 확보하는 것이 중요하다. 위원 구성에서 대표성을 구현하지 못하는 경우 위원회 결정의 정당성이 결여되고 따라서 해당 이해관계 집단에 수용될 수 없다. 국민에 대한 봉사자로서 공무원도 다양한 계층과 집단의 출신으로 충원되어야 국민 전체의 이익을 꾀할 수 있다는 이유로 관료제의 대표성이 중요시되는데 이를 대표관료제(representative bureaucracy)라고 부른다. 이처럼 대표성은 공동체 전체의 이익을 대변하는 민주성의 원리를 실천하는 이념으로서 의의를 가진다.

이와 달리 전문성은 특정 전문분야의 문제를 해결하는 데 있어 지식, 경험, 역량을 의미하는 것으로 합리성, 과학성, 효율성을 내용으로 한다. 따라서 전문성은 합리적 근거에 의한 조언을 통해 발휘되며 당파성이나 이념성을 가지지 않는 것으로 이해된다. 나도 여러 자리에 전문가로 참석하는데 기업, 소비자, 정부 입장이 아닌 국가 전체 이익의 관점에서 객관적 의견을 요청받는다. 사회문제가 기술적, 경제적으로 점점 복잡해지면서 전문성에 기초한 의사결정이 더욱 중요해지고 있다. 마침 정부도 과학행정을 위해 〈데이터기반행정 활성화에 관한 법률〉을 제정했다.

위원회의 목표와 성격이 이해관계자 간 공적인 논의가 필요한 경우라면 대표성이 강조돼야 하고 특정한 목표달성을 위한 해결방안의 도출이 필요한 경우라면 전문성이 강조돼야 한다. 예컨대 국민연금 기금운용의 목표는 장기적인 기금의 수익성과 주주가치 제고이기 때문에 위원회를 사용자, 근로자 대표 등 대표성을 기반으로 구성하기보다 오히려 금융, 경제, 경영 등 자산운용의 전문성을 중시할 필요가 있다.

전문성과 대표성 어느 하나가 전적으로 타당한 것은 아니다. 다만 대표성에 경도되는 경우 해결책을 도출하지 못하면서도 의사결정에 대한 책임회피로 귀결될 수 있고 전문성만 강조하는 경우 민주적 정당성을 훼손할 수 있다. 다행히도 2018년 10월 초 정부는 대표성에 치중한 기금운용위원회 구성의 전문성 제고를 위해 위촉 위원에 대해 예컨대 금융·경제·자산운용·법률 등 3년 이상 경력이 있는 자와 같은 자격요건을 마련하기로 했다.

가치의 다원화가 부족해 우리 사회가 다양한 분야에서 실력 있고 정직한 전문가를 키우지 못한 점이 아쉽지만 아직도 전문가를 들러리로 생각하는 관성이 적지 않은 것도 아쉬운 대목이다. 보다 근본적으로는 위원회의 의사결정이 정확한 사실관계에 근거해 기술적·과학적 합리성을 우선적으로 추구하고 이후 이해관계를 고려하는 방향으로 이루어질 필요가 있다.

법률시장 공익성 확보하고 경쟁 활성화해야

한때 사법시험에 합격해 판검사가 되거나 변호사가 되는 것은 가문의 자랑임과 동시에 개인의 화려한 장래를 약속하는 것이었다. 그러나 이제 변호사가 2만 명이 넘어서면서 변호사 1인당 수입은 급감하고 있고 판검사의 영향력도 예전 같지 않다. 연일 고액 수임료를 받은 변호사, 전관 출신 변호사의 로비 문제, 로스쿨 부정 입학이 사회이슈가 되고 있다.

사실 한국의 법률제도는 근대 사법제도 도입 100년이 지난 2000년대 중반 이후 가히 혁신적인 세 가지 변화를 겪게 된다. 첫째, 2009년 도입된 로스쿨 제도다. 다양한 전공과 경험을 가진 사람들이 실무 위주의 법률 공부를 한 후 대부분이 변호사가 될 수 있도록 하여 이른바 '고시 낭인'을 없애자는 취지로 미국식 로스쿨이 도입됐다. 둘째, 변호사나 검사 등 경력이 있는 법조인 중에서만 법관을 선발하는 법조일원화가 2013년부터 시행됐다. 그동안 법관은 사법연수원 수료생 중 선발되었으나, 다양한 경험을 한 변호사들이 법관이 되는 것이 새로운 시대적인 요구에 부응하는 일이 된 것이다. 셋째, 법률시장 개방이다. 2011년 한·유럽연합(EU), 2012년 한·미 자유무역협정(FTA) 발효에 따라 국내 법률시장은 단계적으로 개방되고 있다. FTA 발효 5년 뒤 2016년 7월과 2018년 3월에 이루어지는 3단계 개방에서는 외국 로펌과 국내 로펌이 합작 사업체를 설립해 국내 변호사를 고용할 수 있게 된다.

이러한 변화, 즉 결국 경기침체로 법률시장의 매출은 정체되거나 감소하고 있지만 로스쿨 도입으로 변호사 수는 급증하고 있는데다 법률시장 개방으로 외국 거대 로펌이 몰려오고 있는 것이 법률시장 위기의 원인이다. 이러한 위기를 극복하는 방안으로 법조인들의 공공성·공익성을 강조하는 입장이 있다. 〈변호사법〉 제1조는 "변호사는 기본적 인권을 옹호하고 사회 정의를 실현함을 사명으로 한다"이고, 제2조는 "변호사는 공공성을 지닌 법률전문직으로서 독립하여 자유롭게 그 직무를 행한다"라고 규정하고 있다는 점을 근거로 든다.

그러나 2만 명이 넘어선 변호사 간 생존경쟁과 변호사와 변리사, 세무사 등 법조 유사 직역 간 무한경쟁을 고려할 때 과연 변호사에게 공공성·공익성만을 요구하는 것이 현실적인지 의문이다. 변호사 공급을 엄청나게 늘리면서 새로이 시장에 진입하는 신입 변호사들에게 법 준수와 공공성만을 강조하는 것은 손발을 묶고 경주에서 살아남으라는 것과 다르지 않다. 경쟁의 현실을 인정하고 변호사 광고 규제 완화, 유사 직역 간 업무 영역 획정의 명확화 등 시장에서 공정한 경쟁을 활성화하는 방안을 마련할 필요가 있다.

그리고 변호사에게 공공성·공익성은 고차원적인 것이 아니라 위임받은 업무 처리에서 최선을 다해 고객이 원하는 결과를 얻도록 법적인 조언을 포함한 법률 사무를 잘 처리하는 것이다. 이러한 고객제일주의를 실천하려면 먼저 법조인으로서 특권의식을 버리는 것이 중요하다. 기업이든 개인이든 법률적인 조력이 필요한 고객들은 절박한 상황에서 변호사를 찾는다. 진정 이들이 원하는 것이 무엇인지, 어떻게 하면 가장 저렴한 비용으로 최대의 만족을 줄 수 있을 것인지

그들의 눈높이에서 충분히 이야기를 듣고 문제해결을 위해 같이 고민하는 자세가 필요하다.

경쟁과 공익은 별개의 것이 아니다. 합법적이고 공정한 규칙을 준수하는 가운데서 이루어지는 고객 지향적 법률서비스 경쟁의 활성화는 결국 공익 증진에도 기여한다. 다음으로 법률시장 개방에 따른 국내외 경쟁에 대비해 법조인들의 능력 향상이 필수적이다. 외국어 능력은 물론 다양한 분야의 전문성을 가진 법조인들이 고객들이 원하는 법률서비스를 제공할 수 있어야 한다. 법만 아는 변호사가 아니라 해당 산업 분야의 기술, 시장에 대한 전문성은 물론 정부의 정책, 해외 판례와 이론에도 능통해야 한다.

변호사는 변호사다워야 한다. 변호사답다는 것은 비록 영리행위를 하기는 하지만 공익성을 잊어서는 안 된다는 것이고 법률 전문가답게 전문성이 있어야 한다는 것이다. 규제완화를 통한 법률시장의 경쟁 활성화, 고객 제일주의를 근간으로 한 공익성 추구, 국내외 경쟁에 대비한 전문성 향상 등이 격동의 법률시장을 헤쳐 나가는 핵심 동력이다.

입법, 행정 간 갈등과 정책의 운명

국회는 아직도 서비스산업 발전 법안, 노동개혁 법안 등 경제활성화 법안을 처리하지 않고 허송세월을 보내고 있다. 경제단체를 중심으로 법안의 통과를 요구하는 1,000만인 서명 운동을 벌이고, 박근혜 대통령이 서명 운동에 동참하는 초유의 사건이 벌어졌는데도 말이다. 국회의 직무유기를 비난하는 여론이 따갑자 여당은 재적의원 5분의 3 이상이 동의해야 본회의 상정이 가능하도록 한 〈국회선진화법〉을 탓하면서 이 법의 위헌 여부에 대해 헌법재판소에 권한쟁의 심판을 청구했다.*

이러한 갈등적인 정치 현상에 등장하는 세 주체는 국회, 대통령, 헌법재판소 또는 법원으로 각각 입법, 행정, 사법부를 대표한다. 이들 간에 권력을 나누어 가지도록 하는 것이 권력분립 원칙이다. 법을 만드는 입법, 법을 집행하는 행정, 법을 판단하는 사법 기능은 '견제

---

* 심판청구는 각하되었다. 〈국회선진화법〉의 배경과 내용은 다음과 같다. 배경은 국회의장 직권 상정과 다수당의 날치기를 통한 법안 처리를 금지하자는 것이다. 내용은 다음과 같다. 첫째, 천재지변이나 전시·사변 등 국가비상사태의 경우나 교섭단체 대표와의 합의가 있을 때만 국회의장이 법률안을 본회의에 직권 상정할 수 있다. 둘째, 재적의원 3분의 1 이상의 찬성이 있으면 본회의에서 무제한의 토론(필리버스터)을 할 수 있다. 셋째, 재적의원 5분의 3 이상의 중단 결의가 없는 한 회기 종료 때까지 토론을 이어갈 수 있다. 〈국회선진화법〉으로 국회 내 다수당이라 하더라도 의석수가 180석에 미치지 못하면 예산안을 제외한 법안의 강행 처리는 불가능하다.

와 균형'을 할 수 있어야 권력의 남용을 억제하고 국민의 자유와 권리도 보장할 수 있다.

그러나 이러한 엄격한 권력분립 원칙은 현실에 그대로 적용되지 않고 시대에 따라 권력 간 불균형이 있었는데 입법 우위 시대, 사법 우위의 시대를 거쳐 현재는 행정 우위의 시대라 할 수 있다. 미국은 1930년대 경제공황을 타개하기 위해 행정권이 강화됐고 우리도 산업화와 경제성장 과정에서 행정권의 우위 현상이 나타난 바 있다. 우리가 채택하고 있는 대통령제 정부 형태에서 보면 의회는 국민들이 선출한 대표로 구성돼 민주적 정당성은 있으나 전문성이 부족하고 사법은 법 판단의 전문성은 있으나 정치적 책임성이 부족하다. 이에 반해 행정은 직업관료제를 기반으로 전문성이 있고 선출된 권력으로서 대통령이 민주적 정당성도 지니고 있다. 행정의 이런 특성이 행정 우위 국가로의 변화를 가져온 요인 중 하나다.

그러나 이제 우리는 행정의 우위로만 설명되기 어려운 권력 간 잦은 충돌 현상을 보고 있다. 현행 헌법이나 권력 현상이 입법 우위인지 아니면 여전히 행정의 절대적 우위인지에 대해서는 논란이 있다. 국회의 반대로 정부 정책들이 지연되거나 좌절되는 사례가 많고 국정감사나 인사청문회 등 국회의 막강한 권한 앞에 무력감을 호소하는 행정 공무원이 많다. 상시 국회로 인해 공무원들마저 여의도로 출근하고 있고 세종시에서 근무하는 공무원의 잦은 국회 출장으로 사실상 업무가 마비되는 현상마저 보이고 있다. 가히 국회 전성시대, 입법부로의 권력이동이라는 말이 나올 법하다. 그러나 어찌 보면 이러한 현상은 권위주의 시대에 행정부 절대 우위 상황에 익숙했던 공무원들이 입법부의 제자리 찾기를 지나친 권한 강화로 느끼고 있는 것인지도 모른다. 그러나 어쨌든 〈국회선진화법〉의 통과로 야당의 동의 없는 법안 처리가 사실상 불가능해지면서 의회 권력이 상당히 강화된 것은 사실이다.

국회의 대통령에 대한 탄핵소추권이나 대통령의 법률안 거부권 같은 헌법상 제도로 권력 간 갈등이 견제되기도 하지만, 불행히도 정부가 제출한 법률을 국회가 통과시키지 않아도 아무런 해결책이 없는 상황이다. 특히 여당이 과반수여도 법안 통과가 불가능한 현행 법제에서는 더욱 상황이 어렵다. 결국 이런 권력 갈등으로 인한 국가 사회의 피해에 대해서는 국민들의 선거권 행사를 통한 정치적 책임 추궁만이 가능하다. 그러나 이런 경우 정책 시행의 타이밍을 놓치기 십상이다. 이런 문제를 해결하려면 국민과 언론의 지속적인 문제 제기와 감시가 중요하지만, 각 권력 역시 자기 권한만을 고집하면서 충돌할 것이 아니라 상호 간 권한에 대한 존중과 협력을 통한 조화를 이루어야 한다.

또한 각 권력은 국민의 생존을 위해 필요할 경우 정치와 정책을 분리할 수 있어야 한다. 물론 정책은 정치과정의 산물이기 때문에 양자를 완전히 분리하는 것은 가능하지도 바람직하지도 않다. 그러나 정책에 정치만 남아 정책이 권력 획득과 유지의 수단으로 변질되는 경우 정책은 실종되고 결국 국민의 삶은 피폐해지는 것이다. 국회의 입법권은 존중돼야 하지만 일정 기간 국민의 선택과 위임을 받은 정부와 여당이 추진하는 정책 역시 존중받아야 한다. 물론 막강한 전문성에다 정치적 정당성까지 가진 행정부의 권한 역시 신중하고 책임성 있게 행사돼야 한다.

공동체 이익과 타협의 원리

1970, 80년대 어린 시절을 보낸 세대에게는 셋방살이라는 것이 낯설지 않다. 임대차계약의 형태는 다양하지만 공통적으로 한 주택의 일부를 빌려 사용하는 것으로 보통 한 집에 있는 몇 개 방에 여러 가족이 공동 거주하는 형태였다. 여러 가족은 그야말로 가족처럼 지냈다. 아이들은 서로 놀이 상대가 되어 주었고 대신 편지도 받아 주고 비 오는 날이면 장독대도 덮어 주었다.

그러나 산업화, 도시화의 진전과 함께 아파트가 주거 형태로 보급되면서 이웃의 필요성은 없어지고 오로지 내 자식, 내 가족을 챙기는 데 급급한 가족 이기주의가 심화했다. 한국 행정학 연구의 선구자인 박동서 교수는 한국문화의 특성 중 하나로 가족 단위의 이기주의를 들면서 이로 인해 가족을 넘어선 사회공동체 형성이 어려워진다고 보았다. 이런 가족주의가 연고주의, 정실주의와 결합해 부패와 정실인사 등 비합리적인 문화를 양산하고 있다.

오늘날 우리 사회는 어떤가. 정확한 사실관계에 근거해 이를 분석, 해석하고 이론과 사례를 들어 자기 입장을 개진한 후 상대방의 의견도 경청하면서 양보와 타협으로 공동체의 이익을 위한 합의를 이루어 가고 있는가. 세밀 청와대 민정수석실의 수사관과 전 기획재정부 사무관의 폭로로 나라가 시끄럽다. 우선 사실관계를 파악할 수 없다. 한쪽의 주장이 있으면 이에 불리한 입장에 있는 반대편은 언제나 사실무근이라고 하고 본다. 결국 사실관계는 사법권에 의한 강제조사가 아닌 한 밝혀지지 않는다. 사실이 확정되지 않으니 주장만이 난무하는데 그 주장마저 프레임, 감정, 이념 속에서 맴돌기 때문에 끝없는 대립이 계속된다.

우리 정치의 극심한 여야 대립은 이의 전형적 사례다. 최장집 교수는 한국 정치의 후진성은 정당정치의 취약에 있다고 한다. 한국 정당은 정치엘리트 사이에서 어떻게 권력을 쟁취하고 공직을 획득할 수 있느냐 하는 공직 추구를 향한 투쟁에만 매몰돼 있다고 한다. 산업계도 별반 다르지 않다. 카풀 서비스를 둘러싼 택시업계와 IT(정보기술) 업계의 대립이 그것이다. 카풀앱 서비스 관련 여론조사에서 카풀 찬성은 56%를 기록해 반대여론 28.7%보다 2배 가까이 집계됐는데도 택시업계는 카풀 서비스 중단 없이는 사회적 대타협기구에 참여하지 않겠다는 입장이다.

물론 무조건적인 양보와 통합의 주장만이 능사는 아니다. 자칫하면 양보와 통합의 주장이 약자의 아픔을 도외시하고 강자의 기득권만을 인정하는 해악이 될 수도 있다. 다만 첨예하게 상충하는 이해관계가 있는 경우에도 공동체의 이익을 기준으로 양보할 것은 과감히 양보하는 타협의 원리가 필요하다는 것이다. 합리성과 효율성 역시 지금 우리에게 필요한 중요한 가치다. 이는 목표달성을 위한 최적의 수단을 찾으려는 노력이다. 실질적으로 목표달성을 위해 적합한 수단을 선택한 것인지 또한 목표달성을 위한 수단의 선택과정이 이성적인 추론과정을 거친 것인지를 고민해야 한다. 이번 정부가 선호하는 공론화 기구를 통한 사회적 대타협이 성공적으로 수행되기 위해서는 합리성, 효율성, 양보와 타협의 가치가 우선되어야 한다.

이제 국민소득 3만 달러를 넘어섰지만 구세군 자선냄비 모금액도, 광화문 사랑의 온도탑도 예년 수준에 미치지 못한다고 한다. 개인과 가정을 넘어 이웃을 생각하는 마음이 아쉬울 따름이다. 나아가 이웃을 염려하는 따뜻한 마음이 차분하고 이성적인 머리와 같이했으면 좋겠다. 존 러스킨의 말처럼 정부도 최대 다수의 고귀하고 행복한 국민을 만드는 일에 집중하기 바란다.*

* 존 러스킨, 《나중에 온 이 사람에게도》, 마하트마 간디 주해(아름다운날, 2019) 참조.

법의 과잉

2019년 7월 16일 시행된 〈근로기준법〉 개정안에는 사용자 또는 근로자가 직장에서의 지위 또는 관계 등의 우위를 이용하여 업무상 적정 범위를 넘어 다른 근로자에게 신체적·정신적 고통을 주거나 근무 환경을 악화시키는 행위, 즉 직장 내 괴롭힘을 금지하는 규정이 포함돼 있다. 또한 17일부터는 구인자가 구직자 본인의 용모, 키, 체중 등의 신체적 조건, 구직자 본인의 출신 지역, 혼인 여부, 재산, 구직자 본인의 직계존비속 및 형제자매의 학력, 직업, 재산 등을 인사 기초자료로 수집하는 것을 금지하는 〈채용절차의 공정화에 관한 법률〉(이하 〈채용절차법〉)이 시행됐다.

우리 사회에 만연한 갑질 문화로부터 사회적 약자를 보호하고, 특히 우리 생활의 대부분을 보내는 직장에서 자유롭고 평등한 직장 문화를 조성하기 위한 직장 내 괴롭힘 방지법의 입법 목적은 충분히 타당하다. 또한 외부 압력에 의한 채용 비리, 개인정보보호는 물론 채용 과정에서의 최소한의 공정성을 기하기 위한 〈채용절차법〉의 입법 목적 역시 존중돼야 한다.

다만 달리 보면 상사의 직장 내 괴롭힘을 당국에 신고하는 경우 오히려 정상적인 업무 관계가 어려워지면서 결국은 일자리가 위협받는 상황을 초래하는 것은 아닌지 의문이고, 구직자의 신체적 상황이나 혼인 등에 대한 정보가 해당 업무 수행을 위해 필요한 경우에도 이를 차단당하는 불합리는 없을지 의문이다. 결국 이 이슈는 상식과 도덕의 영역에서 해결돼야 할 문제에 강제 규범인 법이 성급히 개입하는 것은 아닌지, 사회의 자율성과 자정 능력을 불신하고 국가가 법으로 관여하는 영역을 확대하는 것은 아닌지, 즉 법의 과잉이 아닌가 하는 것이다.

현재 법제처 법령정보센터 통계에 따르면 국내에는 4,976건의 법률과 명령, 16,457건의 행정규칙, 109,676건의 자치법규가 존재한다. 또한 20대 국회는 임기가 아직 1년 정도 남았지만 20,560건의 법안이 제출돼 그중 5,674건이 가결됐다. 연평균 1,419건으로 하루 3건 가까운 법률이 새로이 제정되거나 개정되고 있다. 이런 법령에 규정된 형벌 규정으로 2016년 1월 기준 15세 이상 국내 인구 4,450만 명의 26.1%인 1,163만 명이 전과자다.

이처럼 수없이 많은 법령에 기인한 가장 큰 피해는 법이 본래적으로 가져야 할 수범자의 예측 가능성과 준수 가능성을 담보할 수 없다는 것이다. 즉 수범자인 국민이 어떤 법이 존재하는지, 어떤 법을 지켜야 하는지 알 수 없다는 것이다. 법을 몰라도 법을 위반하면 처벌을 받기 때문에 우리 국민은 항상 법적 제재의 위험에 놓여 있다. 결국 법의 과잉은 법이 인간이 사회생활에서 지켜야 할 행위의 표준이 되는 규범으로서의 역할을 못 하게 한다.

원래 성문법은 법의 존재와 의미를 명확히 하는 것이기 때문에 법적 행동을 하는 데 편리할 뿐 아니라 국가 권력의 전횡으로부터 국민의 자유를 보호하는 데도 유리하다는 장점이 있다. 하지만 법의 과잉이 있는 경우 정반대의 결과를 가져올 수 있다. 기업활동을 제약하는 행정규제법도 마찬가지다. 4,400여 건에 이르는 행정법규에 기인한 기업들의 애로가 이만저만이 아니다. 역대 정부가 외쳐 온 규제개혁이 왜 필요한 것인지는 상론이 필요하지 않다.

최근 정부가 법 집행의 원칙이나 기준이 되는 기본법이 없는 행정분야에 〈행정기본법〉을 제정해 법 집행의 통일성과 형평성을 기하고 혁신성장을 지원하고자 하는 노력은 신선해 보인다.* 다만 더 나아가 통합기본법의 제정으로 불필요하게 된 개별 법령의 축소, 폐지까지 검토될 필요가 있다. 한편 정부 입법 절차와 달리 규제 심사를 거치지 않는 의원 발의 법안에 대해서도 국회 내 전문 기관을 신설해 규제 심사를 진행함으로써 과잉 규제 입법을 제어할 수 있어야 할 것이다. '법은 도덕의 최소한'이라는 옐리네크의 말이나 '형식은 자의의 적이 아니라 자유의 적'이라고 한 파비오의 말을 다시 한번 곱씹어봤으면 한다.

* 〈행정기본법〉 제정안은 법제처 심사와 차관회의 및 국무회의를 거쳐 2020년 7월 국회에 제출되었고, 2021년 3월 23일 제정, 2021년 9월 24일 시행되었다.

기수문화에서 상호 존중의 문화로

얼마 전 정부가 윤석열 서울중앙지검장을 차기 검찰총장 후보자로 지명한 뒤 검찰 안팎에서는 검사장급 연수원 동기나 선배들 30여 명의 줄사표를 우려하는 목소리가 컸다. 이미 3명의 선배 기수가 옷을 벗기로 했다. 다만 그동안 검찰총장 후보자의 동기와 선배 기수가 한꺼번에 용퇴하는 검찰의 관행을 고려하면 다소 의외라는 의견도 존재한다. 이처럼 기수를 기준으로 승진과 사퇴가 결정되는 등 입사 연도를 인사의 주요 요소로 삼는 것을 기수문화라고 한다. 이는 권력이나 지위의 높고 낮음이나 나이의 많고 적음 따위를 중요시하는 사고방식인 서열주의의 한 형태라고 할 수 있다.

이런 기수문화나 서열주의는 고시 기수와 같은 공직에만 존재하는 것이 아니라 회사, 학교 등 민간에도 광범위하게 존재하고 있다. 모든 것이 다 그렇듯 기수문화에도 명암이 있다. 먼저 그것이 가져오는 장점을 보자. 첫째, 인사에 있어서의 예측가능성이 있다는 것이다. 인사권자는 언제든 하위 기수에서 발탁을 통해 우호적 인물을 등용해 조직에 긴장을 주고 싶은 유혹을 느낀다. 기수문화는 인사 대상자들에게 이런 불확실성을 회피할 수 있도록 해준다. 성실히 자기 몫을 하는 한 무난히 승진을 할 수 있다는 기대를 주는 것이다. 둘째, 조직의 세대교체와 신진대사를 원활히 한다는 것이다. 주로 용퇴와 관련된 것이지만 동기나 후배가 상급자가 되면 동기나 선배들이 조직을 떠남으로써 세대교체가 이루어지고 좀 더 젊은 인사들로 조직이 채워져 신진대사를 원활하게 할 수 있다.

특히 사법문화에서 기수주의 용퇴문화가 강한 것은 조직을 떠난 후에도 변호사 직역을 수행할 수 있다는 특성과 함께 종래 전관예우를 통해 경제적 보상이 가능했다는 점도 작용한 것으로 판단된다. 한편 검찰 조직은 특수한 측면이 있다. 소위 검사동일체 원칙이라는 것이다. 검찰이 검찰총장을 정점으로 전 검사가 상명하복의 관계를 맺고 검찰사무를 집행한다는 것이다. 이 원칙을 통해 검찰사무 처리에 신속성·통일성·공정성을 기하고 개별 검사의 기소독점권의 남용을 막고자 했다. 다만 검사가 정의와 진실 추구 의무보다는 상사의 명령에 구속되어 독립성을 상실하게 되는 등 폐해가 나타나자 2004년 〈검찰청법〉이 개정된다. 이에 따르면 "검사는 검찰사무에 관하여 상사의 명령에 복종한다"는 법 제7조 제1항이 "검사는 검찰사무에 관하여 소속 상급자의 지휘, 감독에 따른다"로 바뀌었다. 또 "검사는 구체적 사건과 관련된 제1항의 지휘·감독의 적법성 또는 정당성 여부에 대하여 이견이 있는 때에는 이의를 제기할 수 있다"는 제7조 2항이 신설되는 등 이 원칙이 상당히 완화됐다.

그러나 요즘 이런 기수문화는 부정적인 것으로 평가된다. 기수문화는 기본적으로 능력에 의한 경쟁을 제약한다. 개개인의 능력에 따라 채용, 배치, 승진, 교육훈련, 보수 등에 차별을 둠으로써 개인 상호 간에 경쟁을 통해 능력을 최대한으로 발휘하게 되어 조직의 성과를 향상시킬 수 있는 기회를 놓치게 되는 것이다. 나이, 학력, 입사연도 등 생래적이거나 이미 기성의 자격으로 인해 향후 노력을 통한 발전 가능성을 차단당하는 것은 바람직하지 않다.

결국 기수문화와 서열주의는 극복되어야 할 구시대의 유물이다. 최근 민간에서는 은행 지점장을 물러나 후배 지점장 밑에서 업무를 하는 경우도 있고 로펌 등 전문가 조직에서는 팀장과 팀원을 순번제로 돌아가면서 하는 경우도 나타나고 있다. 지금의 리더십은 권력에 따른 상명하복에 기초하고 있는 것이 아니라 융화를 통한 최대 실적 달성이라는 실리에 기초하고 있는 것이다. 우리가 추구해야 할 기수문화의 개선 방향은 선배의 경험과 지식에 대한 존경과 후배의 의욕과 패기의 인정을 토대로 하는 상호 존중과 질서의 문화라고 할 것이다.

자율규제의 허와 실

정부가 암호화폐의 정의, 거래기준을 발표하지 않는 등 암호화폐 관련 정책을 미시행하는 동안 업계 스스로 고객 실명인증, 자금세탁 방지는 물론 자진납세를 위한 기준을 마련하고 있다. 한편 대한약사회는 행정안전부 권고에 따라 2019년 상반기에 개인정보보호 자율점검을 종료한 후 그 결과에 따라 하반기에 현장 컨설팅을 진행할 계획이다. 약국이 대한약사회에서 제정한 〈개인정보 보호 자율규제 규약〉에 따라 자율점검을 수행한 경우 행정안전부로부터 자료제출 요구 및 검사가 1년간 면제된다. 2019년 6월 방송통신위원회는 최근 온라인에서 무분별하게 확산되는 소위 가짜뉴스, 즉 허위조작정보로 인해 건전한 공론의 장이 훼손될 것에 대한 우려가 높아짐에 따라 이에 대한 바람직한 자율규제 방안 도출을 위해 허위조작정보 자율규제 협의체를 출범한다고 밝혔다.

이러한 세 가지 사례는 모두 자율규제(self-regulation)라는 점에서 공통점이 있다. 규제는 정부가 공익이라는 행정목적을 달성하기 위해 민간에 부과하는 권리의 제한이나 의무의 부과라고 할 수 있다. 그렇다면 타율성을 근본 요소로 하는 규제를 자율적으로 수행한다는 것 자체가 모순적인 면이 있다. 하지만 정부의 규제 분야에 대한 전문성 부족, 규제 대상의 광범위성으로 인한 규제 비용의 과다, 규제로 인한 혁신의 위축 등의 문제가 민간이 스스로 행위기준을 정립하고 실행하는 규제인 자율규제를 필요로 하게 된 것이다. 다만 자율규제의 경우에도 정부와 관련성을 가지는 경우가 많다. 민간에서 스스로 규제하되 정부의 승인을 받는 경우, 민간이 정부가 정의하는 법령, 규칙, 가이드라인 안에서 규범을 만들고 그것을 강제하도록 요구받는 방식 등이 있다. 정부의 개입이 없는 순수한 자율규제는 거의 없다고 할 수 있다.

한편 위 사례의 또 다른 공통점이 정보통신기술을 기반으로 인터넷 공간에서 이뤄지는 규제라는 것이다. 1996년 발표된 '사이버스페이스의 독립선언문(Declaration of the Independence of Cyberspace)'은 인터넷은 국경의 바깥에 존재하는 공간으로 국가권력이 미치지 않으며 인터넷에서의 문제는 황금률에 근거한 사회계약에 따라 구성원들이 스스로 해결할 것이라고 천명하고 있다. 인터넷 참여자 스스로가 규범을 정립한다면 그 체제는 변화된 환경에 신속하게 대응할 것이고 새로운 혁신을 도모할 것이라는 기대가 인터넷을 비롯한 IT 영역에서의 합의된 믿음이었던 것이다.

그러나 이러한 인터넷 공간에 대한 자율규제의 믿음은 음란물 등 불법 정보의 유통, 프라이버시의 침해, 투기의 조장 등으로 점차 사라지고 국가권력은 규제의 칼을 빼들기 시작했다. 그러나 이 경우에도 인터넷이 가지는 혁신성, 개방성, 공유 그리고 국가를 초월하는 초영토적 성격으로 인한 주권의 제한 등은 인터넷을 자율규제의 영역 내지 국가와 민간이 공동으로 협력해 규제를 시행할 필요가 있는 영역으로 두도록 했다.

이상에서 본 바와 같이 자율규제는 민간과 국가의 양보와 타협을 기반으로 한다. 이 점에서 자율규제가 특수이익 추구를 위한 정부

규제의 인위적 배제 내지 정부 규제의 회피를 의미하는 무규제(un-regulation)가 되거나 반대로 자율규제라기보다는 자율을 가장한 타율규제가 되면서 정부의 책임회피 수단이 되어서는 안 될 것이다.

특히 인터넷은 자유로운 표현행위를 기반으로 하는 공론의 장이 되는 것은 물론 혁신을 추동하는 동력을 제공한다는 점에서, 민간과 국가의 이해를 적절히 조정하고 타협하는 가운데 이뤄지는 이상적 자율규제의 필요성이 매우 큰 분야라고 할 수 있다. 한편 자율규제는 우리에게 소중한 자기결정과 자기지배를 내용으로 하는 민주주의의 실천원리라는 점에서 꾸준한 연구와 적용이 필요한 분야라고 할 것이다.

이해충돌 방지를 위한 제언

장관을 비롯한 고위공직자에 대한 청문회마다 제기되는 단골 이슈 중 하나가 이해충돌(conflict of interests)이다. 어떤 국회의원은 상임위원회 활동 과정에서 얻은 정보를 바탕으로 지방에 주택을 구입했고, 어떤 장관 후보자는 해당 부처 소관 분야의 회사를 운영했다. 또 다른 헌법재판관 후보자는 본인과 남편의 명의로 많은 기업의 주식을 보유하고 있었다.

이 사례들에서 보는 바와 같이 이해충돌이란 공직자의 사적 이해관계가 공적 직무 및 책임의 수행과정에 부적절한 영향력을 행사할 수 있는 상황을 의미하는 것으로, 공직자의 공적 의무와 사적 이해관계가 갈등을 빚는 상황을 의미한다.

그러나 넓게 보면 이익충돌은 공익과 사익의 충돌에 한정되지 않는다. 공익과 공익의 충돌, 사익과 사익의 충돌도 있다. 담배 판매 확대를 통한 재정수입 확대라는 공익과 담배 소비 억제를 통한 국민건강 보호라는 공익이 충돌한다. 문학 작품에서 개인의 사생활에 관한 사항을 구체적으로 언급하는 경우 작가의 예술의 자유라는 사익과 개인 사생활의 자유라는 사익이 충돌한다. 한정된 자원을 둘러싼 사인 간의 경쟁은 대부분 사익 간의 충돌과 경쟁을 야기한다. 공익 간의 충돌은 주로 국민의 선택을 근거로 상위의 국가정책적 차원에서 조정이 이루어지고 사익 간의 충돌은 공정한 경쟁을 요구하는 법과 윤리에 따라 조정되고 종국적으로는 법원의 관여에 의해 해결된다.

그러나 공직을 이용한 사익 추구는 외부로 드러나 형사범으로 처벌되는 경우 외에 대단히 은밀하게 이루어져 서서히 사회를 병들게 한다. 이는 공직의 부패, 사회규범의 약화, 소수로의 부의 집중 등의 악영향을 끼치므로 세밀한 제어장치가 필요하다. 소송법 등에서 인정되는 제척(일정한 사유에 의한 당연배제), 기피(당사자의 신청에 의한 배제), 회피(법관 스스로 배제)제도가 사안별로 이해충돌을 방지하는 것이라면 〈공직자윤리법〉상 공직자의 취업제한과 주식백지신탁, 〈청탁금지법〉상 부정청탁 및 금품수수 금지 등은 포괄적, 구조적으로 이해충돌을 방지하는 제도이다.

그런데 한국은 공직을 이용한 사익추구 이슈가 불거질 때마다 포괄적이고 구조적 사전규제를 강화하는 방식을 도입해 왔다. 이런 방식은 완벽한 문제해결을 지향하고 있지만 실제로는 해당 분야의 전문성의 훼손이나 민간과의 의사소통 부재로 인한 비현실적 정책결정이라는 부정적 영향을 가져올 수 있다. 예를 들어 의사 출신 국회의원은 보건복지위에 갈 수 없다면 동 위원회의 전문성 확보는 어렵게 된다.

최근 규제 샌드박스의 도입과 같은 우리 사회의 경제 측면의 변화를 주목할 필요가 있다. 위험을 미리 방지하기 위해 인간에 대한 불신을 전제로 설계된 사전규제를 폐지하고, 혁신과 창의를 조장하기 위해 인간에 대한 신뢰를 기반으로 자유로운 선택을 허용하되 위험이 발생한 후 책임을 부과하는 사후규제 방식으로의 일대 변화가 일어나고 있다.

그런데 왜 공직에 대한 통제에는 여전히 준수가 어려운 촘촘한 사전규제로만 일관하고 있는 것일까. 공직자도 인간인 이상 이기심을 사전에 완벽히 통제하겠다는 것 자체가 무리한 욕심이 아닐까. 사전적 사익추구 규제를 계속 강화할 것이 아니라 이해관계가 있는 경우 사전신고를 통해 제척, 기피, 회피 등의 사안별 행태규제를 엄격히 시행하는 방안을 검토할 필요가 있다. 공직자 스스로 엄격한 공직규범을 내재화하고 일정한 상황에서는 외부적 공개를 유도하는 방식의 자율규제를 검토할 필요가 있다는 것이다. 사후에 엄격한 책임추궁이 예상되는 경우 자율규제는 어떤 규제보다도 강력한 효과를 발휘할 수 있다.

안타까운 공무원 시험 열풍

2019년 2월 6일 《LA타임스》는 〈한국 젊은이들의 안정적인 공직 취업 경쟁〉이란 제목의 기사*에서 지난해 4,953명을 뽑는 한 공무원 시험에 20만 명 넘는 응시자가 몰려 합격률이 2.4%였는데 이는 2018년 하버드대학 신입생 합격률(4.59%)보다 약 2배 낮은 것이라고 보도했다. 덧붙여 2017년 이래 한국 중학생 4명 중 1명은 관료가 되기를 꿈꾸는데 이러한 공무원 시험 열풍은 한국의 경제성장이 느려져 젊은이들이 경기침체 영향을 받지 않고 신분도 안정된 공직을 선호하기 때문이라고 분석했다.

2019년 한 구인구직 매칭 플랫폼 조사에서도 '미래 자녀 희망직업 선호도' 1위는 공무원(31.4%·복수응답)으로 2018년 조사에 이어 또다시 1위에 올랐다. 이어 의사 간호사 약사 등 '의료인'(21.6%) 검사 판사 변호사 등 '법조인'(17.8%)이 2, 3위를 차지했다.

이런 공무원 선호 현상은 이 직종이 사회적 존경을 받는 것은 물론 신분의 안정성이 뛰어나기 때문이다. 게다가 박봉으로 알려진 공무원 보수도 많이 개선되었다. 2018년 공무원 평균연봉은 6,264만 원을 기록했다. 더욱이 공무원은 국가사회의 발전과 대 국민서비스에

---

* Victoria Kim, "In a tough market, young South Koreans vie for the security of government jobs," *Los Angeles Times*, 2019. 2. 6.

종사하면서 공익을 추구한다는 점에서 대단히 명예롭고 민간시장을 규제한다는 면에서 권력을 행사하는 직업이기도 하다.

국가사회의 발전과 사회적 약자에 대한 복지를 위한 비전과 정책의 제시, 법·제도 설계, 시장의 감시 기능이 전체 국민에게 미치는 영향을 고려하면 우수한 젊은이들이 공직에 관심을 가지는 것은 매우 바람직하다. 또한 신자유주의에 따른 개방과 규제 완화의 흐름이든 보호무역주의와 적극적 시장지원 정책의 흐름이든, 때로는 심판자로서 때로는 옹호자 내지 지원자로서 공직의 역할이 여전히 중요하다는 점에서 우수 인재의 공직 선호는 긍정적인 측면이 있다.

그러나 작금의 공무원 시험 열풍이 경기침체라는 객관적 상황과 더불어 위험을 회피하고 안정만 추구하는 심리에서 비롯된 것이라면 문제가 아닐 수 없다. 좋은 일자리를 만들지 못한 기성세대의 책임도 크지만 젊은 인재들이 기술과 아이디어를 통해 도전과 개척을 하려는 의지가 없는 경우 경제의 활력이 없어지고 결국 성장은 불가능해진다. 구글, 아마존, 페이스북 등 글로벌 IT(정보기술)기업 모두가 젊은 인재들이 실패를 두려워하지 않는 벤처정신(venture spirit)으로 창업해 세계적 기업으로 성장했다는 점을 잊지 말아야 한다.

인재가 공직에 몰리지 않고 민간부문에도 진출하도록 하기 위해서는 민간의 활력과 보상을 강화하려는 노력과 함께 공직이 가지는 과도한 비경쟁과 소극성을 완화할 필요가 있다. 한편으론 영미국가처럼 공직과 민간직의 장벽을 완화할 필요도 있다. 공직은 일정기간 국가에 대한 봉사 기회로, 민간직은 시장경쟁 참여를 통한 소득창출 기회로 삼고 자유롭게 왕래할 수 있도록 하자는 것이다. 물론 높은 수준의 공직윤리가 필요하겠지만 이런 교류를 통해 국가와 시장이 서로 이해의 폭을 넓히고 경쟁을 통한 발전을 도모할 수 있다.

지금과 같은 공직자의 과도한 민간취업 제한, 민간과의 의사소통 제한은 공직을 고립된 섬으로 만들어 더욱 시장과 동떨어진 정책을 양산해 국가 전체의 활력과 성장을 해칠 수 있다. 사전적인 공직윤리 강화가 오히려 더 중요한 공공과 민간의 융합, 공유, 협력을 통한 발전이라는 시대적 흐름을 방해할 수도 있다는 것이다.

정치의 과잉과 행정의 부재

행정학이라는 학문의 태동은 정치로부터의 행정의 독립성을 확보하기 위한 것이었다. 미국은 1829년 잭슨 대통령 취임 이후 정권교체에 따라 공직자가 교체되는 엽관주의 인사제도 때문에 행정의 부패, 비능률이 심화되었다. 이에 정치적 입장과 관계없는 능력중심의 임용방식인 실적주의를 확립하여 행정을 탈정치화하려는 움직임이 일어났다. 이 무렵인 1887년 미국의 정치학자이자 후에 대통령이 된 우드로 윌슨(W. Wilson)은 〈행정의 연구(The Study of Administration)〉라는 논문에서, 행정을 구체적이고 체계적인 법 집행(detailed and systematic execution of law)이라고 정의하면서 행정을 정치현상으로부터 분리해야 한다고 주장하였는데, 이것이 행정학의 시초가 되었다.

다만, 1930년대 대공황이 시작되면서 행정이 정책형성에도 관여하게 되었고 이에 더 이상 행정은 기계적인 법 집행으로 볼 수 없게 되었다. 현재는 행정은 관리기능과 함께 정책형성 기능을 가지고 있다는 것이 일반적 견해이다. 즉, 행정이란 정치권력을 배경으로 공공정책형성 및 구체화를 이룩하는 행정조직의 집단행동으로서, 정치와 경영의 혼혈아라고 보고 있다.

한국은 어떠한가. 해방 이후 비민주적인 정권하에서 정치가 행정을 압도하는 현상을 보여왔지만 60년-70년대 산업화를 추진하는 과정에서는 전문 기술관료(technocrat)의 역할이 강화되면서 행정도 나름 자율성을 인정받게 된다. 그러나 1987년 민주화 이후 여야 간 정권교체가 주기적으로 이루어짐으로써 엽관주의 인사가 강화되고 정권의 재창출에 대한 의지가 강해지면서 정치가 행정보다 우위에 있는 현상이 나타나고 있다.

국회는 법률안 제출 건수에 있어 행정부를 압도하고 있고 모든 사회적 갈등과 이슈는 국회에서 논의되고 방향이 정해진다. 대통령실은 행정 각 부의 대부분의 정책을 정무적 차원에서 관여하고 조율하면서 행정의 효율성과 합리성 구현을 어렵게 만든다.

특히, 다수의 중요한 의제에 대한 정책결정이 국회에서 이루어지면서 나타나는 문제가 합리적 의사결정이 어려워지고 있다는 것이다. 즉, 문제해결을 위한 대안을 체계적·포괄적으로 분석하여 가장 합리적인 최적 대안을 선택하기보다는 어느 정도 만족할 만한 대안을 선택하거나 기존 정책을 토대로 하여 그보다 약간 향상된 대안을 추구하는 점증적 방식이 주가 되고 있다. 물론 이런 방식은 행정의 의사결정에도 나타나고 있지만, 현실적으로는 보면 국회에서의 의사결정은 이해관계자 간 갈등의 타협의 산물인 경우가 많은데, 이는 갈등의 원만한 해결책일 수도 있지만 보다 영향력이 강한 집단이 요구하는 방향으로 이루어져 오히려 국민 전체의 이익이 외면당하기도 한다. 게다가 국회는 다른 중요한 정치적 이슈가 있거나 갈등이 극심한 경우 의사결정을 계속 지연시킴으로써 문제해결을 방치하기도 한다. 최근 데이터 규제 완화, 모빌리티 혁신과 관련된 국회의 의사결정이 이의 대표적인 사례이다.

결국 이러한 정치의 과잉은 득보다 실이 많을 수 있다. 양자가 적정한 균형을 이루는 것이 필요하다. 이를 위해 우선 정치가 행정의 전문성을 존중하고 자율성을 인정해야 한다. 다음 행정은 적극적인 자세를 가지고 국가와 국민에게 봉사하는 역할을 해야 한다. 이와 관련 행정을 옥죄고 있는 과다한 조정, 통제, 감사 기능을 축소할 필요가 있다. 사무관 1인의 정책안을 가지고 부처 내 기획조정 부서, 총리실, 대통령실, 감사원, 국회 등 너무 많은 부서가 지휘감독 기능을 행사한다. 전쟁에서 소총수는 한 명인데 지휘관이 열 명인 셈이다.

정치는 임기가 있지만 행정은 지속돼야 한다. 행정은 어떤 정권하에서도 국민 전체에 대한 봉사자로서 정파성을 배제하고 공익을 추구할 수 있어야 하는 것이다.

혁신과 행정형벌

2018년 10월 출시된 '타다' 서비스는 소비자가 스마트폰 애플리케이션으로 자동차를 빌리면 운전기사까지 함께 따라오는 서비스이다. 승차 거부가 없고 기사와의 불필요한 대화도 없는 등의 장점으로 170만 명이 이용하는 승차공유서비스로 발전하고 있다. 다만, 택시업계는 타다를 불법 택시영업으로 보고 검찰에 고발했고 검찰은 2020년 2월 10일 타다 운영사의 대표에게 〈여객자동차운수사업법〉 위반 혐의 등으로 징역 1년을 구형했다. 다행히 법원은 19일 선고 공판에서 무죄를 선고했지만, 아직도 타다 금지법이 국회에 계류 중이어서 사업상 리스크가 남아 있다.

여기서 형사처벌을 학문적으로는 행정형벌이라고 부른다. 행정형벌은 행정상의 의무위반에 대하여 형법에 있는 형벌, 즉 사형, 무기징역, 징역, 금고, 벌금, 구류, 과료, 몰수의 벌을 과하는 것이다. 예컨대, 위의 사례와 관련해 〈여객자동차운송사업법〉 제92조는 동법 제34조 제2항을 위반하여 운전자를 알선한 자에 대해서는 2년 이하의 징역 또는 2천만 원 이하의 벌금에 처한다고 규정하고 있는 것과 같은 것이다. 행정형벌은 비록 각종 행정규제법에 규정되어 있으나 다른 행정상 제재수단과 달리 형법총칙이 적용되고 〈형사소송법〉 절차에 따라 과벌되며, 종국적으로 법원 판결에 따른다는 특색이 있다.

원칙적으로 형벌은 국가가 지닌 가장 무겁고 심대한 제재이므로 다른 제재수단으로는 불법행위에 대응할 수 없을 때만 최후로 사용되어야 한다. 그런데, 각종 경제규제법에는 빼놓지 않고 행정형벌이 규정되어 있다. 그러나 상당수의 행정형벌의 대상이 되는 행위가 형벌의 부과를 통해서만 위법에 대응할 수 있을 정도로 심각한 반사회적 행위인지 의문이다.

대표적으로 4차 산업혁명 시대 혁신을 주도하기 위해 만들어진 데이터 3법이 사례이다. 〈개인정보보호법〉에는 이용자의 동의를 받지 아니하고 개인정보를 수집한 정보통신서비스제공자, 정보 주체의 동의를 받지 아니하고 개인정보를 제3자에게 제공한 자, 개인정보의 처리정지 요구에도 불구하고 정지하지 아니하고 계속 이용하거나 제3자에게 제공한 자, 개인정보를 파기하지 아니한 정보통신서비스 제공자, 개인정보의 안전성 확보에 필요한 조치를 하지 아니하여 개인정보를 분실·도난·유출·위조·변조 또는 훼손당한 자 등의 경우를 비롯해 30여 개의 행위에 대해 징역과 벌금을 부과하고 있다.

다만, 동의 절차 등과 관련된 위반 행위는 가벌성이 높다고 보기 어렵다. 따라서 곧바로 형사처벌을 하는 것보다는 행정기관의 시정권고나 과태료 등을 활용하는 것이 타당하다. 또한 과실로 개인정보 안전성 조치를 취하지 않아 침해사고가 발생한 경우까지 형벌을 부과하는 것은 과도하다. 다른 나라에서도 이런 행위들에 대해 형벌을 부과하는 사례를 찾기는 어렵다.

좀 더 근본적으로 보면 경제규제법상 과다한 행정형벌은 원래 행정기관이 정책적으로 판단해야 할 사항을 검찰, 법원 등 사법기관의 판단에 맡겨버리는 행정의 사법의존 현상 내지 행정의 사법화(司法化)라는 문제를 야기한다. 타다도 그런 사례이다. 정책입법의 경우 단순히 문언 위주의 합법, 불법 판단이 아니라 경제, 사회적 영향을 고려한 정책적 판단이 우선되어야 한다. 그것이 사법에 과도한 부담을 주지 않을 뿐 아니라 권력분립의 원칙에도 부합한다.

그동안 경제규제에 대한 과잉범죄화, 형벌만능주의에 대한 비판이 많았다. 일부 개선이 이루어지고 있으나 여전히 만족할 수준이 아니다. 혁신을 위한 시도가 행정형벌의 위험 앞에서 머뭇거릴 때 그 피해는 국가와 국민에게 돌아갈 수밖에 없다는 점을 유의해야 한다. 인신의 구속, 전과자가 될 우려 없이 혁신을 시도하기 위해 보다 과감한 비범죄화 노력과 함께 다른 행정적, 경제적 제재수단으로의 변경이 필요한 시점이다.

코로나19와 기본권 제한

이제 신종 코로나바이러스감염증(코로나19) 사태는 제2차 사회적 거리두기 캠페인이 진행되면서 다행히 정부 목표인 하루 평균 50명 이하의 신규 확진자 발생으로 어느 정도 진정 국면에 들어간 것처럼 보인다. 다만 여전히 외국 입국자를 중심으로 감염이 발생하고 있어 긴장을 늦추기는 어려운 상황이다.

이런 코로나19 대응을 위해 한국은 물론 세계 각국은 다양한 대책을 내놓고 있는데, 그 핵심은 감염 확산을 방지하기 위한 봉쇄와 고립이다. 중국, 대만, 홍콩, 베트남은 전염병 확산 지역에 대한 외부인의 유입이나 내부인의 유출을 봉쇄하는 정책을 실시하고 있다. 유럽도 마찬가지로 식품이나 의약품 구입을 위한 제한적 이동 외에 불필요한 이동을 금지하는 명령을 내리고 있다. 사실상 전쟁에 준하는 강력한 봉쇄로 감염 확산을 막고 있다. 이런 봉쇄는 필연적으로 인간의 기본권인 신체의 자유, 여행의 자유를 제한하게 된다. 범죄자를 일정 기간 사회로부터 격리하는 구금 같은 조치가 이뤄지고 있는 것이다.

다만 한국은 타 국가와 달리 봉쇄와 고립 없이 감염자와 접촉자만 확인하고 이들에 대해 격리조치하거나 실제 감염이 일어난 장소와 업종만 봉쇄하는 선택형·핀셋형 방역을 시행하고 있다. 신천지예수교(신천지) 교도를 중심으로 일어난 대구, 경북의 광범위한 감염에도 중국·유럽이 선택한 봉쇄방식을 채택하지 않았다. 방역과 개인 기본권 사이의 균형과 조화를 이룬 것이라는 평가가 가능하나, 코로나19 초기 대만처럼 강력한 봉쇄정책이 시행됐더라면 200명이 넘는 사망자는 발생하지 않았을 가능성이 있다는 점에서 아쉬움이 있다.

어쨌든 미국·유럽으로부터 아직 선진 민주주의 국가로 대접받지 못하고 있는 한국이 국민의 기본권을 최대한 존중하면서 상당 부분 방역에 성공하고 있다는 점은 긍정적이다. 거기에다 정부 당국은 물론 국민도 기본권에 대한 인식이 높다는 점도 고무적이다. 예컨대 확진자의 동선 공개와 관련해 사생활 침해 우려의 목소리가 있자 정부는 개인을 특정할 수 있는 정보를 제외하고 가능한 범위 내에서 공간적·시간적 정보를 특정해 공개하는 원칙을 권고했다. 감염병 방지와 개인정보보호의 균형을 위한 노력으로 평가된다.

한편 정부는 해외 입국자가 늘고 있고 자가격리 중 무단이탈과 재이탈이 발생해 관리를 강화할 필요가 있다며 손목밴드를 도입하기로 했다. 이는 자가격리자의 휴대전화와 일정 거리 이상 멀어지거나 훼손 또는 절단됐을 때 공무원에게 이 사실이 자동 통보되도록 하는 것이다. 그런데 정부는 손목밴드의 의무적 착용이 법률상 근거가 미비해 인권 침해 이슈가 있다고 보고 본인이 동의할 경우에만 이를 도입하기로 했다.

자가격리 조치는 〈감염병의 예방 및 관리에 관한 법률〉에 따라 감염병 환자 등과 접촉해 감염병에 감염되거나 전파될 우려가 있는 사람이나 감염병 의심자를 적당한 장소에 일정 기간 입원 또는 격리시키는 강제처분이다. 감염병의 급속한 전파력을 고려하면 이 처분을 위반해 이미 타인에게 감염이 이뤄진 후 부과되는 벌금 등의 사후 조치는 의미가 없다. 따라서 자가격리 처분의 성실한 이행을 유도하고 격리 이탈에 따른 위험 확산을 조속히 방지하기 위해서는 손목밴드와 같이 처분의 집행을 확보하는 절차가 필요할 수 있다.

원칙적으로 공익상 필요에 따라 기본권을 제한하기 위해서는 법률상 근거가 필요하다. 또한 방역을 통해 다수 국민의 생명권을 지키는 공익만큼 개개인의 사생활을 존중해야 한다는 사익도 중요하다. 다만 향후 입법적 보완이 필요하지만, 전체 공동체의 운명과 관련된 긴급한 사항이라면 기본권 제한 관련 형식 논리보다는 실질적 차원의 검토가 필요해 보인다.

사적 자치와 사적 구제

사적 자치(私的自治)의 원칙은 보통 사법(私法)상의 법률관계는 개인의 자유로운 의사에 따라 자기 책임 하에서 규율하고, 국가는 이에 간섭하지 않는다는 근대 사법의 원칙이다. 사적 자치 원칙의 이론적 근거는 인간의 존엄성과 자율성이다. 인간이 존엄하고 자율적이라는 것은 인간은 다른 생물체와 달리 자율적으로 정한 삶의 목표를 실현해 나감으로써 행복을 추구하며, 자기 행위의 결과에 대해서는 자신이 책임을 진다는 전제에서 출발한다.

사적 자치 실현을 위해서는 일반적인 활동의 자유와 계약의 자유, 생명·신체의 온전성, 소유권의 보장, 목적으로서 인간이라는 조건이 보장되어야 한다. 사적 자치의 보장은 헌법상 행복추구권, 신체의 자유, 거주·이전의 자유, 소유권 보장, 근로의 권리 등 헌법상 기본권 보장을 통하여 국가에게 의무로 부여되어 있다. 즉, 국가는 사적 자치를 최대한 보장하여야 한다.

경제, 사회적인 측면에서도 사적 자치는 국가에 의한 시장경제, 시민사회에 대한 최소한의 개입을 요청한다. 국가안전보장, 질서유지, 공공복리 등의 공익상 필요가 있는 경우에 국가의 개입이 정당화될 수 있지만 이 경우에도 사적 자치의 본질에 해당하는 사항에 대한 침해는 금지된다. 코로나19와 같은 팬데믹 사회에서 국가의 시민에 대한 통제와 감시가 뉴 노멀로 자리 잡으면서 사적 자치 원칙에 중대한 위협이 될 가능성이 높아지고 있다.

더욱이 5G 통신, 클라우드, 빅 데이터, 사물 인터넷 등 4차 산업혁명 기술의 급속한 발전은 개인 데이터에 대한 광범위한 수집, 분석을 가능하게 하면서 프라이버시 침해의 위험도 증가하고 있다. 감염병 위기, 사회 갈등의 해결 등을 위해 국가의 적극적인 역할이 필요하지만 동시에 사적 자치 보장을 위한 신중한 권력행사 역시 요청된다. 본질적으로 양자가 조화되기 어렵지만, 최근 부동산 가격 안정 등의 시책 관련 국가의 과욕이 사적 자치의 한계를 넘는 현상도 목격된다.

다른 한편 국가의 역할에 대한 중요한 제한원리가 법치주의이다. 다른 사적행위와 달리 국가행위는 반드시 법률에 근거를 두고 법률에 따라 이루어져야 한다는 원리이다. 이는 자의적인 국가 권력의 행사를 방지하여 국민의 기본권을 보장하는 것을 목적으로 한다. 이러한 법치주의 원칙의 파생원리 중 하나가 사적 구제 내지 자력구제 금지의 원칙이다. 사적 구제는 법원이나 경찰 등 국가권력의 힘을 빌리지 않고 사력으로 자기의 이익이나 권리를 방어 또는 회복하는 행위를 말한다. 오늘날 법치국가에 있어서는 국가권력에 의한 구제절차를 기다려서는 도저히 회복할 수 없는 손해가 발생할 것이 명백하고 절박한 상태 하에서 자기의 생명·신체·명예 그리고 재산 등을 수호하는 경우에만 예외적으로 허용되고 있다.

사적 구제가 허용되면 이는 복수를 합법화시켜 사실관계에 대한 판단, 적정한 처벌의 수위의 결정 없이 과잉처벌이 이루어져 만인의 만인에 대한 투쟁 같은 자연 상태가 되기 때문이다. 근대사회의 원칙은 법률관계 형성은 사적 자치 원칙에 따라 개인의 자유로운 의사의 합의에 따르지만, 권리의 불이행이나 침해 등 분쟁이 발생하는 경우에는 종국적으로 국가의 사법체계를 이용하도록 되어 있는 것이다.

이런 측면에서 최근 범죄자의 신상을 공개하는 사이트인 디지털 교도소는 자력구제 금지를 위반하고 있을 뿐 아니라 명예훼손, 프라이버시 침해 등 위법적 요소가 다분하다는 점에서 법치주의와 인권보호에 중요한 도전이 되고 있다. 국가는 사적 자치를 존중하고 이를 최대한 보장하는 역할 뿐 아니라 동시에 사적 구제와 같은 법치주의 위반 요소에 대해서도 엄정한 대응을 할 필요가 있을 것이다.

권력분립의 위기와 존중의 원리

2020년 한 해 우리 국민을 가장 우울하게 만든 것은 코로나바이러스 감염증-19(COVID-19)이다. 코로나19는 우리가 살아온 생활방식에 근본적 변화를 요구하며 국민의 삶을 통째로 바꿨다. 다음으로 우리를 우울하게 만든 것은 법무부 장관과 검찰총장의 갈등, 180석 거대 여당의 질주로 인한 정치의 실종이었다. 그나마 영화 〈기생충〉이 아카데미 감독상·작품상 등 4관왕을 차지하고, 그룹 방탄소년단(BTS)이 미국 빌보드 메인 싱글 차트에 오른 것이 위안이었다.

정치적으로 보면 2020년 한 해의 위기는 권력분립의 위기라고 할 수 있다. 행정은 정치에 휘둘리고, 정치는 사법(司法)에 의존하고, 사법은 신뢰를 얻지 못하는 악순환이 계속되고 있다. 입법부와 대통령이 정책을 주도하면서 행정부는 들러리에 지나지 않는 것처럼 보인다. 정치는 상대방의 허점이나 비위에 대해 가차 없이 형사 고발을 하면서 정치적 생사가 걸린 중요 이슈는 대부분 검찰과 법원에 판단을 맡긴다. 그렇다고 검찰과 법원의 판단을 존중하는 것도 아니다. 불리한 판단에 대해서는 어김없이 이들을 비난한다. 권력을 여러 기관에 나눠 견제와 균형을 달성해 궁극적으로 국민의 기본권을 보장하려는 권력분립이 유명무실해지고 있다.

행정이 정치로부터 독립된 것은 19세기 한 정당이 집권하면 공직을 모두 차지하는 엽관주의에 대한 반작용에서 시작됐다. 행정학의 창시자로 불리는 미국의 제28대 대통령 우드로 윌슨(1856-1924)은 효율성이 무엇보다 중요한 가치이며 정년 보장과 정기적 급여가 주어지는 관료조직의 안정적 위상은 공무원으로 하여금 자신의 이기심을 추구하지 않고 사회의 공동선을 위해 노력하게 할 것이라고 봤다.

한편 법원의 역할은 정치와 행정의 위법한 행위로부터 개인의 권리를 보호하는 것이다. 이런 사법심사를 정당화하는 근원은 법관의 독립성에 있는데 법관의 정년 보장 및 급여 유지의 목적은 다수에 의한 정치적 압력으로부터 법관들을 자유롭게 만들려는 것이다.

독립적, 객관적으로 업무 수행을 할 것으로 기대했던 행정과 사법이 이를 하지 못하는 이유는 다수당이 주도하는 입법부와 막강한 권한을 지닌 대통령실이 행정과 사법에 필요 이상으로 간섭하기 때문이다. 특히 내각책임제와 달리 대통령제 국가에서 대통령과 집권 여당이 동시에 강한 압력을 행사하는 경우 행정과 사법의 입지는 더 좁아지게 된다.

물론 행정의 경우 원래 공익 추구를 이념으로 하지만 조직의 생존과 확대를 도모하는 모습도 보인다. 사법 역시 정치·이념화하는 모습을 보이기도 하고 한편으로는 국민과 최소한 공감대도 형성하지 못하는 모습도 보인다. 이런 점에서는 선출된 권력으로서 국민을 대표하는 입법부와 대통령으로부터의 민주적 통제가 필요하다는 점도 인정된다.

이런 권력분립의 위기를 극복하기 위해 필요한 것이 존중의 원리다. 행정은 사회문제 해결에서 전문성이 있고, 입법과 대통령은 국민에 대한 직접적 책임을 실현하는 정치적 책임성이 있고, 사법은 법의 해석과 적용으로 입법과 행정의 위법·부당을 시정하고 개인의 권리를 보장하는 데 전문성이 있다는 점을 서로 인정하고 존중해야 한다.

우리의 경우 코로나19의 종식도 2021년 하반기는 훨씬 지나야 가능하다고 하니 더 우울하다. 권력만이라도 서로 협력하고 존중하는 모습을 통해 국민에게 희망을 보여 주길 바란다.

적극행정이 어려운 이유

거대한 국책사업 허가부터 감염병 예방을 위한 각종 규제처럼 오늘날 행정이 국민의 일상생활에 끼치는 영향은 그 규모나 범위에서 엄청나다고 하지 않을 수 없다. 이에 공직이 사회문제 해결을 위해 적극적으로 나서야 한다는 당위가 있지만, 현실적으로는 감사·징계에 대한 두려움 등 공무원 개인이 져야 할 불이익 때문에 무사안일, 소극적 행정이 팽배하자 정부는 제도적 해결방안을 마련했다.

먼저 감사원의 적극행정 면책규정과 사전 컨설팅이다. 2008년에 도입되고 2015년 〈감사원법〉에 규정된 면책규정은 감사를 받는 사람이 불합리한 규제의 개선 등 공공의 이익을 위하여 업무를 적극적으로 처리한 결과에 대하여 고의나 중대한 과실이 없는 경우에는 징계 또는 문책 요구 등 책임을 면제한다. 2019년 1월에 도입된 사전 컨설팅은 적극행정을 추진하는 과정에서 규정이나 지침의 해석상 어려움 등으로 의사결정에 장애를 겪고 있는 사안에 대해 사전에 감사원에 의견을 구하여 감사원의 컨설팅 의견대로 업무를 처리한 경우 면책기준을 충족한 것으로 보아 징계, 주의 등 신분상 책임을 묻지 않는 제도이다.

2019년 5월에는 적극행정을 위한 법적 근거로서 대통령령으로 〈적극행정 운영규정〉과 〈적극행정 운영지침〉을 도입했다. 규정에 따르면 '적극행정'이란 공무원이 불합리한 규제를 개선하는 등 공공의 이익을 위해 창의성과 전문성을 바탕으로 적극적으로 업무를 처리하는 행위이고 '소극행정'은 공무원이 부작위 또는 직무태만 등 소극적 업무행태로 국민의 권익을 침해하거나 국가 재정상 손실을 발생하게 하는 행위이다. 부처별로 적극행정위원회를 구성하고 적극행정 공무원에 대한 포상도 시행하는 등 적극행정이 제도로 정착되고 있다.

다만, 아직은 이상적인 법제도에 대비해 현실적인 성과는 부족해 보인다. 몇 가지 이유가 있는데, 우선 정치권과의 시각 차이이다. 최근 코로나19 관련 긴급재난지원금의 대상을 둘러싼 재정당국과 정치권의 시각 차이가 대표적인데, 공직 입장에서는 직무태만 등으로 재정손실을 초래하는 소극행정이 될 가능성이 있다고 판단할 수 있다. 다음 부처 간 이해관계 갈등이 이유가 된다. 최근 온라인 플랫폼 규제나 OTT 정책을 두고 여러 부처가 주도권 다툼을 벌이고 있는데, 이는 지침에 따른 소극행정의 유형 중 하나인 국민 편익을 위해서가 아닌 자신의 조직이나 이익만을 중시해 자의적으로 처리하는 행태에 해당할 가능성이 있다. 셋째, 여전히 높은 기존 법제도의 장벽이다. 예컨대 대주주 적격성 문제로 심사가 중단되어 기존 서비스 제공이 중지되는 마이데이터 사업이 여기에 해당한다.

그러나 가시적인 성과도 있다. 예컨대 규제 샌드박스는 지침상 신기술 발전 등 환경변화에 맞게 규정을 적극적으로 해석·적용하는 행위로서 적극행정의 성과로 볼 수 있고, 최근 4차산업혁명위원회 컨퍼런스에서 OTT 관계자에 의해 갈등관리 성공사례로 소개된 과학기술정보통신부의 〈망 중립성 가이드라인〉은 지침상 이해충돌이 있는 상황에서 적극적인 이해조정 등을 통해 업무를 처리하는 행위로서 적극행정에 해당한다고 할 것이다.

적극행정은 헌법상 공무원은 국민 전체에 대한 봉사자이며, 국민에 대하여 책임을 진다는 조문의 취지를 직접적으로 충실히 구현하고 있는 제도이다. 정치권과의 시각 차이, 부처의 이해관계, 기존 법제도의 장벽을 극복하면서 적극행정이 보다 활성화되기를 기대한다.

인터넷 카페에서 진실을 말해도 명예훼손이 될까

평소 아끼던 반려견의 치료를 수의사로부터 받았는데, 부당한 진료를 받아 반려견이 불필요한 수술을 하고 실명 위기까지 겪게 되자 정보통신망 등을 통해 반려견의 치료를 담당하였던 수의사의 실명 및 잘못된 진료행위 등을 구체적으로 적시하는 경우, 다른 사례로 음식점을 다녀온 이용자가 음식이 맛이 없었다거나 직원이 불친절하다는 후기를 포털 사이트에 남기는 경우, 또 다른 사례로 최근 대선을 앞두고 후보자 간 들추어내고 싶지 않은 과거 행적을 폭로하는 경우, 끝으로 이른바 '미투(#MeToo)' 운동으로 피해자가 가해자를 지목하면서 성범죄 피해사실을 공개적으로 밝히는 경우 등과 같이 진실을 말하는 경우에도 타인의 명예를 훼손하는 범죄에 해당할까.

정답은 '그렇다'이다. 우리 법은 진실을 말하는 경우에도 명예를 훼손하면 처벌하고 있다. 〈형법〉 제307조 제1항은 "공연히 사실을 적시하여 사람의 명예를 훼손한 자는 2년 이하의 징역이나 금고 또는 500만원 이하의 벌금에 처한다"고 규정하고 있다. 또한 〈정보통신망법〉 제70조 제1항은 "사람을 비방할 목적으로 정보통신망을 통하여 공공연하게 사실을 드러내어 다른 사람의 명예를 훼손한 자는 3년 이하의 징역 또는 3천만원 이하의 벌금에 처한다"고 규정하고 있다. 온라인 명예훼손의 경우 비방 목적이 추가되어 있을 뿐 사실을 드러내는 경우 처벌 대상이 되는 것은 동일하다. 다만, 위의 행위가 진실한 사실로서 오로지 공공의 이익에 관한 때에는 처벌하지 아니한다고 되어 있을 뿐이다.

진실을 말해도 처벌되는 법 조항은 과연 표현의 자유를 보장하는 우리 헌법에 위반되는 것이 아닐까. 2021년 2월 25일(2017헌마1113, 2018헌바330 병합) 헌법재판소는 이 이슈에 대한 판단을 내렸다. 결론은 표현의 자유를 침해하지 않는다는 것이다.

그 요지는 첫째, 오늘날 매체가 매우 다양해짐에 따라 명예훼손적 표현의 전파속도와 파급효과는 광범위해지고 있으며, 일단 훼손되면 완전한 회복이 어렵다는 외적 명예의 특성상, 명예훼손적 표현행위를 제한해야 할 필요성은 더 크다. 둘째, 표현의 자유에 대한 위축효과를 고려하여 위헌으로 결정한다면 외적 명예가 침해되는 것을 방치하게 되고, 진실에 부합하더라도 개인이 숨기고 싶은 병력·성적지향·가정사 등 사생활의 비밀이 침해될 수 있다. 셋째, 헌법 제21조가 표현의 자유를 보장하면서도 타인의 명예와 권리를 그 한계로 선언하는 점 등을 고려하면, 사실적시 명예훼손죄는 표현의 자유를 침해하지 아니한다는 것이다.

다만, 이에 대한 반론도 상당하다. 현행법에서 진실한 사실의 적시를 형사처벌하도록 한 것은 그 규정의 존재만으로 사실의 적시 행위를 자제하게 하는 심리적 위축을 초래함으로써 표현의 자유를 지나치게 제약하고 있다는 반론이 있다. 또한. 이러한 문제의식에서 명예훼손죄가 시민들의 건전한 비판을 막는 도구로 이용될 가능성이 있고 민사상 손해배상과 비교하여 형벌의 개입 시기를 지나치게 앞당김으로써, 국민 생활에 대한 국가의 개입수단 중 가장 마지막으로 사용되어야 하는 형사처벌이 남용될 수 있다는 문제 제기가 있다. 일본을 제외하면 다른 국가에서는 사실 적시 명예훼손을 형사처벌하는 예가 드물다는 비판도 있다.

이와 관련 2012년 대법원 판결(2012도10392 판결)은 이용 후기를 통해 사실 적시를 한 경우에 명예훼손이 되지 않을 수 있는 기준을 제시하고 있다. 산후조리원에서 불편한 경험을 인터넷 카페 게시판에 올린 글에 대해 1심과 2심은 명예훼손으로 판단했지만 대법원의 판단은 달랐다.

그 이유에 관해 대법원은 해당 산후조리원을 실제 이용하면서 겪은 일을 후기로 작성한 것이고, 그 내용이 객관적 사실에 부합하며 게시한 글의 공표 상대방이 인터넷 카페 회원이나 산후조리원 정보를 검색하는 인터넷 이용자들에 한정된 점을 들었다. 즉, 피고인이 적시한 사실은 산후조리원에 대한 정보를 구하고자 하는 임산부의 의사결정에 도움이 되는 정보 및 의견 제공이라는 공공의 이익에 관한 것이라고 봄이 타당하고, 이처럼 피고인의 주요한 동기나 목적이 공공의 이익을 위한 것이라면 부수적으로 산후조리원 이용대금 환불과 같은 다른 사익적 목적이나 동기가 내포되어 있더라도 그러한 사정만으로 피고인에게 비방할 목적이 있다고 보기는 어렵다고 보았다. 즉, 온라인 명예훼손의 요건으로서 비방 목적이 있다고 보기 어렵다는 점과 이용 후기가 정보 및 의견 제공의 목적이라면 공공의 이익에 해당한다는 점을 인정한 것이다.

이처럼 최근 일부 사업자들이 비판적인 이용 후기를 올린 소비자들 상대로 명예훼손으로 고소하겠다고 압박해 삭제를 유도하는 사례도 나타나고 있고 반대로 악의적인 글을 인터넷에 올려 업체를 협박하는 블랙컨슈머(Black Consumer)도 있다. 사실을 적시하는 명예훼손법 조항을 둘러싸고 소비자는 비방 목적이 없는 정보 제공이라고 항

2 플랫폼의 경쟁과 발전

공유경제에서의 혁신과 규제	《서울신문》, 2016.01.06.
네트워크, 플랫폼, 콘텐츠의 경쟁과 협력	《서울신문》, 2016.04.02.
망 중립성 규제, 국내 현실에 맞게 손질해야	《중앙일보》, 2018.02.19.
인터넷 포털 규제해야 하나	《서울신문》, 2017.05.03.
G2의 플랫폼 전쟁과 한국의 선택	《아시아경제》, 2019.07.15.
글로벌 OTT 공세에 살아남으려면	《뉴스1》, 2020.04.21.
망 사용료 갈등 해소책 마련해야	《한국경제》, 2020.05.04.
인터넷 성역의 3가지 신화	《뉴스1》, 2020.05.27.
디지털 플랫폼과 리걸테크(Legal Tech)	《아시아 경제》, 2020.08.13.
플랫폼 전성시대를 바라보는 엇갈린 시각	《뉴스1》, 2020.11.04.
〈소셜 딜레마〉(2020)	《KISO 저널》, 2020.12.04.
〈넷플릭스법〉을 비롯한 플랫폼 규제법의 성과와 과제	《법률신문》, 2021.02.15.
OTT 저작권 이슈의 접근	《아시아경제》, 2021.03.11.
온라인플랫폼 규제 입법의 정당성	《아시아경제》, 2021.05.06.
누가 인터넷 생태계를 위협하는가	《중앙일보》, 2021.06.22.
플랫폼 스타트업 압박하는 전문자격사	《머니투데이》, 2021.07.05.

3 인공지능의 발전과 규제

인공지능의 발전과 우리의 미래 준비	《서울신문》, 2016.10.03.
인공지능 윤리규범의 법제화	《아시아경제》, 2019.10.07.
4차 산업혁명 시대 소비자의 권리	《머니투데이》, 2018.09.14.
이루다가 남긴 과제 "AI는 현재의 우리와 닮았다"	《뉴스1》, 2021.01.27.
위기의 'AI 데이터 마이닝'	《뉴스1》, 2021.02.04.
AI 기반 행정은 얼마나 유용할까	《뉴스1》, 2021.03.02.
또 앞서가는 EU의 〈AI 규제법안〉	《뉴스1》, 2021.06.11.
인공지능 알고리듬 규제 논리의 정당성	《아시아경제》, 2021.06.03.
AI도 권리주체가 될 수 있을까	《조선비즈》, 2021.08.12.

4 방송통신 산업의 혁신

탈통신, 탈방송 그리고 탈금융의 공통점	《서울신문》, 2017.09.26.
방송 규제해서는 안 되는 이유와 필요한 이유	《서울신문》, 2016.06.16.
5G의 법정책적 쟁점	《머니투데이》, 2018.07.13.
통신의 효율성과 공공성	《머니투데이》, 2018.08.23.
방송의 커머스화	《머니투데이》, 2018.11.15.
초고령사회를 대비하는 스마트한 통신생활	《아시아경제》, 2019.04.15.
유료방송 M&A의 사회적 가치와 혁신성장	《전자신문》, 2019.05.23.
소비자도 통신사도 대리점도 불만인 단통법	《뉴스1》, 2020.07.15.
이제 필수가 된 디지털 포용	《아시아경제》, 2020.07.17.
이동전화번호는 유한한 국가자원	《뉴스1》, 2020.07.04.
보편적 서비스로서 우정사업 역할 강화해야	《아시아경제》, 2020.09.10.

5 4차 산업혁명에 따른 신산업의 발전

4차 산업혁명 인프라 '인터넷 고속도로'	《세계일보》, 2019.05.08.
블록체인 얼마나 유용할 것인가	《세계일보》, 2019.06.12.
스마트시티 시대가 온다	《세계일보》, 2019.07.17.
실감형 콘텐츠 기술의 현재와 미래	《세계일보》, 2019.08.21.
자율비행체로 진화하는 드론	《세계일보》, 2019.10.02.
미래 신기술의 대표주자, 자율주행차	《세계일보》, 2019.01.16.
모빌리티 혁신과 소비자 선택권	《아시아경제》, 2019.08.26.
메타버스의 실체와 가능성	《뉴스1》, 2021.07.14.
판결문 공개와 리걸테크(Legal Tech)	《뉴스1》, 2021.08.05.

6 ICT와 만난 금융의 혁신

금융결제망 개방으로 촉발될 핀테크 혁신	《매일경제》, 2019.03.12.
오픈뱅킹이 선도하는 핀테크 혁신	《세계일보》, 2019.11.06.

핀테크, 금융의 판도가 바뀐다 《월간신용경제》, 2019.12.
코로나 이후를 준비하는 핀테크 공급망 금융 《아시아경제》, 2020.03.19.
빅테크(Big Tech)와 금융회사 간의 경쟁 《아시아경제》, 2020.06.18.
새로운 역사를 여는 한국의 디지털 금융 《뉴스1》, 2021.01.14.
디지털 금융 법제, 업그레이드 해야 《아시아경제》, 2021.07.01.

7 디지털 경제를 대비하는 거버넌스 혁신

과학기술 실용화의 디딤돌, 규제 샌드박스 《세계일보》, 2019.02.28.
ICT 정부 조직이 바로 서야 하는 이유 《서울신문》, 2016.07.17.
'세종시대' 여는 과학기술정보통신부 《아시아경제》, 2019.08.12.
경쟁법적 규제와 산업규제·산업정책 《아시아경제》, 2019.10.21.
범정부 태스크 포스 전성시대 《아시아경제》, 2020.01.23.
통합 개인정보보호위원회에 바란다 《조선일보》, 2020.08.18.
5기 방송통신위원회에 바란다 《뉴스1》, 2020.09.02.
열심히 달려온 개인정보보호위원회 1년 《아시아경제》, 2021.07.29.

8 합리적인 균형 국가를 위한 제언

한국 정치와 행정에서 법의 역할 《서울신문》, 2016.08.25.
공정한 경쟁을 위해 필요한 규제 《서울신문》, 2017.01.13.
표현의 자유에 대한 오해 《머니투데이》, 2018.04.11.
정부 조직을 도구로 삼는 욕심을 버려야 《서울신문》, 2017.03.08.
칸막이 규제 개선해야 《머니투데이》, 2018.05.11.
독립성과 체계성의 조화 《머니투데이》, 2018.06.15.
전문성과 대표성의 함정 《머니투데이》, 2018.10.25.
법률시장 공익성 확보하고 경쟁 활성화해야 《서울신문》, 2016.05.11.
입법, 행정 간 갈등과 정책의 운명 《서울신문》, 2016.02.19.
공동체 이익과 타협의 원리 《머니투데이》, 2019.01.03.
법의 과잉 《아시아경제》, 2019.08.12.

기수문화에서 상호존중의 문화로 《아시아경제》, 2019.07.01.
자율규제의 허와 실 《아시아경제》, 2019.06.17.
이해충돌 방지를 위한 제언 《세계일보》, 2019.04.29.
안타까운 공무원 시험 열풍 《머니투데이》, 2019.02.13.
정치의 과잉과 행정의 부재 《아시아경제》, 2019.09.23.
혁신과 행정형벌 《아시아경제》, 2020.02.20.
코로나19와 기본권 제한 《아시아경제》, 2020.04.16.
사적 자치와 사적 구제 《대학지성》, 2020.09.28.
적극행정이 어려운 이유 《아시아경제》, 2021.02.04.
인터넷 카페에서 진실을 말해도 명예훼손이 될까 《조선비즈》, 2021.07.20.

디지털 트랜스포메이션과 법

데이터, 플랫폼, AI 시대, ICT 혁신국가의 비전

초판 발행 2021년 11월 29일
초판 2쇄 2022년 1월 7일

지은이 이성엽
펴낸곳 고려대학교출판문화원
www.kupress.com
kupress@korea.ac.kr
(02841) 서울특별시 성북구 안암로 145
Tel 02-3290-4230, 4232
Fax 02-923-6311
찍은곳 네오프린텍(주)

ISBN 979-11-91161-78-6 93360

값 21,000원
※ 잘못 만들어진 책은 바꿔 드립니다.